# O EFEITO
## DA AUSÊNCIA
# DO PAI
## NAS FILHAS

**Dados Internacionais de Catalogação na Publicação (CIP)**
**(Câmara Brasileira do Livro, SP, Brasil)**

Schwartz, Susan E.
   O efeito da ausência do pai nas filhas : desejo paterno, ferida paterna / Susan E. Schwartz ; tradução de Danielle Barbosa. – Petrópolis, RJ : Vozes, 2023.

   Título original : The absent father effect on daughters.

   3ª reimpressão, 2024.

   ISBN 978-65-5713-770-3

   1. Crianças – Desenvolvimento 2. Filhas – Psicologia 3. Pais ausentes 4. Pais e filhas 5. Paternidade – Aspectos psicológicos 6. Psicologia junguiana I. Barbosa, Danielle. II. Título.

22-127358                                                                    CDD-150.1954

Índices para catálogo sistemático:
1. Psicologia junguiana     150.1954

Eliete Marques da Silva – Bibliotecária – CRB-8/9380

SUSAN E. SCHWARTZ

# O EFEITO DA AUSÊNCIA DO PAI NAS FILHAS

**Desejo paterno, ferida paterna**

Tradução de Danielle Barbosa

Revisão técnica de Viviane Richardson

Petrópolis

© 2021, Susan E. Schwartz
O reconhecimento de direito da autora está assegurado pelas sessões 77 e 78 da Copyright, Designs and Patents Act 1988.
Tradução autorizada da edição em língua inglesa, publicada pela Routledge, membro
da Taylor & Francis Group.

Tradução do original em inglês intitulado *The Absent Father Effect on Daughters*.

Direitos de publicação em língua portuguesa – Brasil:
2023, Editora Vozes Ltda.
Rua Frei Luís, 100
25689-900 Petrópolis, RJ
www.vozes.com.br
Brasil

Todos os direitos reservados. Nenhuma parte desta obra poderá ser reproduzida ou transmitida por qualquer forma e/ou quaisquer meios (eletrônico ou mecânico, incluindo fotocópia e gravação) ou arquivada em qualquer sistema ou banco de dados sem permissão escrita da editora.

**CONSELHO EDITORIAL**

**Diretor**
Volney J. Berkenbrock

**Editores**
Aline dos Santos Carneiro
Edrian Josué Pasini
Marilac Loraine Oleniki
Welder Lancieri Marchini

**Conselheiros**
Elói Dionísio Piva
Francisco Morás
Gilberto Gonçalves Garcia
Ludovico Garmus
Teobaldo Heidemann

**Secretário executivo**
Leonardo A.R.T. dos Santos

**PRODUÇÃO EDITORIAL**

Aline L.R. de Barros
Marcelo Telles
Mirela de Oliveira
Otaviano M. Cunha
Rafael de Oliveira
Samuel Rezende
Vanessa Luz
Verônica M. Guedes

**Conselho de projetos editoriais**
Isabelle Theodora R.S. Martins
Luísa Ramos M. Lorenzi
Natália França
Priscilla A.F. Alves

*Diagramação*: Daniela Alessandra Eid
*Revisão gráfica*: Nilton Braz da Rocha
*Capa*: Pedro de Oliveira
*Ilustração de capa*: Barbara Aliza

ISBN 978-65-5713-770-3 (Brasil)
ISBN 978-0-367-36085-6 (Reino Unido)

Este livro foi composto e impresso pela Editora Vozes Ltda.

Sublime e severa, a rocha é extremamente perigosa, pois toma o que quer e não oferece nenhuma explicação. É poder e potência sem amor e graça, o deus de um antigo testamento, o ancestral dos dias.

Gillian Rose, *Love's work*, 1996, p. 48-49.

Para Frederic, por seu apoio e cuidado

# Sumário

*Agradecimentos*, 9

*Introdução*, 11

1  A paralaxe, 15

2  Perda e anseio, 33

3  Desejo de pai, ferida de pai, 47

4  Espelhando no efeito do pai morto, 65

5  O pai mau: complexo paterno negativo, 83

6  Dinâmicas, símbolos e imagens do arquétipo do pai, 103

7  Quem ela é de verdade? A personalidade "como se", 117

8  O diálogo da terapia, 147

9  Se ele a ama, onde está?, 177

10  Idealização do pai – Um túmulo de ilusão, 205

11  Você quer ser a "filhinha do papai"?, 219

12  Por trás da máscara e do brilho – Uma resposta narcisista, 245

13  O corpo na sombra, 265

14  O "papai" de Sylvia Plath, 279

15  Preenchendo a ausência, 301

*Referências*, 317

*Índice analítico*, 333

# Agradecimentos

Gostaria de agradecer a meu colega Pui Harvey, que, ao longo dos anos, sempre esteve ao meu lado; Daniela Roher por ler e comentar em alguns dos capítulos e Barbara Aliza pela capa. Agradeço a todos os amigos que me apoiaram e encorajaram ao longo do caminho. Também agradeço a LeeAnn Pickrell que editou o livro com um olhar perspicaz. É claro, tenho uma dívida para com aqueles que compartilharam suas histórias de vida em análises junguianas, esclarecendo o desenvolvimento dessas ideias para ambos nesta jornada.

# Introdução

Esta é uma história de amor, porém de amor não correspondido. Trata-se da necessidade de uma figura paterna na vida de uma filha que se torna mais proeminente e dolorosa com sua ausência. A filha é deixada para lidar, de incontáveis maneiras, com as dificuldades que encontra quando seu pai não está por perto. A presença da ausência do pai afeta o corpo, mente e alma dela. Declaro que *esta presença da ausência* é o mais nocivo. Além disso, a ausência é acentuada porque sugere que um espaço deve ser preenchido e uma necessidade atendida. A ausência também é significativamente "um apelo para o potencial do positivo emergir [...] permite novos pensamentos e experiências" (Kohon, 1999, p. 114-115). Pelas muitas razões detalhadas ao longo deste livro, o pai é um importante aspecto da psique e relevante para o desenvolvimento da vida psicológica e física da filha expressas de forma pessoal e cultural. "A importância do pai no destino do indivíduo" (OC 4, p. 299). O título do ensaio de Jung nos lembra da relevância que um pai amoroso tem no crescimento da filha.

Este livro trabalha com a ideia de que a superidentificação com ou o não reconhecimento do pai ausente tem sérias ramificações. A filha pode ficar inconsciente e interiormente vazia, sem conexão consigo mesma. Aqui, presto atenção especial na dinâmica do pai ausente-filha, ainda que outros fatores também afetem o desenvolvimento dela; por exemplo, sua mãe, cultura, papéis e estilos de gênero ensinados a ela. Vale ressaltar que, quando não há um pai, a filha se pergunta se tem valor ou se é digna de amar a si mesma e de ser amada por outras pessoas. Quando seu pai não pode vê-la, dar atenção ou estar com ela, a filha tem um buraco em seu coração; os fios de sua personalidade se rompem. Ela é inserida no caminho para reparar e juntar as peças que faltam. Pense nas palavras de Sarah Kofman sobre os "*páthos* de distância":

> O que separa dois tipos de vida que sempre existiram: um que é próspero e superabundante, que projeta seu próprio excesso nas coisas e as embeleza; e outro, degenerado, capaz apenas de empobrecer o mundo reduzindo-o a um termo do conceito estreito e feio de modo a irritar-se e por sentir ressentimento à vida (1994, p. 20).

A situação da ausência de um pai revela a questão de como um pai sonha com sua filha. Quais são seus desejos para ela? Quando ausente, ele não percebe as necessidades que ela sente por ter vínculos bons, ou como ele pode prejudicá-la com sua partida. Essa falta de consideração cria áreas delicadas na filha marcadas por diversos impasses psicológicos. Porque ela não aparece na visão dele, não tem reflexões dele, o que impede seu autodesenvolvimento.

Exploro este tópico a partir da perspectiva da psicologia analítica junguiana com sua abordagem peculiar e profunda da personalidade. Isso inclui o inconsciente tornar-se aparente nos complexos paternos, arquétipos e símbolos que se manifestem na vida e sonhos de uma filha. Cada um desses aspectos revela a origem de pais e filhas, seus potenciais e paradoxos, questões e problemas, libertações e resoluções. Como o pai é imaginado e percebido é apresentado a nós por meio de livros, todo o tipo de mídia, mitologia, contos de fada, filmes e literatura. Dependendo de cada cultura e época, o pai ocupa papéis e imagens um pouco diferentes que refletem sua presença em nossa psique coletiva e pessoal.

Este livro surgiu a partir das inúmeras histórias pessoais compartilhadas em sessões de psicoterapia analítica junguiana por filhas cujos pais eram ausentes. Formou-se com base nas experiências de colegas, amigos e experiências pessoais da privação sofrida devido à falta de amor e cuidado paterno. Essas filhas expressam as necessidades, anseios e desejos pela presença de um bom pai; esse comum e necessário desejo que infelizmente não foi atendido em várias gerações. A necessidade pelo amor de um pai torna-se mais dolorosa e aparente por sua ausência e perda. A melancolia que se segue e a falta residual permanecem tangíveis. Aqui, eu traço a gama de sentimentos e os efeitos sobre mulheres que possuem vínculos com pais que não estão presentes.

Os tópicos variam desde complexos paternos negativos como a 'filhinha do papai' ou o arquétipo da *puella* (menina eterna) e o narcisismo, como interpretado pela psicologia analítica junguiana. O livro também explora outras interpretações do pai ausente, incluindo as perspectivas do psicanalista francês André Green sobre o efeito do pai morto; da analista junguiana britânica Hester Solomon sobre a personalidade "como se" e o colapso do corpo em doenças autoimunes aplicadas à teoria de abjeção da psicanalista francesa Julia Kristeva. De interesse dos profissionais de terapia, há um capítulo que trata das questões de transferência/contratransferência e das funções reflexivas, simbólicas e transcendentes que proporcionam cura.

O livro é relevante para aqueles que desejam entender como a dinâmica complexa entre pai-filha afeta o desenvolvimento da personalidade e a capacidade de ser genuinamente fiel a si mesmo. Cada capítulo aborda múltiplas respostas para a ausência paterna e cada história pessoal tem repercussões coletivas. O foco está nas filhas e seus pais, para ajudar a esclarecer não apenas os sintomas e problemas, mas também o tratamento e esperança. Os capítulos contêm exemplos compostos por narrativas de filhas e suas subsequentes jornadas por meio de sonhos, autorreflexões e relacionamentos. As histórias delas e os eventos emocionais encontrados em sessões de terapias a caminho da autodescoberta compõem este livro. Os relatos permitem que os leitores se identifiquem com os exemplos íntimos dos obstáculos que expressam as tensões e desafios da vida e das possibilidades de desenvolvimento. Intercalado com isso estão citações de vários escritores. Como nos lembra Adam Philips, "nossos si mesmos apaixonados são nossos melhores si mesmos; e uma vida apaixonada só é possível, verdadeiramente, se pudermos fazer saber nossas paixões; para nós mesmos [...] não pode haver paixão sem representações [...], paixão envolve circulação e troca" (1999, p. 166).

# 1

# A paralaxe

> Ouvimos incessantemente ao nosso redor o som invariável, que não é um eco de fora e sim a ressonância de uma vibração de dentro.
> Marcel Proust, *No caminho de Swann* (1922, p. 93).

Uma *paralaxe*, segundo o *Oxford English Dictionary*, refere-se ao aparente deslocamento e mudança na posição de um objeto em relação a outros objetos. O que muda é a visão do observador dirigida ao objeto. A palavra tem sua origem no grego e no francês e significa mudança, troca e inclui outros pontos de vista. Esta exploração é uma janela pela qual se percebe a ausência do pai, uma paralaxe focada nas perspectivas mais sombrias. Esses relatos têm o objetivo de suscitar, de escapar dos grilhões e depressão debilitante e, posteriormente, trazer autoafirmação e criação. Elas ilustram e revelam o complicado mapa da psique. A dinâmica forma um caleidoscópio de imagens que revelam perturbações da alma, desalinhamentos e correções.

Para encontrar seu cerne, a filha tem que olhar para dentro de si de modo a encontrar sua história de vida. A paralaxe da perspectiva dela se altera ao reconhecer os distúrbios do pai ausente. Peneirar e descascar as camadas do tempo, as respostas aprendidas e os desejos que encobrem a realidade leva muito tempo. Mediante tudo isso, a filha começa a sentir, pensar, refletir e se descobrir.

Reflexões pessoais e coletivas abrem feridas e revelam estragos e padrões, dando oportunidade à filha de descobrir o que pode ser transformado. Minha ênfase neste livro é explorar a vida psicológica afetada pessoal e coletivamente pelo pai ausente. Focar na filha é uma paralaxe, uma surpresa e uma mudança proposital de ênfase. A filha é um dos arquétipos femininos que precisa ser explorado (Porterfield, Polette & Baumlin, 2009, p. 4) para promover uma cura individual e coletiva. Para desvendar os problemas causados pela ausência paterna, a filha recorda o que foi perdido e danificado. Pessoal, cultural e psicologicamente, ela encontra seu caminho através de gerações de feridas acumuladas, perdas, ausências e, no processo de, difere do caminho do pai para o seu próprio.

## Um mito de traição

No mito grego de Ifigênia, seu pai, Agamenon, sacrifica-a em troca de vento para navegar para a Guerra de Troia. Enquanto o exército grego se prepara para partir para Troia, Agamenon mata um cervo sagrado, o que enfurece a deusa Ártemis. A deusa então acalma os ventos para que os navios não possam zarpar. O vidente Calcas informa Agamenon que para apaziguar a deusa ele deve sacrificar Ifigênia. A princípio relutante, Agamenon acaba sendo forçado a concordar; ele mente para sua filha e para sua esposa dizendo que Ifigênia se casará com Aquiles antes de partirem. A mãe e a filha alegremente vão ao porto de Áulis e se deparam com a terrível verdade. Aquiles, não sabendo que seu nome fora usado na mentira, tenta impedir o sacrifício. Ifigênia decide se sacrificar por honra e de sua própria vontade. A versão mais popular do que aconteceu diz que, no momento do sacrifício, Ártemis substituiu Ifigênia por um cervo e o vidente Calcas, a única testemunha, permaneceu em silêncio. Ártemis levou Ifigênia à cidade de Táurida onde ela se tornou sua sacerdotisa.

Esse mito mostra a história arquetípica da traição perpetrada pelo pai ao usar sua filha para benefício próprio, o resultado sendo a morte dela. Ela é prejudicada pela ganância pessoal e necessidade de glória do pai. Como muitas histórias e realidades, essa revela uma das várias repetições da filha traída, abandonada e morta, seja física, como nesta história, ou psicologicamente.

Desde a infância continuamente criamos narrativas complexas a partir de palavras, linguagem corporal, emoções, imagens, rituais e interações para articular a nossa vida. O crescimento psíquico ocorre em relação às experiências de um pai e de uma filha com ele. Quando o pai é ausente ele negligencia o relacionamento com ela. Ele passa a ser associado com anseio, tristeza, amor frustrado, raiva e fúria, opressão e desejo. Esses sentimentos contraditórios causam estresse ao corpo e à alma, e disso emerge a urgente necessidade da filha se encontrar.

A ênfase aqui está na traição do pai, na quebra da boa promessa paterna, na privação de apoio e amor, seus efeitos na mente, corpo e amor da filha por si e pelos outros. "O principal contexto em que a traição é vivenciada é o da família, pois é ali que o pacto do primeiro amor é acordado; um pacto que ameaça e, simultaneamente, possibilita o nascimento psicológico individual" (Carotenuto, 2015, p. 43). Um pai ausente oprime à medida que está e não está por perto. Sua ausência contribui para uma autoimagem inadequada, infantil e diligente. A filha também pode ser ambivalente sobre sua vida, irritada e deprimida.

É esperado que o pai encoraje uma vida emocional e de valor, mas ele não o faz. O que a filha recebe no lugar do amor é um vazio ao qual ela não pode se apegar com segurança e nem se separar. Isso é muitas vezes acompanhado por atitudes masoquistas e sem amor, voltadas para si mesma em sua maioria. O resultado é uma confusão e negação de autonomia. Ela está, de fato, aprisionada ao pai ausente e nesse lugar permanece inconsciente. O distúrbio causado por um pai ausente no começo da vida pode levar uma filha a odiar e se distanciar não apenas dele, mas também de outros homens e não conseguir acessar a esfera masculina e feminina dentro de si.

Muitas filhas são criadas no mito do romance pai-filha, mas este mito é verdadeiro? Por que essa história foi aceita como verdade quando um pai está raramente presente? Manter-se fiel ao mito do pai que governa e tem autoridade também envolve ramificações quando a filha renuncia o significado de sua existência (Carotenuto, 2015, p. 52). A ausência de um pai configura, em uma filha, angústia e decepção, muitas vezes matando sua criatividade e vitalidade. Seus esforços são marcados por depressão, ansiedade e relações conturbadas.

*Aurora sonhou com uma fila de homens usando ternos e chapéus. Seu pai estava com eles a uma certa distância dela. Os homens tinham câmeras iguais às do tempo de seu pai. Ela poderia ir com eles, porém notou outro homem vestido com roupas modernas senta-*

*do à beira da estrada em uma mesa cheia de coisas adoráveis também da época do pai. Ele sugeriu que ela se sentasse, e ao sentar-se lhe deu um iPhone cheio de fotos da casa dela, da área do outro lado da rua e uma de suas poetisas favoritas.*

Conforme discutíamos o sonho, Aurora não pensou em associar os homens com o pai. Embora isso possa ser uma associação óbvia, ela havia sido tão magoada e cruelmente rejeitada por ele que apagou tudo menos a tediosa reação de dever.

O sonho trouxe à tona memórias do estoicismo emocional e a falta de amor ou bondade dele. O pai de Aurora era ausente de forma radical, até mesmo beirando a perversidade em sua falta de atenção. Para o mundo, ele era exaltado e o centro das atenções, um homem bem carismático. Em casa, porém, era cruel e egoísta, uma presença patriarcal, severa, exigente, ameaçadora, raramente presente, cheio de regras de como ela deveria ser e como ficava aquém de suas expectativas. O contraste era confuso e ela não podia contar a ninguém como sofria com a falta de amor do pai. Quem acreditaria nela? Além disso, ele ou a ignorava, ou seus comentários dirigidos a ela eram desdenhosos. Nada do que ela fazia era reconhecido como bom, mesmo assim, ela antecipava sua chegada em casa. Seu pai tinha uma grande biblioteca e Aurora sorrateiramente pegava os livros que amava ler. Ela não contava ao pai, pois sabia que seria castigada ou humilhada. Contudo, ele era melhor do que a sua mãe, que a ignorava completamente.

No sonho, o homem à beira da estrada, embora estivesse sentado com uma bengala e aparentemente cansado, tinha coisas adoráveis da época de seu pai. Ela poderia tirar uma foto com o iPhone, uma câmera moderna, e observar os arredores do seu ponto de vista. Não precisava ir na direção do pai, embora o sonho paradoxalmente reconheceu algum valor ali. Talvez ela ainda descobriria o valor que havia sido obstruído pela atitude abrupta, fria e desdenhosa dele para com ela. No momento, ela estava em uma encruzilhada: um relacionamento havia terminado, sua carreira estava incerta e alguns problemas físicos precisavam de atenção. O sonho e suas associações ilustravam a divergência do pai, suas normas e autoritarismo. No entanto, será que Aurora manteve uma identificação inconsciente com ele, embora tivesse determinado ser o contrário? O seu relacionamento mais importante durou muitos anos e foi com uma pessoa igualmente distante e impassível, alguém que queria tudo feito, mas que expressava pouco afeto e mantinha pouco contato. Ela tinha que provar seu valor continuamente. Suas necessidades não eram atendidas, mas também não estava em contato com elas. Aurora não tinha um lugar onde encontrar cuidado. Há muito tempo ela aprendeu que não poderia procurar o pai para nada, pois ele reagiria apenas com frieza, proibições e a acusaria de querer demais. Mesmo quando criança, ela não podia pedir pela atenção dele. Evitava-o tanto que tinha poucas memórias e nunca questionava a situação, pois não havia respostas. Com o passar dos anos, após cada evento perturbador ou desagradável, Aurora confinava suas emoções em seu interior, nunca as compartilhava, pois se sentia rejeitada e desconectada. Toda sua energia foi direcionada para sua carreira como executiva de alto escalão e frequentemente trabalhava cerca de 100 horas por semana.

Após a morte do pai, ela reconheceu o vazio de sua vida emocional e deixou o relacionamento com a mulher que sentia ser sua família. Embora o relacionamento fosse emocionalmente vazio, era tudo que ela conhecia. Quando começamos a nos encontrar, Aurora estava com cerca de 40 anos e essa era sua primeira jornada terapêutica ao seu si-mesmo. Com o tempo, ela começou a valorizar o que mostrou ser seu rico mundo interior, esperando ansiosamente pelos sentimentos que agora notava, os sonhos dos quais lembrava e dos pensamentos que tinha. Aurora se interessava em aprender mais e juntar as peças de sua vida. Com a ausência de seu pai, de sua falta de emocionalidade e de sua rejeição das necessidades dela, Aurora aprendeu a evitar a si mesma. Isso se repetiu no seu principal relacionamento por quinze anos, até após a morte do pai, quando as emoções transbordaram. Como ela disse, havia detonado sua vida e avidamente explorava o que havia ignorado.

**Catástrofe da ausência**

Quando ausente, um pai não pode ser um reflexo de um si-mesmo separado e individual para a filha. Em vez disso, ele representa um lugar de aflição e ela procura por uma conexão ansiosamente e em vão. A filha fica decepcionada pela destruição de seus desejos enquanto mantém uma atitude de negação sobre o que aconteceu. Demora um tempo para reconhecer a catástrofe da ausência. "Os únicos paraísos que não podem existir são aqueles que estão perdidos, mas aqueles que são desbloqueados pela coação, relutância, bajulação e humilhação atravessam seus limites sem presságio ou qualquer discernimento preliminar" (Rose, 1996, p. 35). Digerir a realidade lentamente desfaz a fantasia falaciosa sobre o pai. A fim de dar sentido ao que não é compreensível, a filha frequentemente aceita a culpa pela falta de relacionamento entre eles. Como Jung comentou, "quando um fato interior não se torna consciente ele acontece exteriormente, sob a forma de fatalidade" (OC 9/2, § 126).

A ausência do amor paterno inclui a atuação de seus comportamentos ambivalentes, inconsistentes ou totalmente hostis com e em torno da filha. O mundo se torna um lugar de rejeição e ela se torna estática, recusando tudo (paixão, amor, sentimento, emoção, existência). Ela precisa de ajuda para sair dessa catástrofe incompreensível, ajuda para não a absorver e recriar a perda interna em outras relações. A ausência é "uma situação intermediária entre presença [...] e perda" (Urribarri, 2017). Em outras palavras, e de uma perspectiva que busca a expansão da personalidade, a ausência se encontra no centro das experiências de presença e perda.

A ausência de um pai pessoal afeta a forma como a filha internaliza as normas coletivas psicológicas e sociais que influenciam sua identidade. Frustração e raiva não são externalizadas e direcionadas ao pai, pois ele não está por perto, são internalizadas nela mesma. Enfrentar essa situação para muitas filhas significa confrontar o inaceitável, as desilusões, traições e mentiras que também são promulgadas pela sociedade e pela cultura.

A distância do pai pode ser medida no espaço psíquico criado pela sua ausência. Diante disso, ela não pode mais negar o que é não ter amor, respeito e ser importante para alguém. Por trás do ódio pela ausência do pai está o desejo por amor que pode se tornar uma fascinação, podendo prender a filha ao pai. Curiosamente, essa atração torna-se mais forte quando o pai não se oferece para identificação e não acolhe a filha em sua vida. Contudo, e ainda mais devido à sua ausência, ele permanece uma parte significativa da mente dela.

O pai ausente e perdido exige atenção enquanto se recusa a oferecê-la. Diante de tudo isso, é curioso haver tamanha falta de ponderação sobre o pai como um importante membro da família; visto que ele continuou inconsciente, mas ainda assim proeminente. Aceitar essa história (tanto pessoal como cultural, consciente e inconsciente) é um processo complexo. As histórias aqui incluídas são narradas para desfazer as repressões acumuladas. O processo necessita que se entre nesse labirinto por meio do desejo, ansiedade, dor, luto e inconsciência a fim de se abrir a outras experiências. Ao confrontar as questões com o pai, a filha infringe o anteriormente pai idealizado, ausente de tantas formas, a fim de acessar o que é real. Essa situação reflete o empobrecimento atribuído às primeiras experiências traumatizantes com o outro almejado e idealizado (Solomon, 2004, p. 639).

Segundo o *Oxford English Dictionary*, a palavra *ausente* significa "o estado de estar longe de um lugar ou pessoa [...] a não existência ou falta". A ausência inclui a ausência emocional do pai, mesmo se ele está fisicamente presente. A explicação dessas dinâmicas e seus efeitos está subposta com a esperança de que pais e filhas saiam de velhas posições enraizadas para relacionamentos conscientes e satisfatórios. Em relação a isso, Jung disse:

> Cada nova etapa conquistada na diferenciação cultural da consciência confronta-se com a tarefa de encontrar uma nova *interpretação* correspondente a essa etapa, a fim de conectar a vida do passado, ainda existente em nós como a vida do presente, se este ameaçar furtar-se àquele (OC 9/1, § 267).

As angústias da ausência não desaparecem. Os conflitos, confusões, dúvida e depressão são fortemente sentidos. Até recentemente, uma estranha conspiração silenciosa e não explorada cercava a relação pai-filha. Não era discutida nem abordada e era frequentemente ignorada. Práticas passadas de criação de filhos ofuscavam os efeitos do pai não estar por perto ou estar por perto, mas não presente ao mesmo tempo. Apesar do caráter generalizado e quase coletivo dessas experiências, a cultura ocidental tende a subestimar a necessidade de um forte envolvimento paterno desde o início da vida de uma filha.

Historicamente, a filha era considerada de pouco valor e propriedade para troca; ela pertencia ao pai e seus modos de tal maneira que sua ausência ou sua forma de agir, especialmente em relação a ela, nunca era questionada. O espaço intocado em torno do pai psicológica, pessoal e culturalmente inunda sua influência sobre o inconsciente. Podemos pensar que isso foi mais prevalente no passado, mas ainda é notável na dinâmica familiar atual da cultura ocidental. Embora escrito há muitos anos, o seguinte ainda é aplicável: Donald Winnicott, psicanalista e pediatra britânico, disse que "a pouca profundidade ou detalhe sobre o papel do pai também era devido a sua definição tão pequena na família e porque não era significante como uma pessoa do sexo masculino naquele espaço" (1995, p. 142). Muitos pais ainda acreditam que os cuidados e o relacionamento emocional necessários virão da mãe, enganando a si mesmos e suas filhas.

Em suas ofertas escassas e sem as experiências com pais amorosos, as filhas são deixadas com um buraco onde o amor paterno deveria estar. Ele tem efeitos contagiantes quando presente de forma ausente; a filha pode tentar agradar ou salvar o pai a fim de obter pelo menos um aspecto de ter um pai. Algumas escolhem ser diferentes dele enquanto outras são complacentes e inconscientemente permanecem prisioneiras do passado. A psicanalista francesa Julia Kristeva comentou:

O si-mesmo, ferido, incompleto e vazio, é considerado como tendo uma falha fundamental, uma deficiência congênita. Essa lógica pressupõe um superego severo e uma complexa dialética de idealização e desvalorização, tanto do si-mesmo como do outro. Trata-se de uma identificação com o outro amado/odiado (por incorporação, introjeção, projeção) que se efetua pela incorporação de um ideal sublime (parte ou traço) do outro e que se torna o juiz interior tirânico (1992, p. 6).

A descrição mencionada se aplica a uma filha esvaziada de si-mesmo, que não sabe como encontrar a si mesma, pois acolheu um pai vazio.

Paternidade se trata de relações passadas e futuras, eventos e emoções. O que provém disso é uma identificação progressiva da diferença. Seu processo e mensagem se originam no pai como o outro (Perelberg, 2018, p. 24). Nesta posição, a presença de um pai é importante para encontrar um reflexo, conhecimento e separação. Também é por meio do pai como o outro que a filha pode experimentar a si mesma. Esta é a exata experiência replicada e reparada por meio da relação terapêutica.

Diversos conceitos psicanalíticos e culturais retratam a figura paterna como uma entidade poderosa, idolatrada e impenetrável, que promete proteção e orientação, mas permanece a autoridade suprema. Quando se trata da filha, o pensamento psicanalítico tradicional freudiano refere-se ao mito de Édipo sobre a relação pai-filho, mas o de pai-filha não ganhou tanta atenção. Na mitologia grega, o foco não está no feminino, mas prioritariamente no relacionamento pai-filho, enquanto a filha aparece como figura secundária e um tanto insignificante, normalmente não muito bem retratada. Jung foi pai de quatro filhas e não abordou muito a questão da relação entre filha e pai, mas escreveu um artigo sobre o pai.

O que foi ignorado ou que não teve atenção adequada cria descontentamento. "Antes de podermos [...] encarar o futuro [...] temos [...] que lembrar das necessidades de nosso si-mesmo instintivo, intuitivo e natural" (Meier, 1985, p. 56). Isso significa um reconhecimento do que nunca foi deixado e permanece na psique apenas esperando por atenção. É claro que a dinâmica retratada aqui tende a ser mais sombria para enfatizar os efeitos da ausência e carência paterna nas filhas. Contudo, o apelo é dirigido aos pais que também se beneficiam com uma vivência saudável com suas filhas.

## A ausência ofusca

> Para altos cerros alçar, lentamente começa a avançar.
>
> William Shakespeare, *Henrique VIII*, 1613, ato I, cena 1, linha 131.

---

Essa situação de ausência faz referência à sombra da psicologia analítica junguiana, que se refere àqueles aspectos que permanecem subdesenvolvidos, invisíveis e ignorados com repercussões tanto às filhas como aos pais. O apego ao pai criado por sua ausência pode se manifestar negativamente na ansiedade ou depressão da filha; o espírito dela pode se tornar desesperado, esfacelado e desolado. Por causa da ausência do pai, partes da psique da filha permanecem inacessíveis, intocadas e inconscientes.

As lacunas indicam uma divisão entre consciente e inconsciente, distorcendo a realidade. Com a ausência paterna ela aprendeu a não querer muito, não dizer muito e não alçar tão alto.

Quanto mais a consciência perde espaço por ignorar o efeito do pai ausente, mais a ausência cria um espaço em branco e a filha fica perdida em um labirinto. Isso transmite a "retórica da dor, que testemunha o que nunca foi testemunhado: a ausência e a melancolia decorrente de uma comunicação falha" (Kalinich & Taylor, 2009, p. 163). A filha passivamente não questiona, ou pode optar por se afastar do pai e de tudo que ele representa. Em ambos os casos, ela continua sem ser reconhecida, a dinâmica sem ser analisada e ela se torna distante e ausente do conhecimento de seu si-mesmo.

Jung descreveu isso como uma sombra não reconhecida, algo dentro da sombra que é muito próximo de, mas desconhecido. "A sombra, porém, é uma parte viva da personalidade e por isso quer comparecer de alguma forma. Não é possível anulá-la argumentando, ou torná-la inofensiva por meio da racionalização" (OC 9/1, § 44). Quando um pai é emocionalmente distante e ausente, as experiências primárias de amor de uma filha ocorrem com privações. A ansiedade está ligada à antecipação de reviver a perda paterna e a separação dele com seus efeitos à personalidade dela.

Sem o alicerce de um pai, a filha se sente na beira do abismo, como se estivesse caindo sem segurança e esse sentimento continua se solidificando na vida adulta. Há um desespero interno e falta de autoaceitação; ela não consegue encontrar fidelidade em seu próprio ritmo e sente que sua existência não é verdadeira. Há uma espécie de barreira dentro de si e o mundo pode se tornar sem sentido.

## O pai responsável

Um pai presente e emocionalmente participante facilita a energia saudável da filha e edifica sua autoestima. Ele é o outro além da figura materna com quem ela estabelece a sua individualidade. A consistência e apoio dele fornecem um ritmo sólido para a vida. Ele sabe como abraçá-la, cuidar de suas emoções, apoiar sua mente e encorajar autocuidado. Obviamente, uma relação adequada com ele proporciona aceitação, amor, estabilidade, disciplina, força própria e, quando suficiente, dá a ela a confiança para expressar seu potencial criativo (Kavaler-Adler, 2000, p. 187). Ele é um portal para o mundo e fundamental para o desenvolvimento da identidade. A crescente percepção é que o envolvimento de um pai ao longo da vida afeta a filha e o pai também. Ele agora é reconhecido como importante para o desenvolvimento do sentimento autocentrado, da conexão corporal, do respeito, do cuidado e de uma existência introspectiva segura dos filhos.

Não há dúvidas de que os pais têm um papel importante na vida de suas filhas. Um pai envolvido é fundamental para a saúde e bem-estar geral psicológico e comportamental. Ter uma figura paterna participativa ajuda a filha, pois ela precisa da sabedoria, experiência, do compartilhamento de habilidades e da orientação amável dele. Quando pais são ativamente presentes em um relacionamento amoroso e carinhoso, as filhas são mais confiantes, têm um melhor desempenho escolar e conseguem evitar comportamentos perigosos.

Um bom pai auxilia as tentativas da filha na exploração do ambiente para livremente encontrar-se. Um pai que fornece várias possibilidades para a sua existência e subverte as restrições que podem ser impostas a ela ou que a desviem de sua originalidade. Os movimentos da filha no mundo são facilitados pelo carinho e atenção dele. A criação da significação é acompanhada da relação com o pai e depende das "propriedades emergentes auto-organizadas da mente humana, mas também na introdução da filha no mundo de significados sociais por meio de relações interpessoais" (Knox, 2004, p. 6).

As mudanças correntes nas estruturas familiares e a perda de sua antiga posição cria a possibilidade de vigor na função paterna (Kalinich & Taylor, 2009, p. 192). O pai do século XXI está em processo de mudança, pois adquiriu algumas expectativas sociais e psicológicas em relação a sua participação e expressividade emocional. Embora não recebesse muita atenção no passado, o efeito da figura paterna agora está em primeiro plano. Além disso, e mais evidente na atualidade, o pai se tornou cada vez mais envolvido, emotivo e ativo no coração da família em vez de continuar nas margens.

## A história da insuficiência (dele)

Ainda assim, a figura do pai permanece associada com repressões, desordens e falta de desenvolvimento. Esta é uma história atual de uma longa história de insuficiência. No passado, a importância do pai para sua filha era esquecida ou negada. O efeito destrutivo nas filhas, até recentemente, permaneceu insuficientemente explorado e grandemente ignorado. Na ausência do pai, a filha é dominada por impulsos destrutivos, sendo desconectada de seus instintos. A personalidade dela está enraizada na falta dele.

Com isso ela aprende a duvidar de si mesma, a verdade dela cai em uma emboscada e inomináveis separações. Quando a filha não consegue existir com segurança e independência aos olhos do pai, pode produzir uma negação dissociativa do autoagenciamento, uma negação de si mesma nos relacionamentos e medo do amor (Knox, 2010, p. 137). Relacionamentos parecem precisar de ser controlados, então ela se torna vigilante do outro e perde contato consigo mesma. Sem uma ligação emocional suficiente, os apegos subsequentes da filha são moldados pelo distanciamento, falta de confiança e ansiedade pessoal. A satisfação na vida é limitada, ela finge na vida adulta em vez de ser plena. Assim como um apego seguro mostra o impacto positivo no desenvolvimento da filha, o apego inseguro também afeta o desenvolvimento do complexo paterno negativo. Meninas cuja primeira infância foi caracterizada por um pai ausente podem crescer em um dos extremos, elogiar ou humilhar o paterno.

Privada da alquimia do envolvimento com um pai, mesmo em terapia, a filha frequentemente não fala ou se concentra no pai imediatamente. Ele tem sido um espaço em branco do qual ela não consegue se aproximar; ou os esforços para esquecer ou ignorar seus sentimentos disfarçam os efeitos da ausência dele, criando ainda mais ausência. Talvez ele tenha dito que ela estava bem sem ele, ou ele tivesse interesse por ela, mas não conseguia estar presente. Ela teve que aceitar a ausência, mas isso não significa que ele não a amava. Então o que significa essa ausência? E na ausência dele, como ela pode encontrar amor?

Ser um pai não é apenas um fato biológico, também há fatores psicológicos e culturais. Este capítulo e os seguintes têm o objetivo de transmitir gráfica e tragicamente os efeitos destrutivos na filha. "O reprimido e negligenciado insiste em se fazer saber. Isso significa falar sobre as deficiências das partes da personalidade que foram negligenciadas para que a autorregulação da psique possa começar a cuidar da cura" (Stein, 1983, p. 68).

A consciência não é linear, ela retrocede para fomentar a imaginação de maneiras recém-emergentes. É necessário o trabalho e recompensas da autoanálise. O trabalho terapêutico é um esforço de modo a expandir e aprofundar, um ir na direção à reflexão interna; significa perceber a complexidade e abundância do que está na psique e nas riquezas possíveis entre pai e filha. Essas histórias descrevem, ao invés de definir rigidamente, o problema do pai ausente com o objetivo de ampliar as possibilidades para que a consciência aumente e a situação se altere para beneficiar ambos. Elas descrevem as filhas lidando com a perda e ausência para preencherem a si mesmas. "O homem não é nada além de seu plano; ele existe apenas à medida que realiza a si mesmo; ele é, portanto, nada mais do que o conjunto de seus atos, nada além de sua vida" (Sartre, 2000, p. 32, apud Sahakian & Sahakian, 1966, p. 167). Essa ausência impulsiona a busca por meio de descobertas internas e está ligada à sociedade e cultura, pessoal e também transformação coletiva, na esperança de criar a expansão dela.

# 2

# Perda e anseio

> Como explicar, senão que estava acontecendo o que não entendo. O que queria essa mulher que sou? o que acontecia [...]. Como te explicar: eis que de repente aquele mundo inteiro que eu era crispava-se de cansaço, eu não suportava mais carregar nos ombros – o quê? – e sucumbia a uma tensão que eu não sabia que sempre fora minha [...] os primeiros sinais em mim do desabamento de cavernas calcáreas subterrâneas, que ruíam sob o peso de camadas arqueológicas estratificadas [...] há de haver quem entenda. E é em mim que tenho de criar esse alguém que entenderá.
>
> Clarice Lispector, *A paixão segundo G.H.* (2012, p. 39).

---

Como curamos o pai que é ausente e deixa lacunas no coração de sua filha? A filha pode abdicar seu poder, criatividade, potencial desperdiçado e sua voz não ouvida. O desejo pelo amor do pai se torna mais insistente ao escutar seu resíduo de melancolia. Hailey, uma paciente, durante uma sessão fez a seguinte observação sobre o pai:

> Não querer admitir o distanciamento do meu pai e sua falta de atenção é, na verdade, um medo de que isso seja um problema meu e não dele. Tenho medo de ser julgada pela vida isolada que criei e não pareço conseguir sair. Julgamento que realmente mereço. Espero que hoje, na terapia, não tenha parecido que culpo meu pai. Queria ignorar a angústia, me esforçar para passar por isso e me sentir mais forte por vencer sozinha. Fez-me ter mais confiança em mim mesma. A apatia era orgânica, afetava apenas a mim e era tão inofensiva aos outros. Mas será que esperei tempo demais por ajuda para que realmente tivesse algum impacto em mim ou no mundo?

Esse pai obviamente não estava por perto para reconhecer a vivacidade de sua psique; ela não tinha a confirmação dele. Ela perdeu o chão sob seus pés e isso nunca foi abordado. Conforme ela cresce, a filha precisa de uma conexão com o pai, que deve ser seguida de encorajamento pelas separações que ocorrerão e reconhecimento de suas semelhanças e diferenças. O interesse psicológico muda, da semelhança à diferença, e é uma base para relações importantes sem o medo da perda do ego (Knox, 2003, p. 181).

Hailey, que sempre desejou um pai, *sonhou com um dia somente para ela e ele*. Ela estava feliz no sonho, mas, ao acordar, estava em lágrimas. Lembrou-se assustada de como ele não estava em sua vida e como ele não a conhecia direito, nem ela a ele. Lembrou-se que se sentia nervosa perto dele e com medo de desagradá-lo, esperando uma retaliação por parte dele. Preocupava-se em ter que ser perfeita para que ele gostasse dela e voltasse. Quando o via, porém, ele ocupava o holofote e ela se sentia diminuída. Não podia falar sobre seus sentimentos e acreditava que verbalizar seus desejos o irritaria. Embora magoada e decepcionada, ela nunca falou sobre isso e nunca pediu por nada. Ao longo dos anos, reviveu o sonho durante o dia e, à noite, sonhava o sonho de novo e de novo, desejando um pai.

A necessidade do pai encontra as perdidas fundações e experiências na memória da filha. O anseio por um pai, por ter atenção e apoio, nunca são correspondidos e podem impedi-la de receber e expressar prazer. Ela internaliza o fracasso e qualquer coisa boa é seguida por uma ruim. Ou seja, os sentimentos bons não duram e ela não sabe a razão. Deveria ela desistir de seus anseios e desejos, incerta sobre o que quer e deseja? A impotência e perda de direção, ou controle de sua vida, a machucam, mas ela se sente desamparada contra a atração física que causa (Hauke, 1995, p. 520).

A busca pelo pai tem ligação com a busca por si; e reside em lugares que ela não conhece ainda. Em cada fase do desenvolvimento da filha a relação com o pai afeta seu entendimento sobre si mesma. Ela vivencia novamente a perda do pai, a separação prematura que ele impôs quando não estava presente, sendo deixada com a angústia das necessidades não atendidas. A seguinte citação tem relação em como Hailey, mencionada anteriormente, lidou com a depressão e a perda:

> Amo aquele [pai] [...], mas o odeio ainda mais; porque o amo, e para não o perder, entalhei-o em mim. Mas porque o odeio, aquele outro em mim que é um si-mesmo mau, eu sou má, sou inexistente [...] (Kristeva, 1988, p. 11).

Essa perda de auto-orientação é refletida em uma falta no si-mesmo e uma falta nas conexões com os outros.

O pai é, idealmente, uma âncora dando à filha uma fundação e um ponto sólido de referência. No entanto, quando ausente, as experiências dela do si-mesmo são alcançadas no contexto de perdas. Isso influencia a maneira como ela lida ou não com as inevitáveis adversidades vivenciadas ao longo da vida. Quando o pai é ausente, ela é suscetível à invasão de imagens e comportamentos negativos. Ela adota vários mecanismos para lidar com o que parece ser uma perda amorfa, porém intolerável. Perceber e interpretar eventos é impossível sem a perspectiva das experiências passadas (é assim que funcionamos). O passado contextualiza o presente e molda as percepções, interpretações e reações emocionais. Algumas dizem que se sentiram amadas por seus pais, especialmente quando novas. Ele pode ter sido atencioso e depois idealizado. Era projetado frequentemente devido seu lugar não ocupado, ao vazio e sua simples ausência. Para compensar, a filha criou imagens do que gostaria que ele fosse.

A magnitude de desvendar isso aparece na seguinte citação: "A condição traumática mais extrema é aquela em que qualquer capacidade de representar a experiência do si-mesmo é rompida: um estado de paralisia onde até mesmo a impressão em branco é perdida em um vazio" (Connolly, 2011, p. 5). Isso descreve os lugares de muitas camadas e feridas a serem desbloqueados. Muitas vezes a perda do pai é tão angustiante que a melhor opção para a filha é esquecer. A perda crônica do pai pode ser acompanhada por um zumbido constante de ansiedade. As histórias de tantas filhas nadam em águas turbulentas. Seu contexto é carregado de rupturas, inconsistências e incertezas marcando a autorrepresentação com lesões internas e destituição emocional.

Desatar esses nós psicológicos não é uma tarefa fácil, nem faz a análise mais suave. Junto estão as dificuldades de vencer os impasses com suas divisões, distorções e dissociações, os conflitos e anseios ofuscados e não resolvidos. Aquelas que acabaram de se tornar filhas comportadas e obedientes eliminam a si mesmas, tornando-se fantasmas, desempenhando papéis, apenas sobrevivendo.

## Um exemplo

> Qual a ferida que não sara pouco a pouco?
> William Shakespeare, *Otelo* (c. 1603), Ato II, cena 3.

---

Jade, um composto de várias mulheres, chegou em nossa sessão de terapia inicial externamente arrumada, competente e elegante. Ela revelou bem rapidamente e até mesmo superficialmente que não tinha ninguém próximo em sua vida; ninguém que realmente a conhecia. Seu parceiro era indiferente, distante e inacessível. Ela sabia que ele não a via de verdade. Amigos a conheciam, mas de forma distante. Sua família era o que ela chamava de uma "bagunça". Ela não conheceu o pai, visto que ele partiu quando ela tinha 3 anos, uma idade em que eventos e sentimentos podem ser relembrados. Os pais se divorciaram, ela ficou com a mãe e o pai raramente visitava; até que ela o reencontrou na adolescência. Toda carência e anseio reprimido, os desejos emocionalmente angustiantes por um pai por todos aqueles anos de ausência a deixaram atordoada. Naquele momento, ela *sabia* que ele sentia o mesmo, *sabia* que estavam em harmonia; mas o entusiasmo dela *não* era recíproco, ela se lembrou de sentir uma imensa decepção.

Ela nunca contou isso a ele ou a ninguém. Em vez disso, dedicou-se completamente a ser bem-sucedida. Não preparada para lidar com a imensa decepção e perda dele mais uma vez, ela se ocupou com escola, atividades e esportes, empenhando-se para ser a melhor em tudo. Jade nunca parou para sentir ou examinar se fazia isso como uma tentativa de ser notada por ele ou para se desviar de sua tristeza. Protegido em suas profundezas, havia um núcleo secreto do qual ninguém podia saber. Jade se certificava de que ninguém entrasse nesse espaço e lá ficava sozinha. Mesmo quando outros a viam como alguém extremamente competente, ela precisava de alguém para lhe dar segurança, pois sentia que nem tudo era sólido por dentro. Guardava muitos segredos atrás da máscara de competência, escondia suas emoções agitadas e ansiosas, administrava as sombras cuidadosamente e tinha tudo muito organizado. Jade aprendeu a esconder momentos pessoais atrás da cortina, pois sua vida se tornou mais uma história do que uma afirmação, nunca chegando ao real. Em sua mente, ela transformou seu pai ausente em um pai que ela desculpou porque ele disse que se preocupava. Agora, estava confusa, desejando que sentimentos, emoções, a situação toda não fosse tão ruim, mas teve o pressentimento que era pior do que estava disposta a admitir.

Em meio a isso tudo, Jade se perdeu, centímetro por centímetro. Há uma deslealdade, uma morte psíquica secreta que começa na infância quando uma criança não é amada e nem vista, quando o "eu" não é notado. Um centro de gravidade que deveria ser internalizado se desprende e torna-se danificado. O resíduo deixa a ausência de uma afirmação debilitar as raízes do sistema dela.

A fantasia do pai ausente afetou todas as áreas da vida de Jade. Lidar com outra realidade mudaria seu mundo e ela não tinha certeza do que isso significaria. Enquanto isso, o relacionamento com seu parceiro não tinha nenhuma emoção. O trabalho também não a satisfazia mais. O mundo parecia destoante e ela frequentemente estava prestes a chorar; um estado emocional desconhecido e escondido até então. Ela sentia ser a hora de examinar os problemas que havia colocado em uma caixa e trancado anos atrás. Escolheu a terapia analítica junguiana como uma forma de seguir nessa jornada.

Aos poucos ficou claro que a experiência do pai ausente se repetiu geração após geração em sua família. Seu avô paterno morreu jovem. O avô materno apenas trabalhava e fazia dinheiro. Esses pais pensavam apenas em *status*, posição e dinheiro, não em casa e família. Ninguém prestava atenção nas crianças que eram criadas para serem vistas e não ouvidas; a atitude estoica prevalecia. Durante a idade adulta, Jade se viu atraída por aqueles que também eram emocionalmente indiferentes, replicando os pais que não estão por perto. Jung comparou essa repetição do padrão familiar ao pecado psicológico, ou à maldição contínua de Atreu nas gerações. Ela reflete uma falta de consciência, um ego observador ou afirmação de escolha (MSR, p. 198).

Jade é um retrato das muitas mulheres que caminham nestas páginas, despedaçando-se em lágrimas emocionais ou anestesiadas à realidade da ausência de seus pais, incertas de como sair do mar de tristeza para alcançar a si mesmas. Elas não devem ver, assim como ninguém mais. Os seus interiores estão trancados a sete chaves.

Por meio de fantasias de introjeção e identificação, o "objeto perdido" é levado à psique, onde toma uma nova vida intrapsíquica. Esta é a ironia do desenvolvimento humano, que a "aceitação da perda" no mundo externo encontra uma recriação correspondente do objeto no mundo interior (Lear, 2014, p. 473-474).

A perda internalizada busca reconhecimento consciente se isto é para ser encontrado e então trabalha para transformar as necessidades reprimidas e não desenvolvidas.

Anseio, segundo o *Oxford English Dictionary*, é um forte e persistente desejo, especialmente por algo inatingível ou distante. Está relacionado com ter fome de algo, desejar, anelar. Desde as primeiras feridas relacionais e emocionais com o pai ausente, a dependência é frustrada e não há motivo para esperar por algo e nada que possa ser imaginado. Com um pouco de conhecimento de um pai pessoal, Jade lidou com seu anseio adotando ideias e padrões coletivos. Ela é filha do pai/soberano patriarcal global fortalecido sem a presença de um pai pessoal. Em casos semelhantes, algumas mulheres protegem-se ao se afastarem. Algumas adotam o caminho do pai em uma atitude de hiperpoder; ou, como Jade, por meio de seu intelecto e conquistas, edificam vidas profissionais bem-sucedidas, mas cortam toda emoção ou intimidade.

Jade *sonhou estar em um local de pintura mecânica com todos os equipamentos e aparelhos; ela não conseguia alcançar o homem que amava.* O sonho foi recorrente por anos. Representava a sua busca por si mesma, pelo outro e pelo pai. Um sonho sem cor que a deixou muito frustrada, com anseios e com o sentimento de não ser amada. O anseio é muitas vezes acompanhado por emoções de vergonha, ira, terror e solidão. Expressa a dor de querer tanto o amor que é como uma dor na alma. A perda foi sentida imensamente e teve que ser negada enquanto a intensidade da emoção paradoxalmente chegou ao seu núcleo. A perda do pai afeta fundamentalmente a estruturação da psique humana (Kohon, 1999, p. 143). Ansiar é uma necessidade vital que emerge das profundezas do inconsciente para o consciente. Quando ansiamos, buscamos inclusão, aceitação e amor. Essa emoção é como um fogo alquímico deixando as superfluidades em cinzas. Ansiar é uma centelha e um impulso para atravessar o fogo.

As qualidades do pai habitam o mundo interior da filha e afetam seu mundo exterior de forma social e cultural. É por isso que cada jornada pessoal, como as descritas aqui, tem ramificações coletivas. O contato inicial do sistema límbico com pais e mães moldam o caráter, estabelecendo os circuitos para hábitos emocionais e padrões de conexão, que muito influenciam o que trazemos para todas as relações subsequentes dependendo do cuidado ou toxicidade que essas relações formativas tiveram. "O resultado das dificuldades de uma mulher para sentir-se psicológica e socialmente completa, integrada e diversificada é, em grande parte, moldado pela relação pai-filha" (Samuels, 1993, p. 151). Ainda assim, exemplo após exemplo, a filha é deixada com um espaço em branco onde um pai deveria estar. Às vezes, ela não tem nada a dizer sobre ele, as emoções estão tão mortas, e por tanto tempo, que não há reação.

Filhas passam por muitas voltas e reviravoltas para se encontrarem. Os pais são responsáveis pelo bem-estar emocional de suas filhas e, sem sua interação emocional, a perda e ausência imploram para serem preenchidas, criando a energia necessária para mover o difícil peso da falta (Samuels, 1985, p. 10). A ausência paterna afeta a personalidade da filha e afeta o mundo representacional interno e subjetivo. A filha pode negar suas necessidades ao prover por seu pai enquanto ele a persuade a ter simpatia por ele, esperando ser adulado e obedecido. Ela pode também se identificar com ele como uma forma de se apegar a ele, mas isso pode significar que ela também assume os fracassos e ansiedades dele. Sobretudo, os desejos dela foram formulados estreitos demais ou substituídos por sementes de recusa. O processo analítico necessita desativar e desfazer experiências enigmáticas muitas vezes desagradáveis e, às vezes, mais aterrorizantes do que a filha gostaria de lembrar. O problema é particularmente complexo, pois a ausência paterna se sobrepõe a tudo; a filha se torna diminutiva e ao poder paterno é dado autoridade demais, especialmente quando desconhecido.

A análise da perda leva à recapitulação de experiências iniciais, o que ativa sentimentos e emoções. A ausência do pai é uma perda psicológica, emocional, física e cultural. Dificilmente lamentada, essa perda não teve a consideração devida. Como a filha lamenta o que nunca teve e o que não foi reconhecido? Ela pode descobrir que odeia o pai ausente, o apego que não era apego afinal. Ela pode mergulhar em uma depressão amarga. Uma tristeza permeia e indica as áreas feridas onde ela se sente inaceitável e afligida com falhas fundamentais. Para ela, a presença paterna e a experiência de ser vista ou de ter uma boa ressonância com ele permanecem estéreis. "Para um indivíduo vir a ser, ele precisa libertar-se de certas tiranias internas e externas" (Lear, 1990, p. 23).

O conflito entre necessidades por proximidade e por diferenciação precisa que o si-mesmo entre em conflito consigo mesmo e com o outro (Solomon, 2007, p. 245). Mas isso é difícil quando uma verdadeira e crucial parte de si mesma não foi refletida nos olhos do pai. Gerações de pais que tiveram dificuldade em desenvolver e manter relações amáveis com suas filhas também nunca tiveram relações afetuosas com seus próprios pais. Os pais que não tiveram pais amorosos estão inconscientemente repetindo essas experiências. Essa perda é o que muitos identificam, pois é, infelizmente, uma história comum. O pai ainda não é reconhecido como uma figura definitiva de parentesco, embora seja frequentemente glorificado com a lógica de que fez o melhor que pôde e por isso é inocente. Ao manter essa imagem intacta, seja precisa ou não, a filha tem que negar os problemas e aceitar as decepções, perdas e anseios.

Um cuidado paterno insuficiente cria culpa, tristeza e traição; a ausência do pai leva a uma destruição de experiências essenciais. A filha enfrenta obstáculos para acessar desejo ou agressão, dois componentes necessários para se conhecer e para desenvolver seus talentos, negando assim seu ímpeto criativo e criando várias consequências psicológicas.

A busca de um pai com emoções e sentimentos presentes ilustra o quanto a sua falta tem sido sentida. Isso é totalmente replicado quando se procura por informação sobre pais e filhas. Não há muito na literatura popular que contenha uma perspectiva interna e ponderada. Às vezes, encontramos um foco superficial ou comportamental, mas nenhum reconhecimento das complexidades e dificuldades da dinâmica entre pai-filha. Muitas vezes, há referências de como a filha pode melhorar isso. As atitudes simplificadas refletem uma negligência das complexas camadas que compõe a relação de pai-filha.

**Insuficiência coletiva**

Como o analista junguiano britânico Andrew Samuels argumentou, os déficits paternos afetam a expansão geracional, cultural e psicológica, e limitam o movimento a papéis restritos (1993, p. 153). Quando a figura do pai permanece como um espaço em branco, nesse túnel de escuridão uma comunicação viva com ele é bloqueada. É negado à filha um elo vital para sua identidade separada e igualitária com o pai. Quando a filha já é adulta, ele se desculpa por não ter estado presente, mas faz tudo girar em torno dele, pois não poderia fazer mais nada, ele ainda continua ausente. Isso faz com que a filha tenha que lidar com as emoções residuais de raiva e desânimo, se sentindo traída e abandonada, hesitante, sem cuidado ou atenção suficiente. Acima de tudo, faltou-lhe um pai que saiba como ser um modelo de conexão. Em um cenário como esse, ela carrega um grande resíduo da ausência dele, enquanto o pai continua inconsciente.

A literatura de psicologia em ausência paterna, embora crescente, ainda tem dado pouca atenção ao papel do pai. Isso representa um fracasso coletivo com consequências lamentáveis. Para acrescentar à negação absoluta de atenção ao dilema pai-filha, teóricos da psicologia junguiana não avançaram muito devido à sua própria sombra e a de seus pais. O pensamento freudiano dá ao pai um grande papel, embora Freud, assim como Jung, tivesse dificuldades nas relações com seus pais. A ideologia e a sobreposição cultural concentrada na criação de filhos centrada nas mulheres e pais ausentes também têm tendências inconscientes e fortaleceram o *status quo* patriarcal da ausência paterna.

Por exemplo, Jung escreveu um artigo em "Obra Completa" presente no volume 4 (1961) intitulado "A importância do pai no destino do indivíduo", com apenas uma pequena menção da filha. Há referências simbólicas e mitológicas nos escritos de Jung e referências aos arquétipos do pai e da filha. No entanto, pouca atenção é dada especificamente à filha com uma relação emocionalmente respondida e gratificante com o pai. Isso é ainda mais surpreendente, pois Jung tinha quatro filhas e escreveu tão pouco sobre essa relação. Poderíamos desculpar isso ao dizer que ele tinha outras questões nas quais focar, mas essa é a frequente razão para que as filhas sejam menosprezadas. Esse fato revela também o foco predominante da sociedade ocidental e sua história que não dá a devida atenção à questão da filha e o pai ausente.

A ausência de seu próprio pai é um dos aspectos importantes que dizem ter impulsionado Jung em suas profundas pesquisas sobre o inconsciente. A história dele é paralela à de muitas filhas que passam pela ausência paterna. Desde cedo Jung relatou ter um sentimento de vazio em relação ao pai que era um ministro, mas sem crença espiritual. Isso o deixou com perguntas não expressadas e não respondias, um espaço vazio entre eles foi relatado como insatisfatório, pois o pai de Jung o aconselhou a não pensar e simplesmente acreditar. Em contraste a esse ditado e pela falta de orientação e sentimento, Jung reconheceu que deveria encontrar suas próprias experiências (Dunne, 2015, p. 18). A ausência de seu pai mais tarde alimentou a pesquisa, resultando nas teorias dos arquétipos, do inconsciente coletivo e o prolífico simbolismo da psique contido na religião, história, mito e contos de fadas. Nelas, Jung encontrou as abstratas respostas que seu pai não pôde responder. Na verdade, Jung tomou a falta de fé não resolvida de seu pai e fez a realidade da psique a meta de sua vida (Nagy, 1991, p. 12). A ausência emocional e espiritual do pai impulsionou as pesquisas mais profundas de Jung na psique, com efeitos tanto pessoal como coletivo.

Um complexo conjunto de dinâmicas surge na ausência do pai. O mal causado pela ausência dele cria padrões ao longo das gerações que não foram completamente constatados. A história coletiva e narrativas pessoais contêm feridas complexas, rupturas internas, si-mesmos fraturados e a jornada psicológica aprisionada. Examinar o que é problemático pode levar ao possível, muito parecido com uma fênix alquímica que surge da *nigredo*, ou decomposição, criando as cinzas.

Aqui enfatizo a importância do pai tanto como um objeto externo como interno no desenvolvimento da filha (Samuels, 1989, p. 66ss.). A ausência dele cria confusão; o que se espera que esteja presente não está. A evasão da perda e anseio obstruem a consciência do que a filha deseja e precisa. Apenas por meio de um intricado processo ela poderá discernir a verdade da ficção, o real do imaginário.

Ao se envolver com a ausência, a posição do pai não impede mais a identidade dela, limitando sentimentos e ações. A cura precisa lidar com o anseio, tristeza e perda. Embora as feridas causadas pela ausência do pai deixem cicatrizes, quando entendida e integrada, elas gradualmente se tornam uma fonte de desenvolvimento. O processo transforma a identidade da filha, de uma que não tinha para uma que tem, de falta à abundância, de inconsciente à consciente.

> Infeliz que sou, não posso trazer o coração à boca!
> Amo Vossa Majestade como o dever me impõe, nem mais nem menos.
> Cordélia em *Rei Lear,* Ato I, Cena I.

# 3

# Desejo de pai, ferida de pai

> Não sou o que pareço. Parecer é apenas uma veste que uso – uma veste tecida com cuidado que me protege de tuas perguntas e ti de minha negligência. O "eu" em mim, meu amigo, habita na casa do silêncio e nela deve permanecer para sempre, despercebido, inacessível.
>
> Kahlil Gibran, *O louco – Suas parábolas e poemas.*

---

*Uma mulher sonhou que deveria cuidar de seu pai.* O significado dessa linha depende de quem sonha e pode manifestar muitas coisas sobre a relação com o pai. Por que ela deve cuidar do pai? O que a pessoa que sonha deseja e que feridas indicam? Por que o sonho é tão sucinto e sem adereços? O sonho sugere que a questão de qual pai: o pai internalizado, o pai pessoal, o complexo paterno ou o arquétipo do pai?

## O mito da ferida paterna

A figura paterna é inerente na psique e é também composta de experiências introjetadas com o pai pessoal e ideologia cultural. Como na seguinte história do Antigo Testamento (Jz 11,37-40), fica claro que pais ferem suas filhas ao serem inconscientes.

Jefté, um líder de Israel, jurou sacrificar quem "primeiro saísse da porta da minha casa e viesse ao meu encontro" se o Senhor lhe entregasse os amonitas. Tendo os derrotado, retornou para casa e sua filha veio ao seu encontro. Quando Jefté a viu e percebeu o que havia feito ficou perturbado com a dor que sentia, mas imediatamente "culpou a vítima", repreendendo a filha por ser quem viu primeiro em vez de culpar a si mesmo pelo voto que havia feito:

> Ela era sua única filha, pois ele não tinha filhos ou filhas a não ser ela. Quando a viu, rasgou suas vestes e disse: "ah! Filha minha, tu me prostras por completo; tu passaste a ser a causa da minha calamidade, porquanto fiz voto ao Senhor e não tornarei atrás".

Novamente parece que o pai não tinha conhecimento de sua filha, incapaz ou relutante em vê-la ou saber de seu paradeiro, como nos contos de fadas que mais tarde citarei. Quando a filha de Jefté soube do voto que o pai fez, respondeu com dignidade e raiva contida. Aceitou seu destino, mas em seus próprios termos:

> E ela lhe disse: Pai meu, fizeste voto ao Senhor; faze, pois, de mim segundo o teu voto; pois o Senhor te vingou dos teus inimigos, os filhos de Amon.

Escritores contemporâneos se opõem à aceitação passiva da filha em relação à sua morte, pois desejam que ela contestasse o voto de seu pai. No contexto da época, porém, Jefté tinha que sacrificá-la e ela tinha que aceitar seu destino. O pai fez uma promessa em nome do seu povo e acreditava que Deus aceitara a promessa dando-lhe vitória em troca. Agora a promessa tinha que ser honrada ainda que o custo fosse terrível, a filha sabia e aceitava essa condição.

Seria possível, porém, que ela soubesse de antemão da promessa de seu pai e deliberadamente saiu ao seu encontro primeiro? Poderia a filha ter tomado o lugar de outra pessoa para mostrar ao pai a terrível injustiça de suas ações? A reação da filha em relação ao seu destino é vista em sua resposta: "Disse mais a seu pai: concede-me isto: deixa-me por dois meses, para que eu vá, e desça pelos montes, e chore a minha virgindade, eu e as minhas companheiras". Ela preferiu passar os últimos dias de sua vida com suas amigas, não com o pai cuja ambição e tola promessa lhe causaram a morte. Em seus últimos dias ela queria a companhia daqueles em quem podia confiar.

Essa dilacerante história reflete a tragédia de mais um pai que coloca a si e suas necessidades em primeiro lugar. A promessa a Deus, ao Pai, é mais importante do que a vida da filha. A triste e cruel história ecoa um pai alheio, por muitas razões, ao valor de sua filha. E na história, não é lhe dado um nome além do de filha de seu pai.

A história de filhas e pais é uma história de desejo, e como todo desejo, é poderosa e sugestiva. O desejo por amor é algo básico. É uma necessidade? Um instinto? Uma força vital? Um espírito? O amor é tudo isso e mais. Os desejos da filha e a realização deles estão diretamente relacionados à libertação do desejo a fim de auxiliar o inconsciente enquanto age no consciente (Stein, 1983, p. 79). O desejo nos move, pois a falta dele não desaparece. Quando um pai não está presente, a filha pode ter pouco foco ou direção, sua fundação pode estar abalada, e sua energia de vida esgotada. Ela aprende a tomar o pouco que lhe é oferecido e continua refém do pai e das perspectivas dele, quer elas sejam adequadas ou não. Infelizmente, muitas filhas continuam presas, independentemente de suas conquistas excepcionais ou reconhecimentos. Com pouco entendimento sobre a continuidade ou coerência pessoal, o desejo feminino se enquadra estreitamente sem que haja uma imagem completa o suficiente de sua vida.

A relação com o pai é um local de provas onde a individuação pode ocorrer, incluindo a percepção consciente de anseio e desejo. No entanto, um pai ausente a ignora, e a filha aprende a ignorar-se também. O pai continua a ser um sonho turvo, uma ausência, não uma presença, é como uma brisa que atravessa uma casa vazia, ele desaparece como uma sombra. Há vislumbres dele, aparentemente presente, mas não de verdade. Ele se esquiva e, sendo impossível alcançá-lo, ela não o encontra.

Esses são os cenários que ocorrem dia após dia, ano após ano, sonho após sonho com filha após filha. A intimidade com o pai significa encorajar essas partes antes divididas, negadas ou renegadas.

# O olhar do pai

> Por que, o que é viver? Não comer, beber e respirar, mas sentir a vida em você e em todas as fibras do ser, com ardor e alegria.
>
> Elizabeth Barrett Browning, *As cartas de Robert Browning e Elizabeth Barrett Browning 1845-1846, vol. I.*

---

Desejos são acompanhados de imagens, mas e se um pai não fornece uma imagem? Uma mulher disse:

> Conheço a falta de pai. Conheço o vazio que cria, os anos procurando por algo que ajude a preencher o vazio, buscando um substituto para me completar. Conheço a insegurança; as batalhas intermináveis com dúvidas que são recriadas com cada nova relação, batalhas que nunca são ganhas, a dor que ressurge após cada partida de uma relação [...] os distintos padrões de tristeza, insegurança, confusão e dor não resolvida daqueles que experimentam a perda de um pai seja por morte, divórcio ou abandono (Barras, 2000, p. 5).

A ausência do pai ocupa obstinadamente a psique da filha. Um pai que permanece desconhecido afeta seu funcionamento físico, social e psicológico. Por meio de sua ausência, ele demonstra negligência, um homem que não foi responsável por sua vida interior, esqueceu seus sonhos, se recusou a explorar sua psicologia porque ou era muito doloroso, ou porque não estava preparado. Ou não foi encorajado. Seria a filha uma ameaça para ele? Por que ele não a manteve em sua mente?

Uma composição de necessidades e desejos é desencadeada pela devoção de um pai para com sua filha. O discernimento de quem somos surge das formas que nossas primeiras experiências com cuidadores foram atendidas ou não. A influência da figura paterna é que a criança absorve emocionalmente e leva a "um discernimento encarnado do psicológico" (Mizen, 2014, p. 315). Esse é um padrão de desenvolvimento e relacional que evolui a partir da experiência do pai como um objeto de amor que transmite conexão e apoio.

Crianças humanas precisam de apegos seguros físicos e emocionais para desenvolverem confiança e amor de uma figura paterna. Um pai valida a filha por meio de expressões faciais e corporais; ao segurá-la em seus braços, ele a permite desenvolver uma integridade individual (Sherwood, 1994, p. 65). Embora o espelho da face do pai não reflita o mesmo rosto da filha, ele pode refletir emoções, afetos, aprovação, gosto e amor. O olhar dele determina como ela irá interpretar os outros a partir das afeições dele por ela e de sua presença. A filha experimenta ansiedade quando não tem certeza de quem ela é porque não tem certeza de como é vista. A representação mental do pai é internalizada, o que permite que a criança, e depois a adulta, encontre a si mesma no outro (Knox, 2003, p. 156). Quando essa representação não é possível, eventualmente haverá respostas de protesto, desespero e de desinteresse. Como a autorrealização está incorporada em todos os processos psicológicos e na psique, assim como corpo que se esforça para manter o equilíbrio, a filha aprende a compensar recorrendo à formação de *personas*. Esse se torna seu disfarce que esconde os problemas para que ela continue a ser invisível. A *persona* é um casco ou concha, desconectada do interior; torna-se uma pseudofachada para compensar emoções descontínuas, agindo para desempenhar um papel (Mizen, 2014, p. 316).

O desejo leva a filha ao conflito entre a satisfação de apetites e o medo de que não sejam saciados, e de que ela possa ser deixada com os velhos anseios, antigas decepções e incertezas. Quando o desejo é impedido, tentativas maldirecionadas podem ocorrer a fim de encher o poço de sentimentos perdidos, a fome da filha frustrada e as conexões prejudicadas. Ela sofre a agonia de necessidades deslocadas, sem saber como viver ou sentir de forma diferente; e perceber outras opções se torna algo difícil.

Social, pessoal e racionalmente a filha aprende a negar e evitar sentir enquanto seus desejos e sua autoexpressão são amortecidos. Quando há aspectos não desejados e/ou ruins, um processo de autopreservação e autoimunização começa; a filha se torna separada e com muros erguidos em uma posição única e intocável (Solomon, 2007, p. 232). Diante das feridas causadas pela ausência do pai, ela pode se tornar uma alma amargurada, endurecida e cronicamente defensiva. Um pacto psicológico destrutivo é feito com o pai que não está presente, indisponível para uma catarse ou para que se trabalhe na questão. Ainda assim, de um modo complicado ela está ligada ao pai e precisa dele. Ela se torna insegura, desconfiada de si e dos outros, e cética em relação ao amor. A ferida continua a sangrar.

Quando seus desejos não são satisfeitos e o pai é emocionalmente ausente, o espaço que ele deveria ocupar fica vazio, enfraquecendo sua energia e diminuindo sua força vital. As decepções e expectativas não atendidas afetam os domínios biológico, físico, espiritual e moral. Ao ser contrariada no desejo por ele, ela é deixada com um vazio aterrorizante e uma falta de propósito gerada por sua ausência fazendo com que o desejo dela também seja ausente. Ela não sabe o que quer, buscando qualquer coisa, sem sentido, sem foco ou intenção. Privada do cuidado paterno, a divisão ocorre no seu interior e lidar com os obstáculos da vida torna-se difícil.

A ausência da energia do pai cria problemas, anseios, desejos não satisfeitos, enquanto as necessidades e raiva voltam-se para dentro. Rayelyn perguntou como poderia aprender a cuidar de si mesma quando já estava com quase 50 anos. Ela não sabia como ou por onde começar. Às vezes, ficava com raiva, mas descarregava em si mesma ao julgar que ela não era o suficiente. Ela poderia se enganar para evitar a frustração de ser decepcionada por seu pai. Se a situação não é compreendida em sua complexidade, a filha está destinada a repetir essa falta. "O medo da separação psíquica, de ter uma mente própria pode levar a várias formas de atividades devastadoras" (Knox, 2003, p. 157). A vida dela passa a significar nada e ela a vê como algo em vão. Diariamente ela acorda cheia de um ódio cruel de si mesma. Não consegue interromper esse comentário, pois acredita nele, deixando-a sem potência.

*Rayelyn sonhou que aceitava se casar com um homem de St. Louis que era mais novo e não muito atraente. Ele era imaturo e queria que ela se mudasse para St. Louis com ele enquanto ele dava início à carreira. Ele não expressou considerar as preferências ou necessidades dela. Embora estabelecida em sua própria carreira em outra cidade, ela concordou em ir com ele. Depois percebeu que não, não queria isso e não se casaria nem iria com ele.*

Ao acordar, ela se lembrou que tinha estudado em St. Louis e Louis também era o nome de seu pai já falecido. Ela se lembrou que ele nunca escutou seus pedidos para estar perto dela e não fez muito para mostrar que se importava. Ele sempre foi assim. Assustada, ela percebeu que ele era o homem no sonho que ainda habitava em sua psique. O sonho a alertava que estava próxima de uma personalidade igual à dele em seu interior, pois sua ligação com o pai ausente e morto era muito presente psicologicamente.

O sonho de Rayelyn a mostrou como prosseguir; ela ainda não estava consciente da conspiração interna contra ela. Como ela poderia existir com esse tipo de homem internalizado representando seu pai egocêntrico, emocionalmente ausente e desinteressado? Esse casamento psicologicamente incestuoso a apagaria. O homem do sonho supostamente a desejava, mas sua falta de consideração, amor ou cuidado era igual ao pai. Nele ela reconheceu o ciclo de autonegação que a destruía, criando dúvidas e uma contínua e leve depressão. St. Louis também está no centro dos Estados Unidos e poderia representar seu próprio centro, uma posição importante para uma figura paterna interna. A ocorrência do sonho mostrou que ela deve entender essa dinâmica que ferozmente age contra ela.

## Cultura

Ao longo da história, o sobrenome paterno tem sido a marca identificadora tomada por seus filhos (Zoja, 2001, p. 27). Às vezes, essa é a única marca identificadora. Quando o pai abandona a família por qualquer razão, é geralmente a mãe que cuida dos filhos. Na verdade, os filhos muitas vezes não veem o pai ou estão com ele cada vez menos com o passar do tempo. Em muitos casos, ele já não estava presente após a concepção. As coordenadas culturais que ele poderia compartilhar e passar para os filhos estão vazias. A distância entre o pai e sua família mostra esse vazio. Em vez de se ter um guia, as filhas carecem das normas coletivas e rituais simbólicos além da posição autoritária do pai (Zoja, 2001, p. 241). Ou seja, o pai, como o criador de normas e regras que fornece estrutura como guardião da lei e ordem, manteve seu poder, mas não como alguém conexo ou emocionalmente disponível. O silêncio em torno dessa ausência paterna continua a ecoar em voz altíssima.

A falta do pai tem efeito em níveis pessoal, social e psicológico (Krampe, 2003, p. 131). Os fragmentos do passado existem no presente como desejos e tristezas não correspondidos. O declínio na relação com o pai começou há muito tempo, mas agora é visto como um colapso mais generalizado. Uma cura precisa de um processo interior profundo para que a amplitude das feridas possa ser reconhecida e reparada. Mas apenas um diagnóstico exato das feridas oferece condições para a cura. Luigi Zoja, um analista junguiano italiano, disse que o pai desapareceu e morreu, não em uma guerra ou a trabalho, mas principalmente em casa (2001, p. 234).

Rayelyn descreveu seu pai como um homem ferido em sua masculinidade, com falta de conexão com ela e que não lhe dava apoio. Desde muito pequena, ela sabia que não deveria pedir demais, não esperar por nada, pois ele não compartilhava conhecimento útil. Ele a rejeitou. Ela não podia desafiá-lo e sentia que as atitudes dele eram falsas e imaturas, mas ele precisava ter o domínio. Seu pai era mais leal à mãe do que à sua própria família. Rayelyn sabia que ele não agia como um adulto, mas o que poderia fazer? Um padrão inconsciente geracional se repetiu, tornando-se uma reencenação da relação mista com a mãe dele e a distância de seu pai. O pai permaneceu como filho e colocou Rayelyn no papel de competência materna. Ele dependia dos cuidados dela, embora ela fosse uma criança. Ele a feriu com as necessidades inconscientes que ela tinha que atender. Essa estrutura mãe e filho formou a base da relação deles desde sempre, de acordo com a memória dela. Ao privar a filha do cuidado correto, ela não poderia aprender como lidar com algo nem o básico de desenvolvimento. Mesmo quando ausente, o papel do pai é ainda presente e inconscientemente transmitido pelas expectativas interiores da filha. O quanto foi transmitido pode ser reconhecido pelo quanto o pai continua a ser um objeto invisível no trabalho terapêutico (Perelberg, 2009, p. 723). Na verdade, Rayelyn não sabia o que dizer sobre seu pai. Por um lado, ela sabia que ele era patético e, por outro lado, queria um pai para amar. Negá-lo por completo significaria que ela não tinha nada. "Desejos! Desejos! O que a vida sabe sobre eles? A vida urge, segue e tem sua magnifica natureza a qual encaramos com nossos olhos desejosos" (Rilke, 2005, p. 98).

**A mãe**

De preferência, a paternidade surge nas interações sensivelmente sintonizadas entre cada filha e pai, evoluindo no decorrer de sua relação. O desenvolvimento move a filha do cerco inicial com a figura materna para incluir a figura paterna. Esse é um caminho em evolução para descobrir o outro e como os vários sentimentos e reações podem ser integrados.

Com o foco no pai, estou abordando menos a figura materna. Muito já foi escrito sobre a mãe e, embora ela não deva ser ignorada, tem sido o centro de muitas discussões anteriores, embora muitas vezes de forma culposa. Mesmo na terapia, a mãe se torna a questão principal como se a figura do pai não existisse. Esse foco parcial nele como ausente pode criar uma distorção e parece unilateral. No entanto, é criado para compensar a falta de atenção dada ao pai, indicando os efeitos graves e cumulativos causados pela conexão paterna perdida.

Juntos, as figuras da mãe e do pai formam e modelam uma união e diferenças nas esferas psicológica, pessoal e cultural. O pai deve abraçar e segurar de forma correta filha e mãe. O pai, como outro, inclui como ele é interpretado na cultura e como ele pessoalmente se relaciona com a mãe e filha. Da configuração arquetípica do pai, mãe e filha, pode-se estabelecer uma base segura. Ambas as figuras parentais habitam a psique e suas identificações simbólicas moldam o *continuum* entre o feminino ao masculino dentro da filha.

A figura paterna traz alteridade, uma qualidade que pode ser aplicada ao objeto interior não integrado, estranho e adorado, mas ao continuar empobrecido, a filha fica sem valor (Britton, 1998, p. 45). O fluxo de papéis e gêneros atual também significa que o pai não pode mais continuar apenas uma figura distante ou dominante. O pai, sendo de outra geração e de outro sexo, tem o potencial de estimular a expansão e aprofundamento de sua personalidade (Samuels, 1985, p. 31). Ele, sendo o outro com valor, influência e diferente da mãe, ainda não foi totalmente libertado de ser mantido em repressão e negação com muitas dinâmicas não reconhecidas.

Quando o pai ausente não tem conexão com a mãe, ele continua emocionalmente distante, sendo modelo de desunião e disjunção. A situação triangular permanece mesmo quando o pai é ausente e se torna um fator na estrutura da relação entre mãe e filha. A ausência do pai afeta o lugar que ele ocupa na mente da mãe e isso também afeta a filha (Perelberg, 2009, p. 727).

Sua ausência significa que não há equilíbrio ou união, nenhum modelo que se junta e depois se separa, executando o processo de desenvolvimento. Quando o pai não está próximo para se unir com a mãe e a percepção da união deles é ausente, a filha experimenta separação, espaços vazios, raiva e desejos não atendidos. Ela pode compreender o pai em sua ausência através dos olhos da mãe como uma figura incompetente que é decepcionante e, posteriormente, rebaixada (Kohon, 1999, p. 44).

A presença da figura paterna afeta a forma como ela aprende sobre e executa masculinidade e feminilidade (Samuels, 1985, p. 32). O pai apresenta a filha a si mesmo como outro no corpo, emoções e jeito de ser. Obviamente, a ausência dele tem impacto no que a filha aprende sobre figuras masculinas, a posição deles em relação a si mesmos e sobre figuras femininas de acordo com diferentes padrões culturais, sociais e psicológicos. A perda do objeto, aqui se referindo ao pai, está na origem da dor, ansiedade e desejo (Perelberg, 2009, p. 723). Sem um contrapeso interno, uma mulher disse:

> Tive que me erguer, sem pai, pois nunca tive momentos diários com ele, o compartilhamento e interesse ou o que poderia ser. Tive que crescer sozinha e encontrar minha própria verdade, tentar viver sem essas raízes.

A capacidade para intenção está ligada ao desejo e apetite (Knox, 2003, p. 150), e como estes são encorajados é afetado pela forma como o pai pessoal é introjetado ou acolhido. Quando a filha tem apenas percepções em branco, o masculino pode se tornar distorcido e ela acaba criando um pai artificial, idealizado ou fantasioso. A distância e ausência dele fazem a gama de figuras paternais, tanto internas como externas, complexas demais para decifrar.

## O legado

A falta de profundidade ou detalhe sobre o papel paterno o deixou nas sombras. Desde os primeiros momentos de sua vida, muitos pais são ausentes no cuidado de suas filhas. Em vez disso, o pai é descrito em termos de aspectos desenvolvidos mais tarde, talvez porque homens não se envolveram nos cuidados dos filhos em gerações passadas (Greenfield, 1985, p. 189). Essas áreas de sombra se referem ao entendimento da mulher de si mesma como uma presença e como um agente assertivo, inteligente e sexual. Todos eles permanecem comprometidos. Quando as filhas são pessoas bem-sucedidas, o efeito do pai ausente pode causar estragos em sua saúde, sexualidade, criatividades, reflexão e capacidade de adquirir ou sustentar relações íntimas.

Quando o pai desaparece emocionalmente ou é um estranho, a filha é deixada com uma lacuna onde o pai gentil e amoroso deveria estar. Sua ausência é uma presença assombrosa segundo filhas que relatam relacionamentos sem vida, totalmente inertes e intimamente vazios. A influência da ausência pode criar reações irreais e mecânicas.

Por gerações a filha foi reprimida, vista como o membro menos importante da família. As questões entre filhas e pais permaneceram como um terreno escuro e a relação deles foi exilada nas sombras. As filhas tinham que ser dóceis e os pais intocáveis, como se não fossem essenciais para a vida dos filhos e filhas. Na verdade, o pai exerce tanta influência que a filha não questionava seu papel com ele e, em vez disso, projetava suas decepções e dificuldades em sua mãe, em mais uma maneira de diminuir a si mesma e o feminino.

Poucas oportunidades para boas experiências entre pai-filha passam um legado de não envolvimento e desinteresse pessoal. As ações da filha se tornam inibidas, o desenvolvimento emocional é interrompido e a maturidade adulta fingida. Sem uma conexão emocional suficiente, o apego se torna incoerente e inibido. Sem um forte entendimento do si-mesmo, ela não consegue lidar com a separação do outro. Embora o si-mesmo, no sentido junguiano, não possa ser destruído, pode ser isolado do impacto de todas as experiências por meio da criação de defesas impenetráveis (Knox, 2007, p. 547). Como a filha precisa de controle, ela afasta qualquer discrepância de sua autoimagem para que o outro não possa ser muito diferente (Bromberg, 1983, p. 372). Internamente sozinha, ela pode estar sexualmente congelada, inconscientemente preservada de forma infantil, parecendo indefesa, dependente, ou, às vezes, inapropriadamente agressiva. Psicologicamente, seu afeto está morto e é incapaz de sair do isolamento internalizado. Ela é, ou focada demais em si mesma e o outro não é incluído, ou é tão focada no outro que acaba se eliminando. É isso que ela aprende com o pai ausente para ter reciprocidade de interação.

A individuação precisa de uma resposta dos cuidadores no início da vida, que permite à criança, e mais tarde ao adulto, perceber que os desejos são comunicados, respondidos e refletidos (Knox, 2003, p. 141). O mal está na mensagem transmitida pela ausência do pai. Ele não está por perto para reconhecer suas necessidades emocionais ou responder seu amor de forma que estimule a individuação e o desenvolvimento do autoagenciamento (Knox, 2007, p. 544). O autoconceito e a autoestima são afetados. Normalmente, a filha vem à terapia dizendo que seu pai não era presente e que passava a maior parte de seu tempo com a mãe ou sozinha. Uma mulher disse que nunca conversou com o pai, pois era muito introvertido e não mostrava nenhuma reação emocional; ela nunca perguntou a razão.

Essas filhas vivem um reflexo de dominação paterna. O pai ausente, não emocional e negligente, pode ser fisicamente presente, mas não se relaciona, não ama, é imprevisível, fraco, abandona, é inútil ou até mesmo violento e perigoso (Seligman, 1985, p. 82). Com um vácuo de formas perplexas, um vazio preenchido com várias adversidades, a filha tende a voltar-se contra si mesma. E assim, a figura do pai pode se tornar maliciosa e maligna com o feminino, e a filha internaliza as encenações sadomasoquistas dele (p. 85).

Continuando com o processo terapêutico de Rayelyn, *ela sonhou que um pai torturava uma criança. Imagens sequenciais de três ou quatro animais vermelhos parecidos com lobos que quase a devoraram. Agora, o homem é um avô e conta à sua neta sobre o terrível e assustador pai do qual ele escapou e escreveu um livro sobre isso. Ele conta isso para enfatizar não apenas sua sobrevivência, mas também a possibilidade de criar a partir da tortura e violência do passado.* Ao pensar sobre o sonho, Rayelyn percebeu que os lobos eram o mal devorador que sentia com seu pai, como o pai do sonho que representa um legado de tortura à criança. Anteriormente, ela estava convencida de que o pai não era tão ruim, mas isso submergia a verdadeira realidade. Agora o sonho lhe diz que precisa contar a história. Ao refletir mais, disse que o pai não a escutava nem perguntava sobre ela, e ela também não interagia muito com ele. Rayelyn sofreu com seu silêncio brutal que a ignorava. Ele era desse jeito, ninguém o afetava. Tinha que aguentar, ou ficaria pior. Seu pai era emocionalmente ausente e antipático, e ela ainda assim tinha que aceitar a falta de apego ou interesse dele. Ele era uma presença bastante ausente, um espaço em branco que deixa resíduos de apreensão com um escudo em volta dele, era absorto, distante e imaturo; estas eram marcas de ausência também.

Como reação, a filha pode se tornar defensiva, com complexos rígidos e a *persona* super ou subdesenvolvida e seu si-mesmo natural ausente. A internalização dessa forma de pai ausente ameaça a identidade separada da filha. "Defesas são formas de narrativas, criadas na imaginação e fantasia para apoiar um entendimento positivo de identidade e valor pessoal quando esses são ameaçados pela crueldade, hostilidade ou indiferença daqueles de quem somos mais dependentes" (Knox, 2003, p. 130). As repressões, desalinhamentos e faltas do passado ocupam o espaço interno dela e seu sofrimento é agravado, ocupando ainda mais espaço. Algumas filhas conseguirão integrar a ausência enquanto outras foram diaceradas demais para tal.

Depois, Rayelyn *sonhou com um assassino em série. No sonho, sentia culpa porque não avisou a mulher do sonho sobre ele como poderia ter feito.* Ao discutir o sonho, ela disse que o assassino era como o pai. O sonho revelou as memórias inconscientes que ela preferia não desenterrar. Ainda assim, o sonho também irrompeu, e agora ela deve ter consciência dessa situação para sua própria vida. Ela internalizou a perigosa figura do pai, aterrorizando seu mundo interior, obstruindo inspiração e interrompendo autodesenvolvimento.

Ela ficou cada vez mais perdida ao redor desses padrões e comportamentos. Rayelyn não percebeu o estrago, pois não se permitiu sentir. De seu pai emocionalmente ausente ela aprendeu a se adaptar à força, ser vigilante, observar comportamentos e suprimir seus desejos. Jung chamou isso de "displicência [parental]grosseira, timidez neurótica ou convencionalismo sem alma" (OC 17, § 91). Quando Jung diz convencionalidade sem alma, quer dizer que os pais desenvolvem suas *personas* para se conformarem às expectativas do grupo social e, portanto, vivem de forma não autêntica.

O pai ausente abandonou Rayelyn, deixando-a sem espaço interno de *holding* [acolhimento]. Ela criou uma área secreta interior para se proteger, mas muitas vezes isto a matinha escondida de seu si-mesmo. A história dela era uma história de falta, e no caso de Rayelyn a desconexão do si-mesmo e outros foi minimizada. A busca pelo pai, o objeto de amor perdido e os sentimentos por ele eram temas psicológicos dominantes. O desejo de conhecê-lo tinha ligação com o desejo de se conhecer e se entender. O processo de abrir as feridas era parte de seu caminho de autodescobrimento. A relação de Rayelyn, ou falta de, constituiu um contexto e um portal para sua transformação psicológica e cultural. A liberação da perda e ausência afrouxa a capacidade de ter prazer no mundo e desfrutar da vida. O sonho de Rayelyn mostrou o quanto ela continuava inconsciente e o quanto havia se comprometido.

> Aqueles que nunca perderam a menor raiz parecem-vos incapazes de compreender qualquer palavra susceptível de moderar os seus pontos de vista [...] o ouvido é apenas receptivo ao conflito se o corpo perder o equilíbrio. É necessário um certo desequilíbrio, uma oscilação diante de um abismo para que um conflito seja ouvido (Kristeva, 1991, p. 17).

Rayelyn precisava saber a verdade e sua dura realidade para encontrar seu caminho nessa realidade e em si mesma. "Eu disse que não é o livro que está no fim; é uma nova vida começando [...] tudo depende de você agora" (Cixous, 1983, p. 210).

# 4

# Espelhando no efeito do pai morto

O efeito do pai morto tem sua origem nas teorias de André Green, psicanalista francês da metade do século XX até o começo do século XXI. Embora ele originalmente tenha usado a frase "mãe morta", Green e seus seguidores também aplicaram isso ao pai ausente, deprimido e internamente morto (Kohon, 1991, p. 54). A morte (ou inércia) refere-se ao inconsciente e feridas desconhecidas do pai, suas desconexões emocionais, insuficiência psicológica, cuidado e relacionamentos paternais inquietantes. As preocupações do pai, seu afastamento, falta de presença e depressão são transferidos para a filha. Quando ela internaliza o pai morto, a filha mata seu si-mesmo. Em vez de estar na vida, ela se torna presa ao pai vazio e esgotado, o que afeta seu corpo e sua psique. Ele continua vivo em sua ausência e presente com gravíssimas consequências.

Os conceitos de Green são explicados e elucidados aqui pelo exemplo de Shiloh, um composto de mulheres, por seus sonhos, obsessões com autoflagelação e se olhar no espelho. Ela estava encurralada pelos olhos mortos e vazios do pai em um espaço em branco que não refletia nada. Um pai morto olha para a filha, mas não a vê. Seu olhar vazio não emite imagens vivas para a filha porque não há um si-mesmo para encontrar em seus olhos. André Green comentou que não se trata muito da ausência, mas, na verdade, da presença com um pai ausente (Kohon, 1999, p. 55). Ausente física e emocionalmente, ele contribuiu para o ambiente interno disfuncional de Shiloh, para sua negatividade e desespero. O abraço psicológico desse pai a deixou apenas com a ausência dele.

Os conceitos de André Green sobre morte paterna foram também associados à ideia de que a psicanálise clássica foi fundada na questão do luto. Seus temas, emergindo da cultura francesa, refletiam ausência, negação, negatividade e o nada (Kohon, 1999, p. 5). O luto é parte da separação de personalidade e sua reintegração, isso se torna mais difícil, porém, sem um pai presente. Já na primeira infância, o pai de Shiloh pareceu perder seu interesse por ela. Não sabendo a razão, ela registrou apenas que o pai lhe retirou o amor. Seu pai a encurralou e a cercou em sua morte (Sekoff, 1999, p. 121). Conforme Shiloh ignorava seus sentimentos, a sua vida repetia os padrões de inércia, de morte.

O processo de luto pelo pai e o que ela não recebeu dele foi transformado em um nível visceral e simbólico. As memórias tornaram-se conscientes após Shiloh ver como sua vida fora afetada e interpretada. Para se curar, ela tinha que reconhecer os locais feridos, seus arrependimentos, abandonos e traições, grandes e pequenos. A experiência de ter um pai ausente provoca uma perda de significado conturbada e profundamente desafiadora. André Green descreveu a insuficiência como:

> Uma ausência de memória, ausência na mente, ausência de contato, ausência de sentimentos. Todas essas au-

sências podem ser condensadas na ideia de uma brecha [...] em vez de se referir a um único vazio ou algo que está faltando, a brecha se torna o substrato do que é real (Kohon, 1999, p. 8).

O investimento no si-mesmo é desmantelado enquanto o vazio ocupa a mente, deixando para trás brechas psíquicas.

> A crise na função paterna que levou à deficiência do espaço psíquico é, na verdade, uma erosão do pai amoroso. A função paterna está morta, visto que sua função é dar e amar com todo seu coração (Green, 1986, p. 151).

A filha se torna distante de seu eu vivaz e alinha sua existência ao pai morto. André Green nomeou o sofrimento onde tudo parece ter terminado como "uma ruína psíquica que toma conta do indivíduo de tal forma que toda vitalidade e vida congelam onde, 'na verdade, torna-se proibido [...] ser'" (p. 152) Como com Shiloh, o discurso interno frequentemente se torna crítico, exigente ou passivamente vazio. Se ela continua a identificação inconsciente com o pai, seu mundo pode ser traduzido em "não, eu não posso; não vai funcionar; não, não, não". O efeito pode ser como um monstro interno que a considera insuficiente, demolindo, assim, sua energia. Ela pode adotar atitudes perfeccionistas, sua vida aparentemente irrelevante, pois nunca faz nada certo. Estas são suas condenações diárias, o apagamento de si mesma, os pensamentos e sentimentos que a preocupam e tomam conta dela.

Esse pai "psiquicamente morto significa que ele não reconhece seus humores ou seus efeitos, e sua desassociação dos afetos eliminou sua vida interna" (Bollas, 1999, p. 100). André Green descreveu a filha como silenciada pela perda do pai, por sua falta de presença ou vida que a levam a vínculos fragmentados e descontinuidade interna. Além do mais, "a vida da criança e a relação do pai com a criança viva foram negadas" (Parsons, 1999).

O pai morto perpetua a impotência psíquica. A filha opera em uma névoa, sob a mortalha de tédio sem fim, esperando que eventos a incitem a viver. A ausência da conexão com o pai impacta o direcionamento da vida da filha, a desenvoltura interna, imagem corporal e habilidade de pensar. O que perdura é "uma natureza de desejo essencialmente conflituosa e ambígua, que é concebível como o desejo do desejo do Outro" (Green, 1979, p. 69). Como mencionado, a narrativa interna dela ilustra o despojo do autossentimento. Esvaziada de energia ou entusiasmo, um caos emocional cresce. Deste espaço a filha tem que criar um pai. Mas como ela pode fazer isso? "O pai não pode ser morto, apenas embalsamado. O pai perdido deve ser construído a partir dos fragmentos destruídos restantes [...]. Ele está perdido" (Kohon, 1999, p. 45). Ela está cansada, sem interesse e desvanecida, ou existe apenas no modo de sobrevivência. A filha adota disfarces, um após o outro, camada após camada, tornando impossível estar completamente presente para si mesma e para outros. A presença da ausência dele se estende para todas as suas relações, pois o preço é sua incapacidade de amar, visto que o amor se torna comprometido (Green, 1986, p. 153).

Para acrescentar à complexidade, a filha anseia por um pai que talvez nunca tenha existido (Kohon, 1999, p. 42). O pai morto não tem conexão com uma representação, pois é como um fantasma, é invisível. Representação significa a possibilidade de uma reforma interna, a filha tenta fazê-lo presente, fazê-lo reativo, e, é claro, não consegue. Sua identificação desse pai falha, deixando-a sem essa experiência.

André Green se referiu ao pai morto, observando a depressão paternal como uma morte transferida do pai para a filha (1986, p. 168). Em uma carta de maio de 1912 a Karl Abraham, Freud também se referiu ao pai morto: "está correto identificar o pai com a morte, pois o pai é um homem morto; e a própria morte [...] é apenas um homem morto" (Falzeder, 2015, p. 151). Uma segurança debilitante surge da exposição a este morto e ainda idealizado pai (Lussier, 1999, p. 161). A filha assume os locais feridos dele como um meio de "reconstituir a união perdida criando uma complementaridade interna" (Green, 2001, p. 109). Isso significa que, embora ele esteja morto, seja literal, figurativamente ou ambos, permanece vivo por meio da adoção da filha de uma abordagem semelhante para si mesma em suas tentativas de se conectar com ele.

## O espelho e o sonho

Guardando-se contra feridas e decepções, Shiloh estava cansada e desencorajada. Seu marido mentiu e a traiu com pornografia. Ela estava solteira por muitos anos e teve dificuldades financeiras após o divórcio. Shiloh foi para a escola, trabalhou e vários parceiros subsequentes a traíram também. Estava perplexa, tomando remédios para dormir e se isolando socialmente. Começou uma análise junguiana para descobrir o que estava acontecendo em seu mundo. Como André Green disse, "entre você e eu parece haver uma parede de vidro, um espelho transparente nos separando" (2001, p. 121).

Shiloh descreveu relações como traições; era desconfiada, verificava as mensagens daqueles que namorava, celulares, Facebook, Instagram e e-mails de forma um tanto compulsiva.

Temendo a perda do objeto, traição e abandono, como aconteceu com seu pai, Shiloh perdeu a esperança de encontrar alguém para algo além de sexo. Embora tentasse não se envolver emocionalmente, foi seduzida a buscar valor nesses parceiros. Altamente crítica, assim como descreveu seu pai, Shiloh era compulsiva sobre muitas coisas, principalmente com relação a sua autoimagem; preocupava-se em ser suficiente e adequada no seu desempenho na vida, seja trabalho, nos relacionamentos ou na sua existência. Desde o ensino médio foi insegura sobre sua altura e pele. Ela não se sentia inteligente o bastante. Estava coberta por uma densa camada de dúvidas sobre si mesma. Falava com desprezo sobre seu pai que a deixou quando tinha 3 anos e não demonstrou interesse por ela até sua adolescência. Ela alegava que não precisava dele agora, mas afirmava que ele precisava dela.

Conforme a terapia progredia, ela parecia envolvida, mas cautelosa, desconfiada e muitas vezes defensiva. Tinha dificuldade em organizar seus pensamentos ou aceitar novas informações. A rigidez e unilateralidade reinavam, como se ela estivesse correta e ninguém poderia influenciá-la. Desde o início, tornou-se claro que o si-mesmo de Shiloh precisava do espelhamento com seu pai, mas ele o levou embora com sua ausência. Como ela poderia entender um pai que foi ausente tão cedo em sua vida? Continuou com raiva do pai e aborrecida porque, em sua mente, o pai não respeitava sua mente nem sua maneira de ser. Ela se ofendia quando ele lhe dizia o que comer; para ela, ele não esteve por perto antes, então não deveria se impor agora. Descreveu-o como vaidoso, egocêntrico, difícil de conversar e autodestrutivo, semelhante à forma como ela agia em relação a si mesma.

*Shiloh sonhou que uma mulher entrava em uma sala sem janelas e apenas uma porta. Após se sentar na sala por um tempo, decidiu ir embora. Estando em frente à porta, ela saiu da sala e entrou em outras. Esta sala tinha apenas uma janela com vista para a última sala e tinha duas portas. Ansiosa para seguir em frente, atravessou uma porta sem pensar e se encontrou em um buraco escuro sem janelas e com uma corda. Usando a corda, ela escalou para fora do buraco e para uma caixa sem tampa. Ela conseguia olhar para cima, mas não conseguia ver além das bordas. Uma escada lhe deu um meio de sair da caixa, mas quando subiu, se viu em outra caixa. Por um momento um alçapão se abriu revelando o conteúdo da caixa fora da que ela se encontrava, e então o alçapão se fechou rapidamente. Um escorregador apareceu no chão, então ela decidiu usá-lo para escapar; escorregou por muito tempo, até que caiu de volta na mesma caixa. Só que desta vez havia espelhos por todo lado e tudo que via era a si mesma, olhando para si mesma.*

Associado ao sonho, ela descreveu um sentimento de inferioridade e cínico nos espelhos do sonho. Por muito tempo pareceu incapaz ou relutante a entrar em contato com "a realidade desses lugares internos distinguidos por sua falta de estrutura e organização", como André Green observou (1986, p. 37). O sonho refletia a solidão, a circularidade de estar presa em uma caixa, saindo e retornando para a mesma, de novo e de novo. Ainda assim, isso também é o ato de *circumambulatio*, o estágio psicológico e alquímico de se misturar e circular, muito parecido com o modo que se interpreta sonhos. A caixa é, simbolicamente, um recipiente e precisará de tempo e energia para ser explorada e entendida. O sonho ilustrava o si-mesmo no espelho do qual Shiloh não conseguia escapar.

O sonho também apresentou a questão sobre o que ela viu nos espelhos que tão obsessivamente olhava, dia após dia, mesmo estando sempre aborrecida com o que via. A obsessão a desviava de questões subjacentes, como, cada manhã, ela se olhava no espelho para verificar o que estava errado. Procurava falhas em seu rosto, cobria as feridas na pele autoinfligidas, criadas ao tentar suavizar sua pele, eliminando o que achava ser errado para que ninguém visse a mágoa, os lugares crus e expostos. Ela inconscientemente adotou a linguagem de seu pai de destruição interna, o ódio a si mesma, de fracasso e inadequação, egoísmo, ego sensível, atitudes que dizem que não se é o bastante. A validação que ela buscava continuava evasiva. Eventualmente, ela pôde desistir de tentar e, como muitas filhas sem pais, tornar-se progressivamente mais alienada de si mesma e sozinha.

Recuando de si mesma, Shiloh reencena a rejeição que sentiu de seu pai. O espelho refletiu não apenas vaidade, mas também algo defeituoso, um erro, uma pele imperfeita, excesso de peso, não inteligente o bastante, roupas que nunca pareciam certas e muito mais. Ela baniu todos os espelhos de sua casa exceto um pequeno espelho de mão no qual diariamente examinava seu rosto procurando por falhas, incapaz de eliminar a necessidade de estar sozinha e, por fim, depois de horas, muitas vezes ficava em casa. Ela encenava um espelhamento sem fim, mas negativo e crítico, no pequeno espelho refletindo a imagem de seu rosto sem um corpo, de forma impessoal, como não vinculado a nada.

O sonho ilustrava a defesa do si-mesmo, uma que protegia, mas não levaria ao autoconhecimento (Schwartz-Salant, 1982, p. 107). Como no sonho, a compulsão de olhar para si mesma no espelho descrevia essa defesa construída contra o deixar alguém entrar. Seu núcleo não a sustentava. Ela perdeu seu chão e agora estava caindo. A ordem das coisas havia sido anulada. Ela estava fora de seu corpo e assistia a uma mulher solitária no espelho, acentuando o terror cavernoso de intimidade, vulnerabilidade e o medo de perder o controle.

Ela estava sozinha e sem conexão com o mundo externo. Talvez ela tivesse que estar sozinha para encontrar seu si-mesmo. Isso acentuou a falta de sintonia que tinha com seu pai. No espelho, seu rosto e pele replicavam o rosto de nenhum pai, com sua traição, melancolia e dúvidas internalizadas. Olhar no espelho é uma metáfora não apenas da busca pelo si-mesmo, mas também sobre estar perdido e não conseguir acessar o si-mesmo.

Perceber o si-mesmo em uma superfície refletora como um espelho é também reconhecer a sombra, ou o escuro inferior, que se opõe, mas ainda é parte do brilho na superfície. Shiloh considerava a sombra como seus defeitos, mas seu reflexo incluía o positivo e aspectos ainda não usados que ela não conseguia ver. Tentar escapar da sombra leva a uma vida sem o sentimento de estar vivo, o divórcio do corpo acompanhado por um sentimento de despersonalização. Ter ciência da sombra apresenta o dilema e tensão de ser real. O espelho revelava as necessidades narcisísticas de Shiloh e os ideais de aparência que tinha. Perfeição, e não integridade, tornaram-se o objetivo; a pessoa no espelho era uma máscara, não verdadeiramente revelada, mas orquestrada para obter aprovação. A busca pela perfeição é marcada por imprudência, até mesmo crueldade, em relação ao si-mesmo. Nesta situação, a filha tende a se tornar passiva, inerte, dependente, agressiva e sem iniciativa (Lussier, 1999, p. 160).

Intimidade e conhecimento do si-mesmo dependem de experiências afetivas com um pai. Desprovidas dessas experiências, muitas mulheres como Shiloh olham para espelhos exigindo uma perfeição impossível, vendo apenas desilusão e decepção.

Embora a mente possa dividir o si-mesmo quando não gosta do que vê, ela também pode projetar um falso si-mesmo, um si-mesmo concebido para proteger, mas na verdade proíbe que o verdadeiro si-mesmo seja conhecido. A dependência em imagens falsas impede o acesso aos instintos naturais e mantém o si-mesmo verdadeiro banido e silenciado. Uma mulher assim não se sente no centro de sua vida; está presa entre o espelho e a máscara (Bromberg, 1983, p. 360).

Nas sessões de terapia, Shiloh parecia agradável, dificilmente derramava lágrimas; explorava sentimentos, mas sem muita emoção. Filhas como ela estão em busca de algo e são inquietas, tentam compensar pelo pai morto que vive em suas reações, memórias, mente e personalidade. Estava absorvida, não apenas nos atributos conscientes dele, mas ainda mais nos inconscientes. Seu pai parecia aos outros como um homem generoso e presente, porém ela o descreveu como um homem cheio de negatividade, críticas e condenações em casa. Shiloh se identificou com este aspecto do pai e, como o pai, também aparentava ser generosa, mas era desprezível e angustiada, principalmente consigo mesma (Modell, 1999, p. 78).

A representação interna desse pai é o que André Green relatou como "uma representação da ausência de representação", que se expressa psicologicamente como um vazio, futilidade e insignificância (Green, 1986, p. 290). O pai e sua imagem se tornam uma figura não representada e tácita da qual ela tem que deduzir a informação. Neste complexo e intricado processo, há pouco entendimento de si ou do outro porque ela não os conhece (Bollas, 1999, p. 101). Ou, uma filha pode se tornar o oposto do que vê sobre o pai. Às vezes, ela acredita que apenas uma parte dele está morta, ela mantém esta parte preservada e separada para negar a extensão da falta dele. A não representação deixa espaço para figuras internas destrutivas habitarem.

Shiloh continuou a terapia por um tempo. Aos poucos, se sentiu mais centrada e se tornou mais perceptiva de seus parceiros. Manteve um trabalho responsável e se levava mais a sério. Ela também teve energia para continuar os estudos. Sentindo-se cada vez mais sólida, ela até mesmo, para sua surpresa, começou a desejar uma relação duradoura. A fixação com o espelho continuou, mas diminuída, também usava menos remédios. Shiloh se tornou mais aberta e honesta consigo mesma e seu pai, pois desejava desenvolver a relação deles.

## O mecanismo

> Quando se está perdido, fora de si e continua a se perder; quando você se torna o movimento de pânico de se perder [...], inundado com a alteridade, são nestes momentos quando se está atônito que a escrita o atravessa [...], estes são os gritos que a morte e a vida arremessam em seu combate.
> 
> Helene Cixous, *Inside* (1991, p. 38).

---

*Grace sonhou que havia uma máquina com garras mergulhando bonecos na água. Eles saíam encolhidos e com aparência macabra. Ela pulou na fila e estava sendo mergulhada quando percebeu que não sabia o que estava acontecendo ou como sairia dali. Ela não tinha nenhuma preparação e encontrou-se à mercê da máquina.*

Ela associou o sonho à falta de orientação de um pai emocionalmente vago a quem ela aprendeu a agradar, embora não percebesse o que estava acontecendo. Grace era sensível a sentimentos enquanto o pai era mecânico, como a máquina do sonho. Ela concordava com ele apesar dele sempre estar preocupado, distante, de ser um homem com quem não conseguia se conectar.

Sempre de forma mecânica, o marido dela não era quieto e sua depressão psicológica e emoções inconstantes eram ameaçadoras e sem estabilidade. Grace temia pela vida dele, tentou desesperadamente salvá-lo e, no processo de devoção a ele, acabou diminuindo a si mesma. Ela se fez pequena e ele se tornou o centro de sua vida, na verdade, maior que a vida. Grace tentou controlar o desespero e vícios dele, sem pensar no que acontecia com ela. Com seu marido, Grace replicou a relação com o pai, com o mesmo resultado. Não importa o que ela fazia, nenhum deles a via ou a considerava.

A água no sonho poderia estar alinhada ao inconsciente, já que ela associou o sonho com seu casamento, que agora estava submerso. Apenas no processo do divórcio Grace percebeu que poderia ter se afogado na inércia sob a depressão e caos do marido. Seus esforços em relação a ele a deixaram sem nada, pois ele a sugava. A máquina do sonho a levava para a fila da complacência, inconsciente e mecânica, amortecida como seu pai. A máquina também era como seu casamento, visto que ela tentou de todas as formas salvar o casamento, nas garras de uma situação que ela descreveu como fantasmagórica. Grace percebeu que copiava seus pais, uma triste relação em que nenhuma das pessoas conhecia o outro; todos permaneciam na superfície com a aceitação passiva mútua e falta de comunicação.

André Green classifica as repercussões psíquicas de uma criança tentando animar um pai deprimido, desolado ou ausente. Essa ressuscitação se torna a tarefa da vida (Sekoff, 1999, p. 113). Grace não percebeu na época, mas não era capaz de reparar ou lamentar o pai como o objeto perdido ou despertar o desejo situado em seu interior. Quando criança tentou reanimar o pai, interessá-lo e lhe dar um gosto pela vida na esperança de que, se ela o curasse, conseguiria algo – talvez atenção, talvez amor, talvez ele a visse, talvez ela fosse valorizada. Seu desejo por um pai a levou a várias manobras projetadas, muitas vezes de forma desesperada, para encontrar alguma conexão com ele. Como muitas filhas, Grace ensinou o pai como amar. Ela aprendeu cedo a avaliar e suprir as necessidades dele. Ele lhe dava pouco enquanto ela o protegia e cuidava dele. Infelizmente, um pai assim não percebe que sua filha possui uma vida interior, separada e distante da dele. Ele também não apoia sua necessidade de desenvolvimento para dependência apropriada, espelhamento ou cuidado. Enquanto isso, ele não registra que o custo necessário para lhe dar tudo isso é emocional e psicológico.

Por conhecer esse papel muito cedo em sua vida, Grace o replicou com seu marido. Ela havia sido consumida pelo pai e depois os sofrimentos do marido tornaram-se prioridade. Por muitos anos, ela colocou sua carreira em espera por ele, escutou seus comentários sobre seu trabalho, que não eram encorajadores, também acreditou nele. Ela passou muito tempo tentando curá-lo às custas de seu desenvolvimento criativo. Seu marido estava em uma rivalidade com ela, a verdade não dita era que ele temia que ela fosse mais talentosa. Eles tinham um pacto: ela deveria salvá-lo e depois fazer o trabalho dela. Ele fazia pouco por ela, visto que precisava de ajuda. Esse acordo assimétrico continuou por anos.

Por meio de vários altos e baixos, de esperança a decepções, a vida começou a tomar outro rumo. Na terapia, ela explorou a jornada de seu casamento e de sua vida para encontrar o que se encaixava e o que não se encaixava. Grace começou a perceber que não havia mais esperança no casamento, estava cansada e precisava de mais apoio emocional. Sonhos, eventos da vida externa, avanço na carreira e suas necessidades não supridas de ser reconhecida culminaram no divórcio não apenas de seu casamento, mas também do antigo modo de viver.

Na terapia, o que é sentido como as partes ruins são inevitavelmente ressuscitadas e o vazio é sinalizado pelo ódio de si mesmo (Green, 1986, p. 55). Diante de uma mulher com um complexo de pai morto, o terapeuta pode experimentar, assim como a filha, momentos de apatia e a incapacidade de pensar. André Green observou que adultos, como Grace, com um complexo de pai morto chegam à terapia não com depressão, mas com

> graves conflitos com os que são próximos [...], uma impotência de se afastar de uma situação de conflito, impotência para amar, aproveitar ao máximo seus talentos, multiplicar seus recursos, ou, quando isso não ocorre, uma profunda insatisfação com os resultados (1986, p. 149).

Em compensação pela perda e ausência, Grace podia ser internamente agitada, correndo o mais rápido que podia. Internamente, nada fazia sentido, mas externamente ela parecia calma e resolvida. Até para si, ela ergueu uma parede contra a dor, falta e ausência. Ela lutou compelida pelo agudo sentimento de que havia algo mais para alcançar ou fazer, e isso se tornou uma força motriz. Ela tentou eliminar a inércia. André Green observou que:

> A ausência de todos os pontos de referência significantes não pode ser enfatizada o suficiente. Em suma, os obje-

tos do sujeito permanecem constantemente no limite do ego, não completamente internos, e não completamente sem o ego [...], pois o lugar está ocupado, em seu centro, pelo pai morto (1986, p. 153-154).

Se o objeto da vida é a realização e ambição externas, alcançá-las deixa apenas um espaço vazio, replicando as experiências com o pai ausente. É esse espaço que a filha precisa aprender a preencher, caso contrário ela continua ausente como o pai morto.

Os limites que Grace teve que estabelecer em volta do pai emocionalmente ausente impediram sua personalidade de funcionar, uma muralha contra desejos, emoções e mudanças. Como retratado em seu casamento morto, o amor não era possível, pois era inconscientemente hipotecado ao pai morto; e a liberdade do espaço psíquico bloqueada. Ela antecipava a morte. Nenhuma vida era possível além dos limites do pai morto e certamente nenhuma paz de espírito em seu abraço (Sekoff, 1999, p. 118). As feridas psicológicas fragmentaram a solidez do mundo interno dela. Ela estava sem um leme, desiludida. "A ausência pode apenas nascer se for reconhecida como tal" (Phillips, 1999, p. 165). O reconhecimento desta ausência desencadeia a guerra dentro de si para ser ela mesma, mas frequentemente temia não conseguir se encontrar.

Os detritos do pai pesavam nela conforme as memórias retornavam. Eventos que nos machucam não são lineares e são muitas vezes esquecidos devido a dor e sofrimento. A filha amortece a si mesma e sua psique devido ao objeto amortecido (Schwartz & Bollas, 1976, p. 74). Em suma, a ruptura emocional apaga o autocuidado e relacionamento devido à presença interior intrusiva de um pai ausente. O apego foi formado, não com o pai, mas com a lacuna, a presença da ausência que contém o desejo, a lamentação e o anseio. Essa é metáfora poderosa do círculo vazio do pai, do núcleo magnético de insensatez e não representação, e a atração destrutiva que essa representação exerce na psique que é uma ameaça à integridade da psique da filha (Connolly, 2011, p. 623). A existência se torna uma mera espera pelo momento, que ainda não é agora, quando a vida real e o amor começarão.

Por meio da análise junguiana, Grace começou a integrar os sacrifícios que havia feito. Eles a levaram a cuidar de si mesma, avançando em seu trabalho e se divorciando. *Grace sonhou que um homem mais velho com várias tatuagens de mandalas pelo corpo lhe oferecia chá. As tatuagens eram lindas e cintilavam. Ele lhe disse: "finalmente alguém que não se esquece. Dei meu chá a muitas pessoas e você é a primeira a não esquecer".* Grace estava admirada com o sonho e considerou um sinal de sua ascensão; sentia-se livre para expressar em vez de firmemente amarrada por dentro. Ela começou a contemplar como gostaria que sua vida progredisse. Sua criatividade começou a florescer.

**Depressão**

> Preguiçosa e indiferente, a garça retorna; o céu vela suas estrelas e depois as desnuda.
> Virginia Woolf, *Segunda ou terça-feira* (1921, p. 43).

---

Pouquíssimas oportunidades para boas experiências com o pai passam o legado de não envolvimento e desapego pessoal. A devoção de um pai morto configura sentimentos de despersonalização e distanciamentos associados à falha de conexão. A filha se concentra nele, nos homens, no masculino ou na pletora de formas culturais do pai poderoso. Ela espera por ele, pela aprovação dele e pela vida dela; mas não há nada. Essas são as brechas psicológicas que criam uma incapacidade de amar ou aproveitar seus talentos (Green, 2001, p. 176).

São desenvolvidos comportamento depressivo, fragmentação corpórea e falha na narrativa. O buraco da ausência paterna deixa uma cultura interna de autodesprezo, isolamento destrutivo e autodepreciação com uma qualidade masoquista predominante (Green, 2002, p. 644). A partir da derrota interna, a mulher fica ansiosa e nervosa em relação à vida. Pode haver um sutil, mas forte desejo de morte contra si mesma. O pai é uma figura morta e a filha, um fantoche manipulado por esta morte. O que pode surgir na filha é uma culpa inconsciente, manifestações obsessivas, sentimentos atormentadores e desconforto com autoridade (Kohon, 1999, p. 42). Embora insatisfatória, ela evita encontrar o que parece ser tanto a morte como a aterrorizante vida. O vínculo composto de sua dor, anseio e desejo a mantém psicologicamente acorrentada. Falta-lhe entendimento de si mesma e do outro porque ela não o conhece por experiência (Bollas, 1999, p. 101). Ela não consegue encontrar sua paixão; busca, mas quando não a encontra torna-se solitária e frustrada.

No entanto, nem tudo está perdido, como André Green nos lembra: "a mente tem a capacidade de trazer algo de volta que tenha sido relacionado com um objeto sem que o objeto esteja presente" (1979, p. 30). Tornar um lugar consciente para os sentimentos e emoções é um meio de reconhecê-los e transformá-los. Significa reconhecer a tristeza e discernir o que está vivo do que está morto e reestabelecer seu ser separado. André

Green descreveu a vida psíquica como algo fundado na perda: "o outro ausente marca um lugar onde se avança, mas que também se tornou o cemitério onde [...] a ausência é distinta, complexa e paradoxal" (Sekoff, 1999, p. 114).

Por outro lado, quando a ausência é associada com o desconhecido e com o pai vazio, o ego pode se partir ao não receber nenhum apoio. No entanto, a ausência pode ser também um espaço para revitalizar a vida psíquica. O processo acrescenta memórias e conecta ideias nem sempre baseadas no real, de modo a garantir que não estão completamente perdidas (Kalinich & Taylor, 2009, p. 30). Embora o pai morto nunca esteja ausente, essa ausência também pode significar uma possível presença. O espaço para o crescimento psicológico está implícito aqui, visto que também é uma condição necessária para uma vida psíquica estimulante (Sekoff, 1999, p. 114). Assim sendo, a ausência cria espaço para novos pensamentos e experiências. É um espaço para ser aberto e preenchido com a expressão autêntica do si-mesmo da filha. Nisto, a filha irá além do entrave do pai amortecido.

O efeito do pai morto deixa a filha com a tarefa de olhar para dentro de si. Enquanto desperta um luto, simultaneamente estimula uma reivindicação de si. Novamente, André Green associou o desenvolvimento criativo e intelectual como possíveis resultados do complexo do pai morto (1986, p. 153). Nas palavras de Elizabeth Barrett Browning, "por que, o que é viver? Não comer, beber e respirar, mas sentir a vida em você em todas as fibras do ser, com ardor e alegria" (Browning & Browning, 1900).

# 5

# O pai mau: complexo paterno negativo

"Omar responde"
A sabedoria do mais sábio dos sábios
É uma pitada de pó nos olhos
Lançada pelos dedos do inimigo, que nós
Coisas reais e falsas podemos não reconhecer

Hafiz, *Hafiz em Londres* (McCarthy, 1886, p. 90).

O conceito de André Green do efeito do pai morto leva ao complexo paterno negativo na psicologia analítica junguiana. Juntos, eles ilustram, embora de maneiras diferentes, o pai ausente que compromete o desenvolvimento da filha no mundo, sua carreira, seus relacionamentos e seu próprio si-mesmo. Contatos iniciais com o pai são importantes para a formação de caráter, hábitos emocionais e padrões de apegos. André Green e Carl Jung observaram que tudo isso depende do cuidado ou toxidade da relação entre pai e filha. Ambos reconheceram que um pai influencia como a personalidade da filha abre, ou contrai, para a vida.

De várias formas, a construção do complexo paterno negativo deriva da ausência e do abandono. Isso depende do tipo de ausência, da posição da figura materna e da personalidade da filha, se ela permanecer apologética, culpada e sem o ímpeto ocasional pela vida (Kast, 1997, p. 161). O autoconhecimento é resultado do reconhecimento de lugares de sofrimento, eventos e sentimentos dentro deste complexo. Tanto Green como Jung, com o conceito do inconsciente coletivo, observam que o trauma não tem um local somente no si-mesmo, visto que está além da pessoa e, ao mesmo tempo, sendo a pessoa criada (Bollas, 1999, p. 100). Ou seja, experiências pessoais que formam feridas têm ligação com o coletivo através dos reinos consciente e inconsciente.

Na psicologia analítica junguiana o complexo paterno abrange uma variedade de pensamentos, sentimentos, padrões de comportamento e formas de expressão somáticas, saudáveis e prejudiciais. Tradicionalmente, os complexos ocorrem onde a energia é obstruída em uma área do inconsciente. Quanto mais longe da percepção consciente, mais autônomo o complexo e sua tendência de repetir e atrair atenção. Quando negativo, o complexo paterno é marcado pelos impulsos destrutivos da filha, separando-a de instintos e reações naturais na sua psique e em seu corpo. O complexo paterno negativo parece, na série de sonhos apresentada aqui, estar chamando a psique para autorregulação e equilíbrio.

Conhecer nosso si-mesmo é conhecer nossos complexos individuais distintivamente, e ter ciência de como mudam e se transformam ao longo da vida.

Quando vivemos, crescemos e nossas crenças são transformadas. Elas devem mudar. Acho que devemos viver com essa constante descoberta. Devemos estar abertos a essa aventura em uma consciência de vida intensificada. Devemos apostar toda nossa existência em nossa vontade de explorar e experimentar (Buber, apud Kramer, 2019, p. 5).

Complexos são dinâmicos e poderosos, são as lentes pelas quais olhamos o mundo, uma coloração que concede experiências em suas distintas tonalidades. O complexo modifica o presente em resposta à intercessão de memórias anteriores, não como uma patologia, mas como uma parte informativa da personalidade. O complexo nunca é realmente expulso, mas se torna aparente, assim a energia pode mudar e ser conscientemente usada. Complexos informam nossa trajetória e, embora não possamos escapar deles, o desafio está em como estar atento e em como usá-los.

A ausência do pai provoca e sustém um complexo paterno negativo, deixando o mundo sombrio, muitas vezes sem esperança, até que seja compreendido. O complexo paterno negativo pode afetar negativamente a confiança da filha, promover a idealização de outros e esmaga asserção e iniciativa. A negatividade deste complexo surge de um lugar aprisionado e inquietante que o ego evita. Pode esvaziar a filha de sua autodefinição, enquanto o se tornar consciente a separa de estar sob seu feitiço.

> Um complexo traumático leva à dissociação da psique. O complexo não se submete ao controle da vontade, mas possui autonomia psíquica [...] a ab-reação apresenta-se [...] como uma tentativa de reintegrar o complexo autônomo, ou de incorporá-lo pouco a pouco à consciência,

como um componente seu, ao revivenciar a situação traumática uma ou diversas vezes (OC 16/2, § 266, § 268)

O complexo é uma rede de caminhos com várias características, uma rede aparentemente inacessível a mudanças. O complexo, com suas muitas raízes nas feridas da infância e fracassos relacionais, pode parecer traiçoeiro, deixando a filha com pouca escolha a não ser aderir e ficar inconsciente. O complexo paterno negativo cobre uma filha como o vento e muitas vezes passa despercebido, pois ela está muito acostumada à sua presença. É familiar, mas a obriga a permanecer uma refém e inconsciente; inconsciente de si ou de como se sente.

A origem do complexo é "muitas vezes um chamado trauma, um choque emocional, ou coisa semelhante, que arrancou fora um pedaço da psique" (OC 8/2, § 204). Um complexo torna-se negativo e endurece devido a tendências que interferem com desejos e impulsos naturais. A repercussão psicológica do complexo paterno negativo aparece por meio de vários sintomas de depressão, despersonalização, desassociação, desespero, ansiedade, tudo representando a conexão conturbada com o si-mesmo e os outros. A figura paterna negativa que habita na psique da filha pode impedir que ela viva de modo autônomo e criativo, que é possível apenas quando há separação do pai (Carotenuto, 2015, p. 26). O complexo pode agir por meio de figuras masculinas atormentadoras internalizadas, criando um mundo interno hostil, de ira e inércia. Até que seja compreendida, a filha pode continuar em um protesto violento contra o pai e todos os seus representantes, trancada em um ciclo negativo e autoperpetuante. Progressivamente alienada de seus próprios pensamentos, necessidades e sentimentos, ela desenvolve um padrão de figuras masculinas negativas submergindo o seu si-mesmo.

O complexo paterno negativo leva a negação, confusão, autossabotagem, inércia e uma inabilidade de encontrar uma voz ou expressão adequada. Este cenário pode despojar a filha de seu entendimento do que é ser uma mulher e ela se sente incapaz, pois sua bússola interna não está ativa. Quanto mais severas as feridas causadas pela ausência paterna, mais autônomos e ego distônicos ou inconscientes serão os complexos. Explorar essa questão leva ao autoconhecimento.

Além de experiências pessoais, os complexos são influenciados pela época e lugar em que uma pessoa vive, incluindo o impacto de várias estruturas religiosas, sociais e culturais. O que se infiltra do inconsciente é efetuado por meio dos complexos.

> Ter um complexo não significa logo uma inferioridade. Quer dizer apenas que existe algo discordante, não assimilado e conflitivo, um obstáculo talvez, mas também um incentivo para maiores esforços e, com isso, talvez nova possibilidade de sucesso. Neste sentido, os complexos são precisamente focos ou entroncamentos da vida psíquica que não gostaríamos de dispensar, que não deveriam faltar, caso contrário a atividade psíquica entraria em estado de paralisação fatal (OC 6, § 990).

Como indicado no dicionário Merriam-Webster, a palavra *complexo* contém múltiplas partes de discurso e sentidos. Refere-se a todo um composto de partes complicadas ou inter-relacionadas. Como verbo, seu significado original é o de "juntar ou unir". Complexo vem do latim *complecti*, que significa "entrelaçar, abraçar", uma palavra que é baseada, em parte, em *plectere*, "trançar", e "uma combinação intricadamente entrelaçada de elementos em uma estrutura coerente". Um complexo negativo se separa da personalidade central e começa a funcionar de forma autônoma, variando em efeito, de ser dificilmente incômodo para ser tão forte que a filha desaparece nele. Isso é o que acontece com muitas filhas deste livro, impulsionando-as a buscar um conhecimento interno e crescimentos por meio da análise junguiana.

## O desdém aprendido

Sem imagens e experiências de pais amorosos, as filhas podem se tornar desdenhosas e defensivas para si mesmas e para outros. Kaleigh é um exemplo composto, uma mulher criada com um pai que ela rotulou como criminal. Seus pais se divorciaram quando ela tinha 4 anos e, consequentemente, ela o via em raras ocasiões. Ele não a protegeu, especialmente quando se casou com uma mulher que a rejeitava e que a punia com frequência. Quando se casou, embora os filhos tivessem ido morar com ele, eles não receberam bons cuidados e foram simplesmente ignorados. Kaleigh, na verdade, criou a si mesma, passando por vários caminhos: drogas, álcool e vários parceiros sexuais desde jovem. Ela estava com raiva de seu pai por abandoná-los, casando-se com uma mulher perversa e depois sendo um homem cruel. Mas agora que ele estava morto, o que desejou tantas vezes, estava confusa sobre por que sentia falta dele.

Embora mal tivesse visto o pai por vários anos, quando ele morreu, ela ainda estava discutindo com ele em sua mente, ao mesmo tempo que o temia. Desejava que ele fosse mais gentil e melhor, também não compreendia o poder sombrio que ele tinha sobre sua psique. Ela decidiu que simplesmente não pensaria mais nele, mas sua presença ausente ainda a atraía. Por outro lado, a atitude que Kaleigh adotou de feroz independência cobria o desamparo e dependência excessiva que sentia pelo pai, mantendo-a em um estado infantil (Seligman, 1985, p. 82). Este conflito se revelou na forma de energia destrutiva e opressiva voltada contra si mesma, retratada periodicamente de forma esmagadora em sua arte, não encontrando um parceiro consistente e frustrando-se profissionalmente. No começo de uma relação, Kaleigh assumia o papel de *femme fatale* [mulher fatal], flexível, sem definição e vivendo para agradar o homem conforme evaporava na imagem que ele tinha dela.

Kaleigh teve um curto, mas impactante sonho. *No sonho, não importava o quanto tentasse, não conseguia ir além de seu chefe. Estava paralisada e não conseguia se mexer.* Em pessoa, Kaleigh, com cerca de 30 anos, parecia fortemente amarrada, muitas vezes usando roupas sensuais. No sonho, o chefe tinha a idade de seu pai, um imponente líder em seu campo, empunhando força e ameaças para manter as pessoas na linha. O sonho ilustrava a paralisia que Kaleigh sentia com homens e o masculino, afetando sua apreensão quanto a ter sucesso. Antecipando fracasso, ela interrompia qualquer progresso. Estava em um impasse emocional e em um dilema sobre como ir além do negativo e temível do pai/figura masculina. Este cenário acontece com muitas filhas que não possuem a possibilidade de internalizar pais bons o suficiente. E, nas palavras de Judith Butler, "possibilidade não é um luxo, é tão essencial quanto pão" (2004, p. 29). Não tiveram quem tirasse suas dúvidas e ninguém que lhes mostrasse o que fosse necessário. Expressam solidão, guardam suas tristezas e escondem com coragem externa as falhas que percebem.

Kaleigh parecia confiante, energética, tinha muitas ideias criativas e talentos. Ela conseguia manter essa máscara por um tempo e depois, de repente, se afundava em comportamentos e pensamentos destrutivos, de insatisfação e autodepreciação. Kaleigh tinha apreensão com questões de intimidade, apesar de ter desejos. Enquanto isso, sua máscara de indiferença confundia as pessoas e as mantinha distantes.

## O complexo paterno negativo nos sonhos

Os sonhos podem ajudar a liberar e esclarecer a psique expondo os complexos psicológicos na busca natural pelo acesso à vida. Eles revelam os reinos inconscientes da psique em linguagem simbólica que se desdobra em mais do que o literal ou o óbvio. Os símbolos nos sonhos ajudam a decifrar os pensamentos e emoções pessoais e coletivas, passadas ou atuais. Jung escreveu que "sonho é uma autorrepresentação, em forma espontânea e simbólica, da situação atual do inconsciente" (OC 8/2, § 505).

A perspectiva da psicologia analítica junguiana afirma a realidade da psique, e que inconscientemente retem símbolos, imagens e mensagens de bloqueios, compensações e esperanças. Os sonhos são como cristais que são transformados em várias facetas da personalidade. São formas naturais de lidar com problemas e ajudam a restaurar o equilíbrio de atitudes unilaterais do complexo paterno negativo. Sonhos são subjetivos e objetivos, refletem situações e as figuras internas e externas. Jung afirmou que "eles sempre se encontram um pouco adiante da consciência da pessoa" (OC 18/1, § 244).

A psique é um sistema autorregulado e a teoria de compensação é uma lei básica do comportamento psicológico. Esta perspectiva se encontra no coração do método junguiano de interpretação de sonhos. Uma das principais questões abordadas diante de um sonho é investigar qual é a atitude que o consciente está compensando, pois o sonho não é algo isolado da vida cotidiana; ele retrata o que foi perdido e precisa ser reencontrado, e como isso pode acontecer. Os sonhos ilustram os ritmos da vida interior. Quando a filha é capturada pelo complexo paterno negativo, quando ele retém sua energia, ela não tem paixão, a sua força vital é esgotada, isso se manifesta em seus sonhos. Essas desconexões e desassociações fomentam a busca do si-mesmo, levando-a para dentro de si, para as respostas e faróis contidos no mundo dos sonhos.

Ao observar Kaleigh, vemos uma filha que se rebelou contra o pai, mas era insegura. Sua raiva não foi a lugar algum, diminuiu ao invés de ser direcionada. Ela internalizou um pai que foi ausente e terrivelmente cruel. *Kaleigh sonhou que jogava coisas em seu pai e gritava com ele. Ela estava exausta e ele continuava impenetrável.* Ela não sabe o que causou a briga no sonho ou como ela chegou lá. Poderia ela continuar a sentir essa raiva e permanecer inconscientemente conectada a este complexo paterno negativo? Com a privação de e/ou ausência, a possibilidade de um bom pai é retida e o investimento permanece com o pai ausente, esquivo e cruel. Ela se perguntava se tudo não estava enraizado demais.

Kaleigh tinha baixa autoestima, sentia-se incompetente e não tinha certeza de como poderia sobreviver. Desesperada, ela muitas vezes sentia-se inútil. Odiando seu pai, mas, ao mesmo tempo, desejando o amor dele, manteve-se conectada e, ainda assim, desconectada dele. O pai deveria fornecer um ego-funcionante o suficiente para ajudar a filha a desenvolver um si-mesmo sólido. No entanto, o pai de Kaleigh não o fez, e ela agora precisava da constante confirmação de outras pessoas, já que a osmose tóxica com ele tinha um efeito aniquilador para sua alma. Ela não conseguia se infiltrar e nem sair da órbita do pai. Um espaço se abriu entre um si-mesmo amoroso e que conserta as coisas, e um si-mesmo que odeia e persegue; este último tomou conta de Kaleigh na forma do complexo paterno negativo.

Em vez de experimentar todos os seus sentimentos e movimentos, Kaleigh, como muitas em circunstâncias semelhantes, aprendeu a se conter e se fazer caber em uma armadura. Ela se tornou dessensibilizada e ciente de si mesma apenas em situações intensas e entusiásticas ou crises; caso contrário, sua vida emocional era invisível. Seus esforços para perceber e definir seu si-mesmo foram frustrados pelo pai ofuscante, que em sua ameaçadora ausência a proibia e lhe causava maus pressentimentos. Ele se tornou uma presença interna exagerada e irada, com acusações constantes sobre o que estava de errado com ela. Kaleigh tomou cuidado com seu corpo, mas este era como um objeto para que outros vissem e não um corpo com que ela sentisse. Seus impulsos naturais para expressar sua individualidade foram sufocados, deixando-a sem tranquilidade pessoal. Embora fosse comprometida com meditação e yoga, sua vigilância mental e pensamentos compulsivos continuavam. Ansiosa, ela muitas vezes não escutava nas sessões de terapia e era sufocada por sentimentos de vergonha, pois sentia que não estava melhor.

Kaleigh se perguntava por que a terapia nunca funcionava. Ao longo dos anos, ela compareceu a inúmeros workshops e várias modalidades de terapia, mas apenas por um tempo. Algo escapava dela. Ela continuava inquieta em sua própria pele. Exercitava-se por horas para poder relaxar, escrevia páginas e páginas em seu diário, ou desenhava para se centralizar. A ausência do pai vivia impacientemente dentro dela. A antecipação da rejeição assumia o controle como um veneno, e ela poderia abruptamente se cortar, pisotear e desaparecer. Desde cedo ela aprendeu que suas emoções eram algo para se ter vergonha e eram desvalorizadas por seu pai. No entanto, ela precisava dessas emoções para discernir o impacto do pai opressivo.

A narrativa da filha/feminino/fêmea como inferior cria um autoisolamento. Kaleigh não conseguia ter bons relacionamentos e não tinha amor suficiente. Novamente, devido ao apego inexistente com seu pai, a ansiedade, vulnerabilidade e perda a mantiveram solidamente defendida e defensiva. Nos relacionamentos ela perdeu o horror da dependência, da apreensão de que ela poderia ser destruída pelo poder da outra pessoa (Knox, 2010, p. 154).

Todos temos um complexo paterno, mas quando este se mostra negativo, ele impressiona muito, fica desproporcional e a filha é diminuída. Esta projeção se torna um padrão por toda vida, penetrando uma crença de que a realidade da vida é incorreta e inválida. Como Jung comentou, "a criança se encontra de tal modo ligada e unida à atitude psíquica dos pais, que não é de causar espanto se a maioria das perturbações nervosas verificadas na infância devam sua origem a algo de perturbado na atmosfera psíquica dos pais" (OC 17, § 80). Quando o paraíso da infância é destruído precocemente (anterior ao período natural de separação) com a ausência paterna, distúrbios emocionais podem parecer um crime contra a personalidade da filha, muitas vezes resultando em ações de opressão e vingança interna. Jung falou sobre a "indolência peculiar à libido, que não quer abandonar qualquer objeto do passado, mas retê-lo para sempre [...] [uma] retenção passiva da libido nos primeiros objetos da infância" (OC 5, § 253). Com o tempo, sentimentos tumultuados aumentam em velocidade e poder, fragmentando a mente e o corpo, dispersando na personalidade autodesaprovação. Ocupada compensando a perda, a independência do si-mesmo é aparentemente ausente. A filha pode tentar compensar com realizações, ou se perdendo em outras, ou talvez ela simplesmente desista. Em qualquer caso, a falta permanece, e a filha é assediada e se fecha em si mesma.

## O olhar do pai

Quando criança, a filha olha em volta e vê seu reflexo na face e olhos do pai. A filha se preocupa com coisas como "você está aqui? Eu estou aqui, você está aqui comigo?" O espelhamento de pai para filha é feito das respostas empáticas do pai às necessidades, desejos, experiências e comportamentos da filha e lhe dá legitimidade, validação e um sentimento de valor.

Muitas filhas, porém, não têm boas experiências porque não veem ou não sentem nada em relação a eles. Elas podem enxergar dúvida, insegurança, ausência, falta de amor e cuidado do pai, e isso se torna a forma como ela vê a si mesma, com falta e ausência. A filha tenta incorporar os atributos associados com a imagem paterna, mas não consegue encontrar a segurança para se aproximar. O sentimento de contenção estabelece paz de espírito, mas quando o pai não está presente, não é possível acessar a paz. Ela deve renunciar coerência por incoerência, pois o mundo não é como ela esperava (Britton, 1998, p. 79).

O complexo paterno negativo pode aliená-la de seu corpo, e várias reações físicas indicam ansiedades sobre necessidades e desejos não atendidos. Como a autorrealização está embutida em todos os processos psicológicos e a psique, como o corpo, se esforça para manter equilíbrio, o que acontece com a ausência da figura paterna (Samuels, 1985, p. 15)? A filha aprende a compensar com a formação da *persona*, como se não houvesse problema; mas esta *persona* é como uma carapaça, ou concha, e nem sempre está conectada internamente com o interior real. Torna-se uma pseudocobertura enganosa para compensar as emoções descontínuas, identificadas com preencher e desempenhar um papel (Mizen, 2014, p. 316).

Ela internaliza nostalgia, arrependimento, ressentimento, tentativa de cortar o poder que ele tem, enquanto sempre tentando encontrar amor. Para cancelar a reivindicação dele em seu espírito, é necessária uma dança entre as forças que a ameaçam. Isso significa se aproximar o bastante para compreender, mas ficar longe o suficiente para não ser pega por ele. Jung observou que "as imagens do inconsciente impõem ao homem uma pesada obrigação. Sua incompreensão [...] confere a muitas vidas individuais um cunho de penosa fragmentação" (MSR, p. 198).

Entretanto, os sintomas de angústia passam por ela e retornam às feridas originadas por não estar com uma figura paterna sólida e carinhosa. A traumatização, perda e identificação melancólica com o pai contribuem para o complexo paterno negativo. Há destruição emocional, separação prematura e privação psicológica. O cuidado paterno insuficiente cria culpa e tristeza, e a traição do pai deixa a filha desolada. Com a falta de validação dele para sua força e independência, ela tem que procurar vários caminhos para encontrar sua própria autoridade e voz.

"As reações mais fortes sobre as crianças não provêm do estado consciente dos pais, mas de seu fundo inconsciente" (OC 17, § 84). Frequentemente a filha, em meio ao complexo paterno negativo, não consegue organizar seus pensamentos ou sua vida que parece uma confusão e confabulação de direções. Ela é suscetível a viver à sombra do pai, encenando as percepções *dele* sobre pai-filha, feminino e masculino, separação e diferenciação. Filhas sem um pai acabam com uma imagem exagerada do pai em suas vidas psicológicas e acabam se definindo em termos paternos (Shorter, 1985, p. 177). Nesses casos, por padrão e, ao mesmo tempo, subjugada, a filha pode entrar em paralisia psicológica, tornar-se ineficaz, uma seguidora de rotina (da rotina dele). Jung se referiu ao ideal paterno como um objeto potencialmente perigoso da fantasia da filha.

> O poder fatídico do complexo de pai vem do arquétipo e esta é a verdadeira razão por que o *consensus gentium* coloca uma figura divina ou demoníaca no lugar do pai. A pessoa do pai encarna inevitavelmente o arquétipo que empresta a esta imagem o poder fascinante (OC 4, § 744).

Em vez de imaginar o contrário ou explorar opções em sua personalidade, a filha permanece jovem, precipitada e uma imitação do pai. Isso também foi descrito como "fixação da desilusão" (Shorter, 1985, p. 179). A fusão com o complexo paterno negativo a defende contra a realidade e a separação necessária fica mais difícil. Ou seja, quando no auge do complexo paterno negativo, a filha se torna o que não gosta no pai.

"A ligação da filha com o pai [...], na qual ela cai de forma defensiva, possui um aspecto letal [...] onde o masculino aparece, não graciosa e paternalmente, mas de forma agressiva" (Shorter, 1985, p. 180). Ela pode evitar, retardar ou contornar sua tendência natural para o criativo, ousado, para a rebeldia e a quebra de regras porque esta não é a tradição do pai. Ela não consegue encontrar seu caminho, alcançar feminilidade ou valorizar suas qualidades peculiares quando envolta em apoiar os meios do pai ausente e viver em meio ao complexo paterno negativo.

Complexos contêm emoções conflitantes difíceis de reconciliar com a mente consciente e aparências. O complexo paterno negativo muitas vezes bloqueia o acesso a uma variedade de imagens e figuras masculinas úteis e eficazes. A filha não tem apoio interno para perceber seu potencial ou usar sua energia com paixão ou espírito. Como Jung disse:

> A infecção dos filhos se dá por via indireta, fazendo com que eles assumam uma atitude em relação ao estado de espírito dos pais: ou reagem em defesa própria por meio de um protesto mudo (às vezes, porém, até bem alto), ou se tornam vítimas de uma coação interna de imitação, que os paralisa psiquicamente (OC 17, § 154).

## Complexo demoníaco

A ausência de um pai pode levar uma mulher a desenvolver um complexo paterno que age como um demônio que a segura com as suas garras (Leonard, 1983, p. 88). Internamente, ela forma um apego com o abismo do pai; não consegue diferenciar a si mesma: "o processo pelo qual a alma humana vem a ser é uma atividade que ocorre ao longo de toda uma vida [...]. Existo porque me diferencio do mundo no qual nasci, mas para ter sucesso nesse projeto é necessário que eu me torne uma unidade diferenciada" (Lear, 1990, p. 177).

*Cassey sonhou que havia escorpiões na casa de seu pai. Ele não estava presente. Além dos cogumelos e escorpiões na casa do pai, ela temia que os sapos envenenassem seus cachorros. Alguns professores estavam presentes e lhes disseram para entrar em um cômodo escuro e ficar lá. Ela concordou, mas ficou com medo; não poderia ficar ali, então entrou em pânico e desesperadamente saiu. No sonho, ela percebeu que não havia ninguém para ajudá-la.*

Ao acordar, ela comentou que sair do quarto desagradaria os professores. Não disse nada sobre como se sentia com isso ou sobre as suas reações emocionais. Ao falar sobre o sonho, Cassey não associou o fato de que o pai era um professor; também não associou os professores no sonho que agiam como ela descreveu o pai: frio, alheio, que a desencorajava e a desprezava. Sua reação plácida também indicava que Cassey estava inconsciente de como foi machucada pelo pai ausente, a quem descreveu como um homem ameaçador, mas formidavelmente distante, impassivo e severo. A vida com ele fora mais do que ela podia para lidar. Cassey era atormentada por outras crianças, mas nunca lhe contou, porque ele a ridicularizaria chamando-a de fraca. Ele se concentrava em si mesmo; muitas vezes ausente, de repente partia em longas viagens a trabalho. Ninguém sabia quando ele retornaria, e ele provavelmente não entrava em contato enquanto estava fora, às vezes por vários meses. Ela pisava em ovos ao redor dele e não tinha certeza se e quando ele a desaprovaria cruelmente. Ele não proporcionava expressões de amor, cuidado, direção, proteção ou emoção, apenas apreensão. Cassey ainda desejava sua aprovação, mas ele dificilmente se interessava por ela.

Ele não brincava com ela quando era criança e qualquer atividade era determinada por ele independente dos desejos ou necessidades dela. Quanto a isso ela novamente não demonstrou sinais de raiva ou decepção, nenhuma tristeza ou perda. Emoções não eram permitidas em casa e, quando nos conhecemos, ela já havia sido reduzida a nada. Contudo, o sonho lhe disse que ela tinha que sair da casa do pai, pois estava cheia de insetos e plantas venenosas. Os outros professores, como repetições do pai, certamente não ajudaram. Se seguisse o conselho deles, ela continuaria na casa do pai, desconhecendo sobre a sua vida, se tornaria reprimida, presa, inconsciente e sua pisque ficaria na escuridão.

Cassey não foi encorajada pelo pai professor a se formar no ensino superior, e certamente não era para ser professora, embora fosse inteligente. No começo de seus 40 anos, agora, não conseguia nem encontrar uma carreira que gostasse, nem decidir se gostaria de ser mãe. Em vez disso, ela se atrapalhava, trabalhando para doutores; como o pai, sua mente era ocupada com preocupações sobre estar correta e ser aprovada. Tinha problemas médicos, sérios problemas, mas não fazia nada sobre isso.

Esta forma de complexo paterno negativo denota uma tendência para depressão, derrota e resignação, como Cassey não cuidando ou prestando atenção a si mesma, esquecendo de si e sua mente divagando. Cassey não sabia a razão de não ser importante e procurava online o significado de autocuidado. Ela não conseguia decidir ou ser assertiva sobre quase nada, pois continuava insegura se outros concordariam com ela. Por vários anos, desde a faculdade, estava deprimida e cansada. Estava presa ao dilema paterno negativo e não conseguia se mover ou juntar energia. Cassey se perguntava se havia uma memória reprimida temendo descobrir algo terrível, mas não fazia ideia do quê. Poderia ser o autoconhecimento que ela evitava?

A ausência do pai pode alimentar o impulso compensatório da filha ao heroísmo e fama, ou, igualmente, pode provocar desespero e desconfiança. Uma ausência de contenção emocional ou devaneio pelo pai deixa a filha sem contenção nem a capacidade de refletir criativamente sobre si mesma.

Por certo é totalmente impossível exigir que os pais não tenham nenhum complexo. Isto seria sobre-humano.

Mas eles deveriam tomar conscientemente uma atitude em relação a eles. Para o bem de seus filhos, os pais deveriam considerar seu dever jamais esquecer suas próprias dificuldades (OC 17, § 219).

O pai de Cassey parecia não ter lidado com nada e ela acabou recebendo os efeitos negativos e reprimidos.

Jung observou que "o Sol escuro da psicologia feminina está relacionado com a imagem do pai [...]. Lamentavelmente o jorro dessa fonte também pode turvar-se, quando se deveria supor aí água cristalina" (OC 14/1, § 226). Sem um pai, a filha cresce em um estado de crepúsculo, sem formação e sem diferenciação. Isso pode se tornar um cabo de guerra interno esperando para ser avivado e recuando ao mesmo tempo. Não sabendo para onde ir, ela não faz nada. Ansiedade, medo de fragmentação e falta de uma existência criativa são resultados do apego com o pai ausente e com o anseio não atendido; mantendo mulheres como Cassey natimortas. Cassey continuou na terapia junguiana por um tempo, depois parou abruptamente. Ela não parecia feliz com isso, parecia relutante e incerta. Não houve muitas mudanças externas, mas talvez o reconhecimento de um si-mesmo a ser valorizado teve algum impacto. Talvez ela decida buscar desenvolver-se mais tarde de outras formas.

A ausência da energia paterna cria problemas, anseios, desejos não atendidos, necessidades intensas e raiva direcionada para o interior (Hillman, 1989, p. 208). A vida da filha passa a não significar nada e ela a considera insignificante. James Hillman, psicólogo arquetípico, abordou a ideia de que o que realmente individualiza não somos nós, mas sim nossas paixões, talentos e locais de feridas. Conforme os complexos expelem suas associações infantis e encontram maturidade, a realidade e as conexões entre psique e corpo, a personalidade torna-se uma tela rica e multidimensional (Slater, 2012, p. 30). Com conhecimentos, os complexos podem se tornar conscientes e seus impactos negativos e restritivos reduzidos. O complexo paterno traz a possibilidade de restaurar um pai interno melhor. Ao analisar os sonhos, acompanhando sentimentos de forma consciente, passando tempo em devaneio ajudam a restaurar e tirar a psique da filha do complexo paterno negativo. Para ser ela mesma, é necessário retirar as projeções, diferenciando as partes que são dela e aquelas que não são. Com esse doloroso trabalho interno e relacional, a integração dos complexos pode então levar ao autoentendimento e aprimorar a personalidade.

> O autoconhecimento de cada indivíduo, a volta do ser humano às suas origens, ao seu próprio ser e à sua verdade individual e social, eis o começo da cura da cegueira que domina o mundo de hoje (OC 7/1, p. 5).

# 6

# Dinâmicas, símbolos e imagens do arquétipo do pai

> Judá a viu e pensou que fosse uma prostituta, pois tinha o rosto coberto. Dirigiu-se até ela e lhe disse: "Deixa-me ficar contigo", pois não percebeu que era a nora. Ela perguntou: "Que me darás para te unires comigo?" [...] Passados uns três meses, contaram a Judá: "Tua nora Tamar prostituiu-se e, em consequência, está grávida". Judá respondeu: "Trazei-a para fora e seja queimada" (Gn 38,15-16.24).

Essa história arquetípica do Antigo Testamento transmite o lado inconsciente do pai ausente para sua filha. Com o pai projetado nela, a filha é castigada e morta pelos pecados dele. Ilustra outra antiga e arquetípica história, repetida através do tempo e espaço da história com efeitos consciente e inconsciente, pessoal e coletivos. Aqui, a ligação dos padrões arquetípicos com relações contemporâneas revela o pai como egoísta, ausente em sua consciência da filha e sua razão para a morte dela. Por vezes demais esta história é a atual realidade.

Tradicionalmente, os arquétipos funcionam como um modelo ou conjunto de expectativas contra os quais a vida é experimentada. Imagens internas e externas surgem das interações dos arquétipos, experiências no mundo real, relações culturais e interpessoais. Jung disse que "[o arquétipo] persiste através dos milênios e sempre exige novas interpretações. Os arquétipos são os elementos inabaláveis do inconsciente, mas mudam constantemente de forma" (OC 9/1, § 301). A palavra *arquétipo* tem origem no grego *arché*, que significa "primordial", e *typos*, "elementos típicos da experiência humana". O arquétipo expressa os infindáveis dilemas executados na psique do indivíduo. O arquétipo é por assim dizer uma presença "eterna" e a questão é de saber se a consciência o percebe ou não (OC 12, § 329). Estas imagens se apresentam em sonhos, relacionamentos e vida, refletindo suas raízes simbólicas e históricas. Parte do método junguiano quanto à psique é reconhecer, não rotular ou rigidamente categorizar estes padrões, descobrir seus significados e funções em uma vida em especial.

Jung disse que o arquétipo do pai corresponde ao yang. "Ele determina a relação com o homem, com a lei e o Estado, com a razão e o espírito, com o dinamismo da natureza. A 'pátria' supõe limites, isto é, localização determinada" (OC 10/3, § 65). Historicamente, o arquétipo do pai tem sido retratado como grandioso, autoritário e poderoso; suas normas são leis. Outros relatos do arquétipo do pai aparecem na mitologia, arte, religião, contos, vídeos e assim por diante, e se identificam com as qualidades dele como governante, rei, como imagens do céu, um princípio mental ou espiritual, um velho sábio ou o Deus do

Antigo Testamento (Greenfield, 1985, p. 202). Como defensor da posição dominante, o pai é conhecido como o guardião do *status quo*. "O pai [...] é autor e autoridade [...]. É aquilo que se move no mundo como o vento, é aquilo que cria e dirige com ideias invisíveis" (OC 10/3, § 65). Como pai, ele é um protetor, o que estabelece a lei, proprietário, uma figura cujo poder pode surpreender com papéis de ordem, inteligência e autoridade. O pai também é retratado em histórias, contos e lendas sob o disfarce de um fantasma, demônio e mago. Ele foi alinhado com o nascimento da consciência do ego, ou ciência de si, movimento em direção ao mundo e a separação do lar e da mãe.

"A enorme energia do arquétipo confere um sentimento etéreo e espiritual às experiências do pai na criança, especialmente quando não é adequadamente mediada pelo pai pessoal" (Jacobi, 1959, p. 9). Ou seja, quando ele é fraco, incapaz de proteger e guiar, ou apenas ausente, não oferecendo nada pessoal para prosseguir, as imagens arquetípicas tomam o controle. O pai ausente pode significar que a filha habita papéis e imagens estereotipadas e definidas pelo masculino, mas não a sua própria. Ela se define nos termos do pai, refletindo as baixas expectativas e limitando as possibilidades nos quais muitas filhas ainda são criadas. Porque vivemos em estrutura patriarcal, a filha tende a determinar sua vida por tais atitudes e comportamentos até que começa a analisar sua psique. O autodesenvolvimento depende na sua "desconstrução do si-mesmo morto, que é um *opus* masculino, e descobrindo um si-mesmo vivo. Ela deve substituir a cópia por sua natureza individual" (Gilber & Gubar, 1984, p. 19).

Analistas junguianos contemporâneos têm expandido o conceito de arquétipo, enfatizando suas qualidades ativas e mutáveis. Os arquétipos e suas imagens não devem levar à calcificação, mas podem ser interpretados como formas gerais sem conteúdo. Por exemplo, Jean Knox, renomada analista junguiana britânica, observou que os "arquétipos têm um papel muito importante no funcionamento da psique e são uma fonte crucial de imagens simbólicas, mas, ao mesmo tempo, são estruturas emergentes resultantes de uma interação de desenvolvimentos entre genes e o ambiente que é único para cada pessoa" (Knox, 2003, p. 8). Ela descreveu estas como imagens esquemas fornecendo "a estrutura inicial para imagens arquetípicas e os modelos mentais implícitos e explícitos que organizam e dão um padrão à nossa experiência" (p. 9). Em vez de estático, o arquétipo possui uma variedade de possibilidades expressas pessoal, cultural, consciente e inconscientemente. O arquétipo não é ligado em nós, mas "aparece, torna-se real e emerge de sistemas agonizantes que se formam ao longo da vida. A possibilidade é que novos arquétipos nascem de experiências em constante evolução" (Saunders & Skar, 2001).

## Exemplos de sonhos arquetípicos

> Ona! Pálida e fraca!
> Ao seu pai fale:
> Ó temor estremecido!
> Ó cuidado sombrio!
>
> William Blake, "A menininha perdida". *Canções de inocência e de experiência* (1901, p. 65).

---

Por haver muitas influências no arquétipo e sua imagem, mesmo que o pai seja ausente, a experiência imaginativa da filha sobre o pai e seus apegos com outros homens podem ser suficientes (Samuels, 1985, p. 30). Infelizmente, Aidy não teve esses substitutos. Seu pai era um homem solitário que se tornou mais solitário após a morte de sua mãe, quando Aidy tinha 12 anos. Ela era a única filha com dois irmãos, aprendeu a cuidar da casa, cozinhar, fazer seus trabalhos escolares e ser uma aluna modelo; estava tão ocupada que não teve tempo de lamentar a morte da mãe. Enquanto isso, seu pai se isolou cada vez mais e, pecuniário, deixou Aidy e os irmãos sozinhos. Ele não sabia como cuidar dos filhos, também não tentou e mal notou como estavam lidando com a perda, pois deviam apenas ser obedientes.

Os arquétipos são conhecidos por meio de sonhos. Nos sonhos podemos sentir sua influência na personalidade. Jung descreveu os sonhos como a tentativa da psique de comunicar ao sonhador o que está realmente acontecendo. Eles são representações simbólicas de elementos na psique daquele que sonha. As associações pessoais com o sonho, além de amplificar as imagens com temas arquetípicos, coletivos e culturais, compensa a atitude do consciente. "No sonho, [...] verificam-se inúmeras conexões que podem ser postas em paralelo com associações de ideias mitológicas (ou eventualmente com certas criações poéticas, muitas vezes caracterizadas por tomarem emprestado seus motivos dos mitos)" (OC 9/1, § 259). Eles expõem as influências que moldam a vida consciente e têm um papel na individuação. Como Jung disse: "essa dificuldade tem ligação com a criação, com a interminável batalha entre afirmação e negação" (OC 8/1, § 72). As desconexões e desassociações do si-mesmo também são uma busca do si-mesmo, levando a filha para dentro de si, para o mundo dos sonhos.

Aidy teve vários sonhos que pareciam incorporar o arquétipo do pai todo-poderoso, repetindo os temas que aparecem em vários mitos e contos onde o pai deixa expirar a vida de sua filha ou ele mesmo a mata. Aidy teve um sonho: "*Estou com um homem que classifico como o pai sádico. Ele está atrás das crianças e de mim. Tento escapar ou tento ajudar os outros. O homem é muito astuto e parece não haver escapatória. Ele consegue pular cercas ou atravessá-las*". No sonho, ele consegue alcançá-la independente de que cercas ou defesas ela erga.

A reação de Aidy ao sonho foi surpreendente. Ela não percebeu que era tão terrível, pensou que era o que deveria fazer. O sonho não ofereceu auxílio para afastar este poderoso homem dentro dela; o pai sádico com intenção malévola para com ela e as crianças. O aparecimento do sonho indicava que ela não havia lidado o suficiente com ele, e ele se tornou mais insistente e ameaçador. "Uma figura paterna demoníaca toma posse e torna o criativo em imagens da morte do si-mesmo" (Kavaler-Adler, 2000, p. 78).

Culturas e suas histórias repetem os padrões arquetípicos do pai ausente, retratando várias situações de inércia pessoal e mítica, de ausência, negligência e perigo. Nesses cenários, ele é frio, desconexo, corrosivo e até mesmo violento. Este é o pai arquetípico que lida com a morte, como os mitos gregos de Urano e seu filho que o persegue, Zeus, que devora seus filhos e elimina a essência deles, ele não permite que a geração natural avance. O velho rei se recusa a morrer. Em outra versão deste cenário, a mulher é estuprada por esta energia como castigo por tentar escapar de seu domínio (Greenfield, 1985, p. 205). Essas histórias arquetípicas ilustram como o pai pode dominar por meio de negligência, escárnio emocional ou abuso, e ocorrem em muitas situações reais; muitas vezes,

> o poder dos pais: um sistema familiar-social, ideológico e político em que os homens (por força, pressão direta ou por meio de rituais, tradição, lei, linguagem, costumes, etiqueta, educação e a divisão de trabalho) determinam que papéis a mulher deve ou não desempenhar, e em qual o feminino está em todos os lugares subordinado aos homens (Rich, 1976, p. 57).

*Falarás, pois, aos israelitas: Se um homem morrer sem deixar filho, passareis a herança para sua filha* (Nm 27,8).

Em resposta à sua infância, Aidy se tornou invisível para poder sobreviver. Seu pai era imprudente, não tinha consciência reflexiva, era dominado pela onipotência de sua ausência. Ela parecia marcada com apreensão e perplexidade, imersa em circunstâncias temerosas que a roubavam de sua vitalidade. Aidy não conhecia amor ou confiança e, certamente, não tinha tempo para ser criativa ou despreocupada, pois estava ocupada cuidando de outros enquanto suas necessidades não eram atendidas. Como descrito de forma tão pungente por Adam Philipe, "a vida é pontuada por períodos de tédio: o estado de antecipação suspensa no qual as coisas são iniciadas e nada começa, o ar de inquietação difusa que contém o desejo mais absurdo e paradoxal, o desejo de um desejo" (2001, p. 68). O sonho mostrou que ela também tinha a capacidade de agarrar a arma e se defender fugindo[1].

Seguido por um interlúdio de muitos outros sonhos, Aidy descreveu um deles: *"Vejo um homem que parece um gremlin. Ele*

---

**1.** Nota do editor: o sonho será descrito apenas no cap. 9.

*me pede para ficar com ele e não sair com outros. É sedutor e atraente, mas pequeno em tamanho. Estou atraída por ele, mas suspeito que é um truque. Embora ele me afaste de minha arte, também sei que, para seu tamanho, possui poderes incomuns. A pergunta que quero que responda é: como posso adquirir suas forças especiais sem me perder?"*

O *gremlin*, malicioso, que causa confusões, poderia representar uma figura arquetípica do trapaceiro com seus poderes especiais. Desta vez, eles poderiam trabalhar para o aperfeiçoamento dela, mas o sonho a alertou contra o poder sedutor dele. Ela tinha que ficar atenta. Sua experiência com um pai ausente fez com que ela se tornasse propícia a ser seduzida pelo *gremlin*, ou talvez ele fosse semelhante a um amante demônio. Embora esta figura não pareça demoníaca, ele pode representar encantamento, mas não estava por perto para proporcionar a estabilidade da relação ou desenvolver a fundação para o amor. Tudo parece certo com ela, semelhante à decepção encontrada com um pai ausente que parece correto, talentoso e até mesmo sublime para o mundo, mas que nunca esteve presente para seus filhos. Para Aidy, a reação das pessoas que sentiam pena de seu pai, que o elogiavam como alguém sobrecarregado por ter que lidar com três crianças, não fazia sentido. Mas o que ela poderia dizer? Por anos ela não pôde contar a ninguém o quão solitária ela era em sua casa, o quão silenciosa era a casa. Ninguém deveria perturbar o pai, que frequentemente apenas olhava para o vazio e não havia nada que ela pudesse fazer.

Tudo isso apareceu na terapia assim que Aidy começou a explorar a profundidade de sua psique. Não recebeu atenção até seus 30 anos, apenas então começou a pensar por que seus relacionamentos não davam certo. Por que estava sempre solitária e se sentia deixada de lado, fora de sincronia com os outros? Seu si-mesmo não conseguia se apegar à vida, criando uma ausência, um vazio em seu centro, impressionada com sentimentos de solidão e isolamento (Mondell, 1996, p. 164). Aidy começou a ter vários sonhos confusos que a levaram à análise junguiana visto que a incomodavam. Sentindo-se desamparada, ela sabia que tinha que fazer algo para mudar a situação.

Ao falar sobre o sonho anterior, Aidy ficou confusa com o personagem do *gremlin*. Ela desejava há tanto tempo que alguém a salvasse. Poderia ser ele? No entanto, o pai ausente é parte do que impulsiona a filha a ser suscetível ao que é chamado de amante demônio. Ela tem pouca experiência com o masculino. O amante demônio age com pouca confiança, mas é convincente e sedutor. Ele é como o pai ausente, que não está por perto de verdade e com um lado sombrio, sempre distante e intocável. Ela pode concordar em vender sua alma ou diminuir sua vida a fim de adquirir o que não teve com o pai: amor, cuidado e atenção. O problema é que, assim como o pai ausente, o amante demônio engana e ignora, mas a mantém encantada. Tanto a figura do pai ausente como a do amante demônio oferecem apenas amor não correspondido, porém ela ainda cai em suas promessas, esperando ser amada.

Depois, Aidy descreveu outro sonho: *"Uma família pede ajuda a um mago bom. Eu pareço conhecer a narrativa. O mago vai até a porta e fala em outra língua 'o acordo'. À porta está o mal. O mago grita para que vá embora, mas que nome ele deve usar? No poder do quê e de quem ele deve dar a ordem?"*

Aqui Aidy enfrentou forças malignas além de si mesma. Os três sonhos pareciam estar relacionados. Em cada um ela teve que lidar com imenso perigo. Muitas perguntas não respondidas surgiram com os sonhos. As coisas estavam tão ruins e inconscientes que o mal era necessário para trazer esclarecimento? Os sonhos também mostraram a força que ela não percebia. O fim do último sonho indicava uma energia espiritual, algo do desconhecido, incomum, que não fazia parte do cotidiano. Embora seu pai não a apoiasse, no sonho Aidy tinha o auxílio do bom mago. Contudo, ao acordar, Aidy pensou que o mal estava nela. A autorreferência deste problema era sua resposta automática, indicando a ansiedade e insegurança latente em sua vida. O sonho a assegurou, visto que o mago parecia uma figura experiente que poderia ajudar. Talvez ela pudesse agora conhecer o acordo referenciado no sonho em outra língua. Jung comentou que "o espírito, como princípio ativo da carga hereditária, consiste na somatória dos espíritos ancestrais, dos pais invisíveis, cuja autoridade nasce com a criança" (OC 8/1, § 101). Essa é a autoridade da qual Aidy sentia falta e os sonhos revelaram o que estava faltando, as qualidades e forças que ela agora tinha e como poderia usá-las. "Para ser um ser humano é necessário ser alguém vulnerável e que assume riscos; ser um ser humano corajoso é ser bom nisso" (Lear, 2006, p. 123).

 As questões pai-filha alcançam profundezas psicológicas, às questões do si-mesmo, cultura e os complexos que uma filha adquire levando ao crescimento atrofiado e, posteriormente, adquirido. Aidy continuou com o trabalho junguiano por muito tempo, emergindo camada após camada de tristezas e perdas, até que o reconhecimento de suas aspirações pudesse emergir. A solidão dela quando jovem e toda a nutrição a partir dos livros sustentou, até certo ponto, sua personalidade. Agora ela conseguia acessar as potencialidades que não conseguia adquirir com um pai tão emocionalmente ausente.

A analista junguiana Jean Knox interpretou o arquétipo como realmente é ou o que ela chamou de "esquemas de imagens". Ela observou que "arquétipos possuem um papel crucial no funcionamento da psique e são uma fonte fundamental de imagens simbólicas, mas, ao mesmo tempo, (são) estruturas emergentes resultantes de uma interação desenvolvida entre genes e ambiente e que é único para cada pessoa" (Knox, 2003, p. 8). Ela os descreveu fornecendo "a disposição inicial para estruturação de imagens arquetípicas e os modelos mentais implícitos e explícitos que organizam e fornecem um padrão para nossa experiência" (p. 9).

Aidy sentiu o impacto do arquétipo com uma reação psicológica intensa. Reações semelhantes podem ser desencadeadas relacional e socialmente, e quando acessadas conscientemente podem abalar o sistema de personalidade necessário para expansão. Os sonhos de Aidy se aplicam a muitas filhas, pois os arquétipos contêm as sementes do passado, presente e futuro. Estão preocupadas com os problemas que afetam essa filha e muitas outras com um pai ausente. Jung observou que "a pessoa do pai encarna inevitavelmente o arquétipo que empresta a esta imagem o poder fascinante" (OC 4, § 744). Isso significa que o pai pessoal está conectado a imagens transpessoais e é a razão pela qual o pai possui tanto poder e potencial, se ele conseguir transmitir isso para sua filha.

Durante a infância e ao longo da vida, somos confrontados com várias representações do pai. A imagem do pai é um composto do pai pessoal e simbólico, refletindo atitudes e expectativas culturais. Somos expostos a um pai singular que é plural por essas imagens. Essas, junto às expectativas a níveis biológicos e psicológicos do que um pai é ou deveria ser, moldam as imagens internas de pai/homem/masculino. O poder dos arquétipos vem de uma unidade momentânea de externo e interno, realidade material e percepção, cultura e corpo, história e experiência (Jensen, 2009, p. 3). O analista junguiano Andrew Samuel transformou o entendimento da construção do arquétipo na psique quando disse:

> a visão que tem ganhado terreno é que o arquetípico não se encontra em nenhuma imagem em especial ou lista de imagens [...]. O que te move em um nível arquetípico depende de você, de onde você se posiciona, de como você enxerga as coisas e em sua história pessoal. O arquétipo pode, portanto, ser *relativo, contextual e pessoal*. Esta reformulação da teoria arquetípica como teoria de efeitos é algo que ainda não alcançou acadêmicos junguianos conservadores (Baumlin, Baumlin, & Jensen, 2004, p. XIV).

A mediação das imagens arquetípicas ocorre por meio do pai pessoal visto que ele afeta o desenvolvimento do autoagenciamento. A filha forma o si-mesmo e sua personalidade por meio do conhecimento das atitudes e valores dele (Samuels, 1985, p. 24-25). Na interpretação junguiana clássica essas imagens e símbolos arquetípicos formam o núcleo central do complexo paterno. Ele pode representar qualidades arquetípicas positivas para uma filha, enquanto para outra pode representar significados negativos, dependendo da qualidade ou falta de interações entre eles e de seu relacionamento. A seguinte citação proporciona outra ideia sobre o arquétipo do pai e o impacto de seu funcionamento psicológico.

> Devido nossa cultura patriarcal, o ar que ela respira, os limites de sua consciência, o conteúdo de sua psique pessoal

inconsciente e o elenco completo da psique coletiva estão cheios do homem: sua imagem, história, definições, exigências, expectativas, necessidades, desejos, ameaça, poder, leis, religiões, deuses, dinheiro, e da imagem ambivalente e irreal que ele faz dela (Cowan, 2013, p. 12).

O pai é responsável por participar no desenvolvimento de laços emocionais e exibir a energia erótica correta sem dominar. Eros e o erótico podem ser interpretados de várias formas, mas de forma mais abrangente podemos dizer que significam energia de vida e relação com interconexão e interação baseado em respeito ao si-mesmo individual da filha. No entanto, muitos pais têm dificuldade, já que uma filha cresce ao estabelecer o Eros corretamente. A ausência do uso adequado do Eros na conexão entre eles a deixa confusa, como se tivesse feito algo errado ou ela mesma está errada, acaba confusa sobre sua energia libidinal para vida, sexo e relações com o si-mesmo e outros (Samuels, 1985, p. 31). Devido a sua posição e como ele a usa, o pai com o Eros incorreto envia mensagens ambíguas.

Na vida, e como revelado em sonho, o espaço ausente do pai pessoal significa que o arquétipo e seus símbolos podem se tornar proeminentes demais e se desenvolver em patologia. Uma falta de encaixe entre o senso inato de querer e precisar de um pai bom e o resíduo negativo e perigoso do pai ausente criam uma dissonância interna. Se o pai não é presente, a filha não consegue enxergar como ele se relaciona com um parceiro, como ele interage consigo mesmo, ele também não pode ser um bom espelho para ela. A filha precisa da figura pessoal do pai para mediar essas energias arquetípicas (Samuels, 1985, p. 27).

As qualidades incutidas com o arquétipo do pai são tradicionalmente aquelas de autoridade, ideais e valores, papéis sociais e culturais, poder (político e religioso) na família e cultura. Como patriarca, o pai é considerado invulnerável. Ele é retratado por meio das qualidades de vontade, intelecto, liderança e generatividade. Quando ele é bem relacionado e presente na vida da filha, ele repassa essas qualidades e ela aprende a modificá-las para se encaixarem em sua vida. Jung comentou que "Se for possível encontrar e reconhecer a conexão entre o problema pessoal e os grandes acontecimentos contemporâneos, haverá uma libertação da solidão puramente pessoal, adquirindo o problema subjetivo a amplitude de uma questão geral da nossa sociedade toda" (OC 6, § 118). "Com isso, atribui-se também ao problema pessoal uma dignidade que lhe faltava até então" (OC 6, § 118).

# 7

# Quem ela é de verdade? A personalidade "como se"

Em sessões de terapia, Tiffany explicou que se relacionava com pessoas com base em uma necessidade de agradá-las e de que gostassem dela. Ela não conseguia tolerar erros ou desaprovações. Como não teve muita orientação quando criança e com um pai ausente que, quando estava em casa, ela temia, Tiffany aprendeu como ser uma pessoa por meio de livros. Ela observava outros pais que moravam em sua rua e outras pessoas; aprendeu a não pedir por nada, a não esperar por nada, a não pedir ajuda, e se comportava como se não precisasse de nada. Ela apanhava de seu pai muito mais do que escutava ele dizer que a amava. Um pai sem capacidade para se relacionar com a mente e emoções da criança afeta diretamente o comportamento e emoções de uma pessoa (Knox, 2010, p. 132).

Tiffany viveu sem saber muito do espaço dentro de si que ninguém enxergava, um lugar onde ela se escondia nos cantos para se sentir segura. Ela olhava para fora frequentemente, vendo se era seguro, mas o medo vivia dentro dela, escondido onde outras pessoas não pudessem vê-lo. Vivenciou uma forma de isolamento de si mesma, das sensações de seu corpo e do imediatismo de suas experiências, deixando-a sem espontaneidade ou vivacidade. Desde muito cedo, decidiu que ninguém saberia desse lugar, e ainda era muito protetora desse espaço. Agora ela tinha um parceiro e uma criança pequena, mas a máscara começava a rachar sob a pressão do envelhecimento, as mudanças que notava em seu corpo e com a possibilidade de retomar a carreira. Essas inquietações e aflições foram suas aparentes razões para uma incursão em psicoterapia junguiana.

*Ela sonhou que seu pai colocou a mão em sua coxa com tanta força que a queimou até chegar ao osso. Marcada por esse toque, ela não conseguia lutar contra a insistência da mão dele. Mais tarde, ela pensou em preencher a ferida com concreto, mas como a ferida poderia ser sanada? O concreto tornaria a carne rígida, pesada e não mais humana.* A marca deixada por ele tornou-se uma ferida paterna, impressa nela para sempre. Embora emocionalmente ausente, a influência dele era opressiva e a pele dela não conseguia respirar no concreto. Apesar disso, ela não manifestou horror ou medo à imagem macabra do sonho, nem raiva ou desprezo pelo pai, mas passivamente aceitou isso como seu destino.

O sonho de Tiffany era pessoal, uma declaração de opressão, mas sem qualquer conexão de emoção. Poderia ser considerado como um retrato impessoal relevante para situações coletivas e culturais. O sonho do pai que proíbe, do pai maior do que a vida, desconexo, que força sua marca na filha que por sua vez não tem como resistir. "Parece-me mais e mais do que hereditariedade, é uma sedução do pai" (Masson, 1990, p. 212). No entanto, o mundo imaginário e dos sonhos também carregam guias para acessar potenciais por meio da abertura de feridas e espelhamento de mensagens do inconsciente que extravasam os limites da autodescoberta. O sonho deu a Tiffany uma forte mensagem sobre o que era inconsciente e o suprimiu. O sonho foi recorrente por quinze anos.

Tiffany disse que estava amortecida de tanto estresse. Estaria ela se referindo aos atuais ou antigos fatores de estresse? Ela não sabia, pois todos se misturavam um com o outro. Tiffany frequentemente ficava em silêncio nas sessões, não entendendo como expressar ou formular o que sentia. Bloqueada por dentro, ela rodeava o conflito, evitava o que chamava de sobrecarregar outros, não pedia por nada ou conseguia o que necessitava; era passiva. Ela não tomou muitas decisões e descobriu ser mais seguro desistir. Tiffany se preocupava se ofenderia alguém, que alguém a acusaria, se zangaria ou a humilharia, pois ela iria desmoronar caso acontecesse. A todo custo ela mascarava qualquer resposta emocional e pessoal.

Ela representou o que é referido no Livro da Sabedoria, o I Ching, como Hexagrama 18, chamado de "Corrupção" ou "trabalhar com o que se corrompeu". Há um chamado no hexagrama para corrigir "o que foi deteriorado pelo pai". Trata-se de enfrentar a realidade dos problemas, lutando na decadência, compreendendo os efeitos prejudiciais do pai que não está por perto. O hexagrama exige que a consciência aborde o negativo, limitando e eliminando padrões aprendidos sem a boa presença paterna. Na psicoterapia junguiana, Tifanny embarcou na dolorosa, mas recompensadora, jornada de criar uma imagem paterna conexa, auxiliadora e gentil.

## História da personalidade "como se"

Tiffany é um exemplo daqueles descritos pela personalidade "como se", que se originou com a psicanalista freudiana Helene Deutsch nos anos de 1940. Ela diagnosticou uma pessoa como um tipo impostor sem autenticidade, agindo de forma mimetista de outros (Solomon, 2004, p. 637). A própria Deutsch descreveu como "um espasmódico, se hábil, repetição de um protótipo sem qualquer traço de originalidade" (Deutsch, 1942, p. 303). Ela observou que "outra característica da personalidade 'como se' era que as tendências agressivas eram quase completamente mascaradas pela passividade, dando um ar de bondade negativa, de leve amabilidade com uma ausência de conexão de sentimento" (p. 304-305).

Este tipo de personalidade foi tipificado como inautêntica, embora social e capaz de assumir aparências esperadas, aparentemente capaz de cordialidade, mas com profundidade emocional atrofiada. Naquela época, esta personalidade era associada com alguém que não conseguia se envolver nem utilizar o trabalho interno de forma adequada. De acordo com Helene Deutsch, assim como a metodologia e o pensamento da época, esta pessoa era considerada psicologicamente inalcançável.

Hester Solomon, analista junguiana britânica, escreveu sobre este tipo de personalidade mais recentemente. Hoje essa pessoa não é mais avaliada como sem esperança e é acessível por meio de tratamento psicológico, compreensão e crescimento. Em um paralelo interessante e semelhante à dinâmica entre filha e pai, porém, o conceito e descrição da personalidade "como se" permaneceu um pouco negligenciada por parte da literatura de psicologia. Trazendo-a à tona aqui também em conexão ao arquétipo *puella* da psicanálise junguiana e a personalidade narcisista, ambos descritos em capítulos posteriores. O foco aqui está nos aspectos que ilustram como o pai ausente afeta e até mesmo degrada a personalidade da filha.

A personalidade "como se" é marcada por uma internalização da presença de um pai ausente e é associada com o sentimento de vazio. A falta de devoção maternal ou da experiência de um pai alfa afeta o desenvolvimento deste tipo de personalidade (Riesenberg-Malcom, 1992, p. 115). Embora não conscientemente reconhecida, a figura paterna é internalizada como negativa e dominante por meio de pensamentos e ações. A filha se perturba na autoagência, talvez desenvolvendo distúrbios alimentares, métodos de automutilação, vícios e fenômenos psicossomáticos e limítrofes (Knox, 2010, p. 132). A possibilidade de se identificar com o objeto bom de um pai lhe foi negada e a única opção é o investimento com o objeto do pai ausente. Muitas vezes essas filhas são sobrecarregadas com o peso da sombra dele, os aspectos não resolvidos do feminino e masculino e cumprir os papéis que ele prescreve. A liberdade dela de se separar se torna mais intricada quando ela não consegue se conectar.

A frase "como se" pode ser caracterizada por uma pessoa aparentemente confiante, mas abaixo da superfície habita uma fragilidade e sentimentos de fraude limitados por um muro impenetrável. A filha torna-se destituída ou ausente de relações emocionais para eventos internos e externos, além de pessoas. Além disso, ela é insegura e inundada com uma dura análise interna criada contra critérios impossíveis de perfeição. Ela parece ter um bom funcionamento, mas abaixo da superfície ainda acredita que não é e se sente desamparada e assustada.

A adaptação "como se" é um aspecto da psique, um com rupturas e desassociações formadas em defesa do si-mesmo ao ponto de a filha ser descrita como emocionalmente aflita (Solomon, 2004, p. 637). A desassociação interna desenvolve uma tentativa de sobrevivência, mas reflete que há um vazio onde os sentimentos e emoções deveriam estar. Exasperantes são as camadas ainda a serem descobertas por trás dos véus, espelhos e alegria vazia. Falta-lhe paixão, uma falta que é derivada dos desvios feitos em torno das profundidades em vez de em direção a elas. Em algum ponto, os eventos da vida a levam a parar abruptamente e dar um passo para trás para acessar seu si-mesmo central. Isso muitas vezes significa despir-se dos mecanismos por meio dos quais ela parecia sobreviver.

Uma estrutura interna benevolente permanece indisponível, evasiva e frequentemente sentida por não estar próxima. A mulher "como se" tenta esconder a mágoa, as tristezas guardadas dentro de si, e aparenta ter uma personalidade polida e coerente. Entretanto, todas as internalizações e identificações que ela adaptou do externo, e existem muitas, não previnem a ausência e vazio em seu centro que é sentido como algo primário (Solomon, 2004, p. 642). A filha "como se" não é real consigo mesma e nem com outros. O psicanalista D.W. Winnicott disse:

> o mundo pode respeitar sucesso acadêmico de um diploma de ensino superior e pode achar difícil de acreditar na angústia real do indivíduo em questão, que se sente "falso" quanto mais sucesso ele ou ela alcança. Quando tais indivíduos se destroem de uma forma ou de outra, em vez de uma promessa satisfeita, invariavelmente produz uma sensação de choque naqueles que desenvolveram grandes esperanças do indivíduo (1965, p. 144).

Uma filha assim aprende a ter um apelo brilhante, uma máscara que geralmente fomenta projeções positivas, mas as quais ela não vê nem aceita. A consistência do si-mesmo é porosa e o entendimento de valor próprio não se encontra dentro de sua alçada. Ela vive atrás de máscaras, sentindo-se pequena e precisando de isolamento dos outros que parecem ameaçadores e capazes de machucá-la. Tão temorosa por dentro, ela não consegue arriscar mostrar-se devido à apreensão de julgamentos negativos de estar incorreta, insuficiente e que carece de algo. Embora a máscara faça parecer que ela está presente quando não está, também a impede de conhecer a si mesma. A proximidade é alarmante. Ela foi machucada demais, banida, com medo, danificada e solitária.

Não incomum, muitas mulheres comentam sobre as forças internas interferindo, as limitações baseadas em estereótipos sexuais, sociais e pressões familiares, deixando seus si-mesmos distorcidos, disfarçados e em pedaços. Essas filhas apresentam *personas* unidimensionais e não estão vivendo de verdade. Esta existência de morte em vida é registrada "como se". Contudo, elas se mantêm seguindo as regras de acordo com o pai e suas convenções. Essas são as mesmas coisas que minam o espírito.

## Um sonho revela

Durante o processo terapêutico Tiffany descreveu o seguinte sonho: *"Estou com novas pessoas e um homem está olhando para mim. Começo a desviar meu olhar porque estou desconfortável e imagino como olhar para ele. Então vejo que ele tem uma luz azul vindo de sua testa no lugar do terceiro olho. Como a assistir a uma peça, uma cena começa e vejo meu pai. Percebo que este é o momento de quando era criança em que ele começou a melhorar pelo que eu fazia porque precisava negar meu medo dele e ignorar esses sentimentos. Então a cabeça se fecha e eu acordo".*

Com o sonho ela obteve o conhecimento anteriormente negado que seu pai não era a pessoa que ela desejava que ele fosse, uma verdade que ela não queria admitir. Havia ambivalência, já que ele procurava ser especial com a luz azul em sua testa, mas seu olhar era desconfortável. Por quê? Como muitas filhas aqui, o questionamento de Tiffany sobre a relação teve origem anos mais tarde, pois só então ela conseguiria reconhecer que ele não era o pai que ela inventou. O sonho trouxe à tona seus desejos latentes para que ele lhe desse segurança, conforto, direção, compreensão, apoio e proteção, mas mostrou que ela não o faria. O sonho demonstrou o empobrecimento do si-mesmo, atribuído a experiências traumatizantes primárias com o outro almejado e idealizado (Solomon, 2004, p. 639). Ensimesmada, Tiffany gradualmente descobria o material anteriormente afastado à força, submergido e ignorado.

Contudo, o risco de encontrar o seu si-mesmo verdadeiro parecia assustador. O sistema dela não tinha experiência em estabilizar ou harmoniosamente ordenado (Dieckmann, 1085, p. 223). Ela sentia ansiedade e facilmente oprimida. Buscando a proteção e segurança que não sentia dentro de si, ela precariamente mantinha-se no controle com comportamentos repetitivos e rotinas. A vida foi marcada por desconfiança de outros e sentimentos de incerteza de aceitação. Conforme essa camada era retirada na terapia, Tiffany estava diante da tarefa de desvendar as complexas questões paternas até agora negadas.

Tiffany se envolvia no egresso do presente, escapando para sonhos do futuro. Isso a preservava das decepções antecipadas próximas à superfície e a impediu de centrar-se na realidade. E depois, bem repentinamente, foi arremessada ao presente, foi-se seu chão e ela foi deixada na poeira (Hillman, 1989, p. 26). Essa queda a surpreendeu e a aborreceu, mas era necessário para fundamentá-la e torná-la o que é por dentro. Ainda assim, ela viveu "como se" na Terra do Nunca, um lugar de adiamento infinito e meia identidade (Solomon, 2004, p. 639), adormecendo na terra dos quase vivos. Para evitar ansiedade, insegurança e conflito, sua mente se fechava. Mulheres como Tiffany se envolvem apenas parcialmente, permanecem emocionalmente indisponíveis, a maioria para si mesmas, incapazes de se comprometer ou encontrar sua profundidade, significado ou contentamento. Seus talentos existem, mas a realização destes muitas vezes continua evasiva.

A angústia ocorre quando os métodos externos que antes funcionavam para conter a personalidade estão exaustos e as reservas internas entram em colapso e não são mais sustentáveis. Algo é interrompido. A coragem acaba. Estas são as defesas falhando conforme ela atinge o limite e não consegue mais sustentar o engodo emocional, ou máscaras de coragem. Para muitas, isso traz à tona mudanças físicas e/ou psicológicas, geralmente acompanhadas de alarde. Sem a figura do pai para confiar ou que fornece segurança, Tiffany teve que crescer rápido e negar as necessidades emocionais de sua infância fazendo-as ressurgirem na vida adulta. Uma falsa maturidade cobria um estado mental infantil. A imaturidade derivada de cuidado insuficiente. A falta de atenção e de atitudes amorosas do pai em relação aos interesses intelectuais e criativos dela plantaram as sementes para que a filha se sinta insuficiente e incapaz. Desenvolver um sentimento de valor depende de ter um pai que sorri, reconhece, escuta com paciência, encoraja e apoia. Esses são os lugares desejados, temidos e tão vulneráveis, que são antecipados para desaparecer, ou simplesmente nunca aparecer. Um conflito interno se segue entre esperar e não conseguir. Tiffany poderia apenas se tornar mais e mais velada na adaptação da *persona* do que ela achava ser desejada em vez do que ela queria. Esta mulher "como se" parece ser vazia, principalmente para si mesma, antecipando que a falsidade seja descoberta e que ela será descoberta como insuficiente e impostora. Tiffany sentia e reconhecia o artifício, tensões e sua frágil estrutura emocional. Ninguém podia ver seu verdadeiro si-mesmo, mas ela mesma não sabia quem esse si-mesmo era. Se ela permanecesse na superfície, poderia continuar sem encontrar estas questões.

Fazer isso significava travar uma luta com seu corpo. Olhando para ela, vê-se uma mulher calma e resolvida, mas com o tempo vê-se que ela parece estar sobreposta e a personalidade acabada uma espécie de dupla exposição. Camada após camada de obscurecimento impedem de conhecê-la, pois ela contínua e inconscientemente se esquiva. A máscara cuidadosamente criada esconde as perdas, alimenta a fervorosa atividade e faz parecer como se ela não precisasse de nada nem ninguém. A experiência sem um bom pai a deixa compulsivamente buscando ideais, talvez por meio de drogas ou álcool, alterações corporais, realizações e outras manifestações externas; como se essas coisas pudessem ajudar a mascarar o que é real. Por trás de tudo, as ações também são impulsionadas por pensamentos e comportamentos negativos e exigentes, o que significa inquietação interior. Tiffany manteve a crença irritante que não conquistou o bastante, visto que a dolorosa solidão impulsionou mais realizações, mas não permitiu intimidade com o si-mesmo e com outros. Infelizmente, ela duvidava que alguém pudesse ou quisesse conhecê-la; e estava cansada de tudo.

Ao executar uma *performance* e agir "como se", as necessidades de amor e atenção são ofuscadas em uma encenação do si-mesmo e de outros (Solomon, 1004, p. 639). Esta é a máscara que muitas usam, muitas vezes inconscientemente. Não é de se surpreender que a filha não se sinta autêntica e removida da vida. O que parece ser autoabsorção é, na verdade, uma defesa contra intimidade e reflexão interna. Ela exala um vazio e falta de amabilidade porque o genuíno da experiência interior está faltando, incluindo a capacidade de amar (Sheehan, 1004, p. 413). Amar é ser vulnerável e aberto, é confiar, enfrentar os riscos e possíveis rejeições, também é ser visto, mas estes eram insuportáveis para Tiffany. Sentindo-se incapaz de ser amada, ela vivenciou vergonha com base na convicção de que não era boa o suficiente. Acreditando que não merecia ser amada, pois era doloroso e evitava a possibilidade dessa dor (Von Franz, 2000, p. 8). Evitar o amor e amar outro resultou em uma falta de comprometimento e despersonalização. Essas filhas habitam "como se" no crepúsculo, não diferenciadas, geralmente ansiosas, e com medo de desmoronarem, mas não conseguem admitir a profundidade da apreensão, nem encontram suas causas (Seligman, 1985, p. 70).

Ainda assim, Tiffany começou a ouvir e respeitar os ruídos internos. Ela continuou na terapia e insistiu, descobrindo a vida de sua personalidade. Nas palavras de Rumi, "Saia do emaranhado dos pensamentos de medo. Viva em silêncio. Deixe-se fluir nos sempre amplos anéis do ser" (apud Collopy, 2002, p. 109).

## A *poseur* – uma impostora

> Conhecer a harmonia é resistir
> Resistir é ser iluminado
> *Tao Te Ching* por Lao Tzu: Verso 55.

---

Na primeira sessão, uma mulher chamada Sydney exibiu um talento para ser dramática aparentemente direcionado a afastar outros. Ela tinha uma aparência impecável, era articulada, com compostura e confiança. Havia indícios que uma transferência, provavelmente semelhante ao que ocorreu em outras relações, poderia continuar natimorta e a conexão pessoal não totalmente formada. Ela exalava uma qualidade desvinculada e alerta, distante e desanimadora. Sydney parecia preocupada, como se habitasse em um lugar barricado contra qualquer outra pessoa.

De fato, muitas sessões depois, Sydney revelou que chamava sua apresentação de "a *poseur*" [uma impostora], pois frequentemente sentia-se como uma fraude, preocupava-se em ser percebida como não autêntica. A palavra *poseur* simula o termo junguiano da *persona*. A *persona* é nossa apresentação externa e pode ser fortemente influenciada por expectativas sociais. A *persona*, como uma autoexpressão precisa, revela integridade pessoal e expressa autenticidade. Embora possa refletir a verdade, para Sydney a *persona* perfeita e atraente era um disfarce necessário no qual ela confiava para envolvê-la em uma aparência de segurança. A defesa dela era se isolar e seccionar ainda mais, segregando uma parte da mente da outra, mas deixando pouca energia para uma realização verdadeira.

Sydney escondia as depressões severas e periódicas, ataques a si mesma e os momentos em que excluía o mundo. Seus parceiros eram abusivos, pois ela não conseguia impedir as pessoas de se aproveitarem dela. Isso acontece quando um pai ausente impede a transformação. Sydney aprendeu a reduzir sua necessidade de ser compreendida e valorizada pelo pai, um homem que foi ausente em sua vida até que o encontrou nos primeiros anos de sua vida adulta. Ele foi embora quando ela era uma criança, sem explicações do porquê e nem onde estava. Ela foi barricada da verdade. Sentiu que algo devia estar errado com ela para não ter uma presença ou amor paternal.

Quando o encontrou, ele não deu nenhuma explicação por não a reconhecer por todos esses anos e ela não o questionou. A partida dele permaneceu um mistério. Durante sua infância, ela ansiava por ele secretamente no que chamava de "mente melancólica". Sem um pai, ela passou por alienação e desigualdade dos outros, sentiu-se condenada a uma solidão indescritível. Não conseguia se libertar do manto da depressão. Se seu pai não a queria, quem iria? Aqui ela retratou o triste e solitário deslocamento depositado nela pela figura paterna inalcançável, mas que ainda pairava sobre ela.

Durante o processo terapêutico, Sydney teve poucos sonhos sobre o pai. Ele era muito presente em sua mente consciente e tão reprimido que não havia muito para o sonho comentar. Este é um sonho do qual ela se lembrou: *"Estou chegando ao fim de uma maravilhosa visita ao meu pai. Ele vive em uma linda casa com todo tipo de animais, incluindo falcões treinados. Estou me preparando para ir embora, estou agitada e colocando todos os meus presentes em um saco de papel para que não desapareçam. Tive um sonho prevendo o final de minha visita, sua esposa apareceria e interromperia toda alegria. Meu pai é jovial e feliz, como o velho Rei Cole*[2]*. Ele está vestido com uma capa para ir a uma festa e me pede para ajudá-lo a procurar sua coroa. A festa é em sua honra, um evento anual na casa de um vizinho onde o coroam. É uma piada, mas ele está muito feliz. Sua esposa ainda não cumpriu meu sonho profético, mas acredito que acontecerá a qualquer momento".*

No sonho, o pai lhe pede para encontrar a coroa referindo-se a sua posição como aquela que assegura a posição dele

---

**2.** O *Velho Rei Cole* é uma canção infantil de 1708. A canção descreve um alegre e velho rei que pede por seu cachimbo, tigela e músicos [N.T.].

como rei. Este pai mascarado de rei induziu fortes lealdades em sua filha. De acordo com o sonho, Sydney pensava em deixá-lo, mas também queria seus presentes não percebendo que havia um preço muito alto por eles. Nenhum deles era apenas presente, sempre havia condições, mas Sydney ignorou esse fato. Ela teria que sacrificar algo para se libertar do feitiço dele. O sonho continha outros sonhos, acentuando conhecimento, mas estava envolto por camadas de material inconsciente. O sonho conferiu a ela a realidade de que o pai tinha uma esposa e ela deveria cortar a conexão erroneamente serena entre eles.

Ao ser fiel a um pai emocional, física e criativamente, a filha pode se tornar demasiadamente identificada com o mundo masculino e ignorar seu próprio mundo. Sydney estava insegura em atender às qualidades de sua mente, mantendo-se pequena e seu pai grande. Pensava que ele teria mais conhecimento e poderia guiá-la, embora nunca tenha feito isso e ela não tinha como comprovar suas suposições, tinha apenas seu anseio e a necessidade de mantê-lo por perto e que fosse bom para ela.

As tarefas terapêuticas de Sydney envolviam descobrir as negações que impediam seu conhecimento, as fantasias que protegiam e os vínculos que inibiam papéis. Ela expressava cautela sobre o que chamava de abismo, preocupada que talvez caísse nele. Como ela mesma disse:

Estou descobrindo que não posso mais juntar forças para continuar caminhando pelas mudanças vazias. A antecipação de mais anos de vazio e letargia é intolerável. A exaustão com essa rotina traduz uma vontade profunda e permanente de simplesmente deixar de ser.

Tinha apreensão sobre alguém se aproximar, pois assim as não tão belas verdades seriam percebidas. Esta é uma marca registrada da personalidade "como se" e, em reação à personalidade, forma o que pode ser chamado de um *espaço bolso* ou *espaço psicossomático* (Solomon, 2004, p. 649). Este lugar reside entre a grande personalidade e segregado na área "como se". A personalidade é afetada e lentamente devorada, corroendo de dentro para fora. Muita energia psíquica é gasta evitando esta área até que uma ruptura psicológica e física ocorra e destrua a máscara.

Sydney exibiu aspectos somáticos semelhantes como visto na personalidade "como se", tal como ganho ou perda de peso, doenças autoimunes, alergias e desconforto corporal geral (Solomon, 2004, p. 649). Ela descreveu vezes em que apenas comia, usava drogas e dormia, sem ímpeto pela vida e envolta na escuridão. Constantemente derrotada por pensar que nada faria diferença, isso significava que ela simplesmente existia. Ela admitiu não realmente saber como cuidar de si mesma, como seria isso, nem tinha memórias de cuidado pessoal além do básico. Ela certamente não recebeu nada do pai.

A ausência do pai colocou Sydney em um dilema. Faltando-lhe o básico, ela admitiu precisar do que ela chamou de "manual da pessoa normal". Jean Knox explicou isto da seguinte forma:

> A fim de ser amável e amada, ela deve deixar de existir, portanto, deve destruir toda sua vivacidade em uma luta constante contra ser quem ela é. Este conflito e resistência se tornam um tipo de tortura particular. Por outro lado, experimentar-se como uma pessoa real, com um senso de si mesma e uma capacidade de fazer suas próprias escolhas, traz o risco de uma retaliação violenta [...]. É um impasse insolúvel que eventualmente leva a filha a um estado de desespero. Amar significa existir e desejar ter sua própria existência independente reconhecida e correspondida pelo outro amado (2007, p. 544).

Na terapia, Sydney trouxe passagens favoritas de livros que lia para compartilhá-las, com a ideia de ser compreendida e de ter sua vida testemunhada.

Sydney descreveu ser uma substituta, especialmente em relação à sua mãe, que era supostamente a mais bela de todas e sedutora para os homens. Em relação aos homens, ela sentia que não conseguia se igualar a essa maravilhosa mãe e, é claro, em ter o homem que queria: seu pai. Ela escreveu sobre a desintegração do si-mesmo e o silenciamento de sua voz, descrevendo o seguinte em seu diário:

> Esta é uma mulher que viveria dentro de si, fazendo de seu cabelo um telhado comprido e sombreado, seus olhos a porta do porão, o espaço entre suas pernas uma janela entreaberta onde apenas o mais tenaz dos ladrões poderia entrar. Essa mulher seria de pedra, colheria sua própria comida em um lugar úmido. Ah, e olhe isso, bem no rosto, imaginando se pode ser aberta. Ela decide que não pode. Imagine essa mulher se desintegrando como um papelão.

A experiência subjetiva de Sydney refletia um amortecimento psíquico da falta de conexão do pai. Era "como se" ela fosse apenas a imagem sobrepondo o real. Sydney se descreveu como uma artista. Ela sabia que atuava, mas uma atuação da qual podia depender e deixar, sabendo da cavidade no centro de si mesma. Sydney imaginava se algum dia recuperaria a centelha que pensava ter conhecido um dia. Ela se agarrava ao seu namorado, desesperadamente desejando que ele a conhecesse. Queria que ele lhe fizesse perguntas, que fosse emocional e aberto às suas muitas frustrações. Ela se preocupava com o que aconteceria em um futuro com ele. Sentia-se mais como uma boneca que deveria fazê-lo feliz, fazendo quase de tudo para escapar de sua antecipação de abandono e declínio.

Sydney, porém, era ambivalente sobre aceitar o amor e tentar reduzir sua fome por amor. Não conseguia processar seus afetos ou lidar com sua intensidade. Havia uma fissura de autoentendimento dificultada por não saber como verbalizar ou atender suas necessidades. Os esforços de Sydney eram direcionados a agradar outros com uma *performance* e, se parasse, o que faria? Portanto, ela tinha que agir "como se" fosse real quando se sentia uma ficção de si mesma (Sheehan, 2004, p. 420).

Sydney questionava o sentido da vida, disse que sua estruturação estava errada. Embora tenha conquistado muito em muitas áreas, sentia-se humilhada e passou a contar uma experiência recente em que caía e ralava os joelhos; com surpresa, percebeu que estava sem equilíbrio. Ela relatou sentir-se despreparada, precisando aprender mais, ler mais livros e se inscrever em mais cursos. Mas quando os completava, não usava as informações aprendidas, não conseguindo aceitar a competência, deixando tudo guardado em uma prateleira. Antecipando ser roubada, manteve suas posses especiais escondidas. Esses bens materiais eram como seus bens psicológicos; preciosos, mas nunca usados. Sem direção primária ou a proteção de um pai, o que era seu parecia frágil, sujeito a desapropriação e sendo levada para longe pelos outros.

Com o passar dos anos, Sydney ia e voltava ao trabalho terapêutico junguiano, cada vez estimulada por problemas e moléstias emocionais e físicas. As perdas e desespero afetavam seu corpo e alma, pareciam intermináveis e era como se seu sistema pudesse entrar em colapso sob o peso dos fardos psicológicos. Muitas mulheres sem pais estão "em um estado entre o que temem em suas próprias mentes e o que temem no mundo externo" (Solomon, 2004, p. 639). Há uma necessidade do ilusório e do mundo desejado para compensar o peso da ansiedade generalizada.

## Uma vida parcial

A personalidade "como se" envolve "a dissociação defensiva de experiências primárias pela internalização da presença de um objeto ausente, criando a ideia de um vazio interno no núcleo do si-mesmo" (Solomon, 2004, p. 635). Essas pessoas são emocionalmente indisponíveis, principalmente para si mesmas. Esta constelação psicológica se manifesta em várias formas de narcisismo e ódio direcionados a si mesmas. A negligência paterna, abandono e falta emocional dificultam amor ou cuidado constantes direcionados a si mesmas. Na verdade, há uma paralisia de espontaneidade e a personalidade "como se" é desprovida de entusiasmo sustentável, temendo quaisquer surpresas.

A filha se tornou a falta do pai, uma ausência tão notável que a deixou sem acesso ao seu verdadeiro si-mesmo (Solomon, 2004, p. 641). Para compensar e esconder a perda, atos de criação própria ocorrem por meio de uma série de identificações e internalizações com outras fontes de cuidado do ambiente, como uma necessidade de realizar algo, a aparência perfeita e a pressão de ultrafuncionalidade. Estas são tentativas de substituir o que a filha sente que deve ser construído em volta da ideia do vazio interno (p. 641).

Sem um apego seguro a uma figura paterna, a identidade própria é compensada com mimetismo e falsidade. Estes indicam que conexões com o núcleo estão à deriva. A vida é reduzida a ilusões e em encobrir o que parecem ser confusão, uma dor maçante e falta de animação. A filha sente uma falsificação, reagindo a partir da aparente afetividade e vivendo uma existência falsa. Ela precisa de excelência, que gostem dela, até mesmo ser adulada, ter objetivos impossíveis que não irão compensar o vazio quando o pai não está por perto.

A mentalidade de rápido movimento na cultura ocidental é replicada na personalidade "como se" que aprende a contornar os fundamentos. A abordagem metódica e calculada é insatisfatória. Parece entediante, como escolher feijão. Falta-lhe paciência e ela se sente incapaz de se aprofundar nas questões. Olhando rapidamente de um tópico para outro, ela evita os mais profundos fundamentos para compreender emoções incômodas.

Além do mais, visto que a vida parece etérea, ela a adia. A vida parece precária e ela tem dificuldade em encontrar sua posição. Há uma pressão para se ter sucesso todos os dias, até mesmo nos menores detalhes, e nenhum deslize é permitido. Ela despenca se cometer um erro e sua vida parece correr por trilhos estreitos. Para compensar, ela é vigilante ao tentar discernir com cuidado e precisão as necessidades dos outros. Para ela, responder com a verdade, ou ser verdadeira, mostra uma dependência que desde o princípio aprendeu a ver como insegurança e não permitida. Não havia lugar onde encontrar conforto, nenhum pai protetor para ensiná-la, nada sólido no que confiar. A apreensão e insegurança a mantêm na superfície, em uma existência de sonho, atuando em um papel memorizado.

Para ofuscar sua angústia interna, ela precisa de uma concha brilhante, pois seu interior e exterior estão desesperados. Há evidências em alguns de seus comentários:

Não posso aceitar o fato de que sou quem sou. Meu trabalho não é bom o bastante. Não me lembro do que fiz, senti ou pensei ontem. Não quero que as pessoas fiquem bravas comigo, pois não suportaria.

Mais e mais ela se desconecta emocionalmente. As autoimagens negativas ocorrem dia após dia, afirmando a mensagem de que a vida é um desastre, não uma celebração. Sem um espelhamento interno preciso, ela avalia a si mesma como ou inferior ou superior aos outros.

Na terapia, essa filha precisa de cuidado para ir além do verniz da *persona* tensa de atitudes grandiosas. Esse tipo de filha muitas vezes tem um ego frágil, sente-se diminuída e presa no que não teve com o pai. Resistente à mudança, ela tem dificuldade em administrar o espaço entre o que já era conhecido e previsível, e o que será e permanece um mistério.

Eventualmente, o chamado do inconsciente começa e emerge dos locais não abordados. A vida não pode mais ser evitada ou escondida com perfeccionismo e objetivos do ego para aprovação externa. Isso envolve reconhecer a conexão perdida com o corpo e desatenção com os mecanismos da vida diária. Recuperar a si mesma é um processo que requer um mergulho ao inconsciente. Aproximar-se do si-mesmo desperta uma sensação de ser real, dando significado à existência pessoal com efeitos benéficos na psique e no corpo.

## O lugar destruído

Quando um pai é muito distante, a filha pode se tornar inibida, assustada e incapaz de acessar agressividade e afirmações saudáveis. Quando a figura do pai não tem limites e é, ou o que tudo dá, ou um disciplinador rígido embutido em uma estrutura de autoridade distante e pressentida, a filha não foi pessoalmente tocada pelo masculino. Isso se torna um padrão de vida, facilmente penetrando no roteiro de inferioridade com a agressão voltada para dentro.

Anos atrás, uma mulher chamada Sophia, um composto de muitas mulheres, com cerca de 40 anos e divorciada, começou uma análise junguiana. Após muitas sessões, adentramos a paisagem de sua psique; aprofundando na relação perturbada com seus instintos naturais físicos e emocionais. Sophia descreveu a terapia como um abcesso na dolorosa descoberta de decepções, obscuridades, mistérios e lágrimas. Foram abordadas, sessão após sessão, as reações, percepções, pensamentos, ideias e emoções que ela não havia reconhecido com ninguém. Escutamos cuidadosamente e seguimos seu ritmo.

Não havia muito amor entre seus pais, que mascararam o relacionamento por anos até que foi revelado que o pai era homossexual, o que não era permitido pela religião da família. A distância emocional da mãe e a falácia do pai sobre sua sexualidade e sua ética de trabalho ilícita criaram uma fundação de desconfiança e insegurança, afetando o corpo e psique de Sophia.

Sophia assiduamente seguia os ensinamentos religiosos do pai e da família até que deixou a Igreja no fim dos 20 anos. Olhando para trás, sentia que sua alma estava desconectada e as regras do rigoroso pai e da Igreja desprezaram sua essência. Internalizando esta forma do paternal, o que restou foi uma divisão interna que surgiu das defesas da psique no início de sua vida, protegendo o si-mesmo da dissolução (Solomon, 1998, p. 229). Esses tomaram a forma de obsessões e pensamentos compulsivos de perseguição de si mesma, gastando muito dinheiro, se preocupando com calorias e pressão de desempenho em seu trabalho como radiologista.

Sophia ansiava estar em um relacionamento, mas via a si mesma como falha, e o medo e desconfiança de sua natureza física e sensual resultou em isolamento e alienação. Para sobreviver, externamente se endureceria emocionalmente enquanto sua paisagem interna recuava. "Para a mente racional, o que é percebido como uma falha é, muitas vezes, uma chave profundamente misteriosa para o segredo da vida individual [...]. Quando quebramos em patologias as fraquezas humanas à nossa maneira implacável, tentando subjugar e "purificar" a vida, matamos a vida" (Hinton, 1993, p. 58).

Um pai é ausente por ser inconsciente de si mesmo e de sua filha. O pai principalmente interessado em si mesmo esmaga as iniciativas da filha e recusa seus desafios. A infância de Sophia não sustentou seus fundamentos instintivos, emocionais, intelectuais ou físicos. A distância e desconexão de seu pai podem ser vistas em uma história contada por Sophia sobre quando ela era adolescente e ficou com uma faca presa em seu pé durante um jantar. Ninguém notou, visto que ela cuidadosamente saiu da sala com a faca em seu pé ensanguentado. Ela se lembra de tentar andar como se nada estivesse errado para evitar a censura e ser acusada de querer atenção por seu pai.

Em um dos primeiros sonhos que Sophia abordou na terapia, *ela era transportada da cidade, que significava as raízes de sua religião. Era carregada por uma grande procissão porque suas pernas eram garrafas de cerveja congeladas. As pessoas a levavam para o sul, onde ela vivia e onde suas pernas descongelariam.* Na terapia, ela periodicamente voltava a esse sonho, pois parecia simples para seus problemas e soluções. Ela associava a cidade do sonho com a lei da Igreja patriarcal, as origens vazias de sua vida com vínculos emocionais do pai e seu foco na Igreja e não nela. Cerveja era proibida nesta religião, mas ela a bebia agora, e as pernas de cerveja representavam um ponto de vista espiritual, fálico e sexual. Isso tudo foi congelado pela religião, alinhado em sua mente com seu pai frio e antipático. Como o sonho mostrou, a adaptação de Sophia do amortecimento psíquico era uma forma de dessensibilização ou diminuição da experiência. Tentando ser normal ou se encaixar de acordo com um pai cujas regras e religião ele enganou e violou enviou mensagens confusas para Sophia.

Sophia inconscientemente puxou do pai os segredos sexuais e desejos não permitidos pelas escrituras religiosas. A falácia do pai produziu um desconforto em Sophia e ela enterrou parte do ego em sua necrópole paternal. Para ela, isso se traduziu como a percepção que ela deveria ser falha e inaceitável, como ele. Sophia pensava que não podia ser amada e deveria diminuir o anseio por amor até não o ter mais. Tinha vergonha quando se aproximava de alguém, pois sua falta de valor, carência e insegurança quanto aceitar ou proporcionar amor seria exposta. Ela aprendeu a negar a si mesma com a falta de cuidado e amor paternal insuficiente. Estas são as falhas psicológicas que criam a incapacidade de amor ou aproveitar seus próprios talentos (Green, 2001, p. 176).

Para que pudesse sobreviver, Sophia baseou suas interações em regras que criou sobre quem deveria ser. Um dos propósitos da investigação terapêutica é curar as fendas que caracterizam o consciente e inconsciente pessoal e coletivo com um imperativo espiritual. Viver como parte do todo começa a partir da realidade que somos participantes dela, somos parte do cosmos e estamos interconectados. Para Sophia, sua jornada na natureza se tornou algo como esta participação cósmica, pois não teve nenhuma com seu pai. Sophia ganhou um senso de identidade enquanto estava sozinha nessa jornada, às vezes em território perigoso, enfrentando os elementos e desconforto físico. Ela foi restaurada na natureza árida e, ao mesmo tempo, desejava estar com alguém que amava.

## Um sonho recorrente

A psicologia analítica junguiana considera a psique como um sistema autorregulatório semelhante ao corpo que mantém seu próprio equilíbrio. De forma semelhante, uma adaptação muito extrema requer, inevitavelmente, compensação, trazendo o inconsciente a uma relação com a consciência. Sophia relatou um *sonho recorrente no qual um homem a perseguia por, ao redor e através de prédios. O sonho acontecia em paisagem urbana: tumultuada, impessoal, caótica, concreto ao redor e amorfa. Ao longo do sonho, ela se escondeu e se esquivou, sabendo que mesmo não sendo pega, o homem poderia apanhá-la.* Esta cidade pode representar a distância, as estruturas de concreto, a frieza e a falta de reação empática do pai. Discutimos o homem do sonho como um aspecto de seu pai e partes da sombra que ela não conseguia enfrentar.

O que mais podemos compreender deste sonho? A aridez pode representar a forma como ela se sentia internamente. O homem desconhecido que a perseguia pode representar os outros, tanto dentro como fora, a perseguindo (como a cultura patriarcal, sociedade, família e religião desprovida de espírito e vida, fria). Sophia era o perseguido e perseguidor, se esquivando e fugindo.

A imagem do sonho também revelou muito do que era presente na psique dela (como evitava buscar ajuda); ela estava sozinha e se endurecia para superar as coisas e cada vez mais escapava das ameaças. Isso replicava o que pode acontecer quando não há experiência com um pai envolvido. Sophia não esperava ser ajudada, presumindo que ninguém a entenderia, muito menos que se importariam com ela. Nesta imagem de sonho, temos uma ideia do que é tanto ausente como presente, a psique com dificuldade de ser ouvida e vista, mas ainda assim assustada. Para Sophia, era um risco ser exposta como humana e vulnerável, pois aprendeu com um pai que enganava, guardava segredos e era ausente.

A falta emocional e física, e a tristeza consequente, afetam o reino imaginário e a entrada simbólica precoce que a criança não consegue nomear o que perdeu nem o que lamenta ter perdido. Para Sophia, a presença paterna e experiência de ser vista ou ressoar com algo era quase completamente estéril e, posteriormente, vivenciou o mundo como algo que lhe oferecia pouco.

## A defesa do "como se"

Uma estrutura defensiva fechou Sophia em um combate interno, e os ataques dela a si mesma eram cruéis e a deixavam dilacerada. Ao negar e rejeitar partes de si, ela permaneceu invisível, com um sentimento de estranheza até para si mesma. O amortecimento emocional de Sophia era sobreposto com vulnerabilidade, ilustrado pelas lágrimas derramadas durante a terapia, embora sentisse vergonha delas. Sua tristeza representava uma expressão da profundidade da ferida, a profunda perda de um pai que não foi presente. A tristeza se tornou seu objeto emocional de apego. O começo ideal em um ambiente acolhedor e amoroso com um pai nunca aconteceu com ela. Estes eram os sentimentos de solidão e "desconexão" que experimentava quando estava com outras pessoas.

Quando os instintos se tornam autodestrutivos no início da vida, falta ao ego coesão e este cai em pedaços. A ansiedade e o sentimento de ter sido destruída de dentro para fora é o que resta e, muitas vezes, Sophia não conseguia pensar, sentir ou encontrar uma direção. Às vezes ficava aterrorizada, descrevendo a solidão pontuada por choro incontrolável ou comendo sorvete e biscoitos descontroladamente. Sua psique e corpo clamavam pela falta de ressonância, o anseio por amor não correspondido, a negligência e a insuficiência emocional. Ela pensava que os outros não compreendiam esse lugar psicológico como um abismo que a separava deles. Frequentemente, Sophia era bombardeada internamente pelo que deveria ou não fazer, fossem exercícios, um café, trabalho ou leitura. Nunca sabia o que queria. Sophia chamou este lugar de "lugar destruído", onde as regras tinham que substituir o si-mesmo espontâneo no qual ela não confiava. O si-mesmo não era emergente, mas sim fragmentado, dissipado e apagado.

Sophia vivia "em uma prisão solitária do si-mesmo [...]. Havia um medo de se abrir para outra pessoa e correr o risco de aniquilação psicológica" (Solomon, 1998, p. 228). A falta de devoção paterna significava que o desdobramento do si-mesmo se deparava com um local cercado vazio, hostil ou inadequado e ela se sentia invisível e/ou nocivamente relacionada a ele. Seu si-mesmo buscava uma estrutura interna benevolente e criativa, mas também não conseguia acessá-la.

Por muito tempo Sophia parecia incapaz ou relutante a entrar em contato com esses lugares internos. O psicanalista francês André Green interpretou esta situação como uma pessoa que necessita do recipiente do analista para que o conteúdo seja apresentado. Segundo Green, tanto analista como analisado presenciam como o objeto ruim continua a ser ressuscitado e ambos estão diante do vazio que retorna camada após camada de negligência emocional ser removida (1986, p. 42). A transformação do si-mesmo precisa desse espaço interativo para que o analisado possa começar a se abrir com segurança.

A aparente necessidade de Sophia de não ter vínculos e ficar sozinha para poder se encontrar era paradoxalmente misturada com uma incapacidade de se envolver consigo mesma. Isso vinha de um fracasso no ambiente acolhedor do pai, pois havia pouca constância estabelecida em seu mundo. Como opinou Arnold Modell, psicanalista americano: "as interações traumáticas sem um cuidador paterno inicial foram replicadas em uma relação com objeto internalizado igualmente traumática, deixando em seu rastro o verdadeiro si-mesmo que espera ser encontrado" (1996, p. 86). Em vez disso, um si-mesmo grandioso oferece uma proteção mágica e um si-mesmo independente e onipotente não precisa de outros como compensação pela ausência de segurança (p. 88). A perda de contato com um si-mesmo autêntico pode resultar no afastamento de outras pessoas. Afastada de um núcleo afetivo, a vida parece sem sentido, vazia e fútil; Sophia não apenas se sentia como uma estranha com seu pai, mas também era o receptor de suas deficiências emocionais e amor inacessível. Sua psique e corpo choravam, possivelmente pela falta de reflexão e anseio não correspondido. Sophia descreveu uma estranha sensação de ausência na presença do outro. Ela se sentia como uma concha, cobrindo o que descreveu com uma fenda, um vazio persistente e agonizante no cerne de tudo. O efeito de longo alcance da negligência do pai significava que Sophia desdenhou e negou seus instintos físicos que se tornaram repletos com sentimentos negativos quanto ao corpo; também estava consternada e envergonhada sobre sua sexualidade (Modell, 1996, p. 76). Essa divisão ou parcelamento do si-mesmo vinha acontecendo há muito tempo. Era como uma experiência de fragmentação, um sentimento de ser encurralada, uma sensação de pavor indescritível, de desintegração, a incapacidade de suportar a ausência. Uma conexão com outros era ameaçadora, ela antecipava crueldade, era bombardeada com sensações demais e não tinha tempo de compor seus pensamentos e reações. Ela buscava o que chamou de "precisar de alguém para lhe completar".

Ansiedade e o sentimento de ser destruída de dentro para fora é o que resta quando não há um pai. Dúvidas de desespero podem se tornar insuportáveis e a vida parece brutal. André Green nomeou esta situação emocional de *luto em branco* e a alinhou com o vazio (1986, p. 146). Também pode ser associado com o complexo paterno negativo. A filha sobrevive à negligência emocional e à tristeza, mas pode não conseguir enfrentar o amortecimento progressivo da vida. Entre o luto e a perda, o anseio pelo pai não diminui.

A ausência indica um lugar vazio a ser preenchido. Isso acontece por meio da recordação do que foi perdido e prejudicado, um processo de cura individual e coletiva. As repressões, desalinhamentos e falta de desenvolvimento do passado aparecem e influenciam o presente. O inconsciente é ativado pela intenção, medo, esperança, ou qualquer emoção forte. Por meio deste processo tentamos dominar a perda e feridas emocionais de todos os tipos: internas e externas, agudas e acumulativas, pessoais e coletivas. A busca necessita que a pessoa esteja exposta e apreensiva, sentindo-se ter sido castigada e, às vezes, exausta. O mundo se abre quando começamos e, do mesmo modo, se torna estreito se nos recusamos ou damos às costas a ele.

A consciência não é linear, mas volta a reincorporar o senciente e abrigar o imaginativo de novas maneiras emergentes. Trata-se de um esforço para ampliar e aprofundar, indo em direção à reflexão interior. A complexidade e riqueza da psique emergem quando se dirige aos efeitos do pai ausente.

> Quando sentires como estagnação e ermo estéril a tua falta de fantasia, de ideias súbitas, de vivacidade interior, e te puseres a contemplar isso com o grande interesse (= o tornares prenhe) que em ti desperta tanto o alarme por perceberes a morte interior, como também o clamor do deserto (não raro um "call of the wild"), então fica sabendo que poderá acontecer algo contigo, pois o vazio interior oculta uma plenitude tão grande como ele, contanto que apenas permitas que ela possa penetrar em ti (OC 14/1, § 189).

"Tampouco podemos ser livres de preocupações quando pensamos que, sempre que somos observados, somos examinados [...], porém a vida daqueles que sempre vivem por trás de um mastro não é agradável nem livre de preocupações" (Sêneca, 1997, p. 5).

# 8

# O diálogo da terapia

Willow chegou à terapia perdida e sem saber o que fazer, o que sentir ou pensar. Qual era seu propósito?

> Em muitos casos psiquiátricos o doente tem uma história que não é contada e que, em geral, ninguém conhece. Para mim, a verdadeira terapia só começa depois de examinada a história pessoal. Esta representa o segredo do paciente, segredo que o desesperou. Ao mesmo tempo, encerra a chave do tratamento. É, pois, indispensável que o médico saiba descobri-la. Ele deve propor perguntas que digam respeito ao homem em sua totalidade e não limitar-se apenas aos sintomas. Na maioria dos casos, não é suficiente explorar o material consciente. Ele deve propor perguntas que digam respeito ao homem em sua totalidade e não limitar-se apenas aos sintomas. Devemos fazer perguntas que desafiam toda a personalidade (MSR, p. 129).

O método terapêutico junguiano não consiste nem de liberação ou de repressão, mas sim de conter e trabalhar com a psique para descobrir os desafios internos e externos. Por meio da terapia analítica junguiana, Willow se conscientizou sobre o pai ausente que aparecia em seus sonhos, pensamentos e sentimentos afetando suas relações consigo mesma e com os outros. O objetivo era também extrair significado do inconsciente que teria relação com suas atitudes futuras (OC 6, § 702).

Este capítulo discute experiências em terapia, focando em conceitos da psicologia analítica junguiana como as funções transcendentes, refletivas e simbólicas que levam à transformação do si-mesmo. A função transcendente e sua aparência através da formação do símbolo regula e equilibra a psique, e com isso surgem novas atitudes. Dito de outra forma, o si-mesmo é sustentado em seu desenvolvimento por meio da natureza simbólica da função transcendente para que os recursos criativos que residem no inconsciente se tornem acessíveis (Solomon, 2007, p. 244).

As filhas com pais ausentes expressam uma perda de sentimentos básicos de pertencimento. Elas representam os predicamentos de muitas mulheres do século XXI, o deslocamento, alienação e divisões internas. Estes são alguns dos processos pessoais, culturais e históricos explorados em empreitadas terapêuticas (Kimbles, 2004, p. 201). A terapia é um processo de reconstrução e remontagem dos fragmentos da personalidade anteriormente dissociados a fim de tomar medidas para reintegração. Descontinuidades de pensamentos e sentimentos surgem das profundezas da psique da filha conforme ela recorda as histórias internas perturbadoras demais para serem tocadas. Embora de difícil articulação, elas emergem na consciência com o terapeuta. A conexão é reformulada e reconstruída. Falar sobre coisas das quais anteriormente não se falava, mas sem a pressão para encontrar soluções imediatas, podem ser reconfortantes, despertar criatividade e novos meios de percepção. A identidade própria ocorre por meio de exploração de sua subjetividade e imaginação. Em um sentido mais amplo, "a grande aventura da humanidade moderna é [...] sondar as profundezas da alma humana [e] [...] abrir dimensões completamente novas" (Guggenbühl-Craig, 1999, p. 142).

O trabalho psicológico profundo constela o si-mesmo e o outro, o paciente e o analista, que desenham juntos os movimentos da psique. O desafio do analista é auxiliar a paciente na descoberta de aspectos desconhecidos para que ela possa escapar dos limites do seu ambiente. "Na análise final, o terapeuta deve sempre tentar constelar o fator curador na paciente" (Guggenbül-Craig, 1999, p. 92). O terapeuta fornece um espelho para a filha perceber o que previamente ela não conseguia, pois suas imagens estavam aprisionadas na psique carente. O processo é facilitado por sonhos, pelo relacionamento terapêutico e outros eventos da vida. Tudo isso culmina na estima dela por si mesma, uma atitude não adquirida quando seu pai ausente não a estimava.

## Reconstruindo o pai

As relações iniciais da filha, incluindo as com o pai, são reconstituídas durante o tratamento psicológico. O apego com o pai ausente pode ser preservado em um lugar interior melancólico e/ou invisível. O pai, mesmo se ausente, sempre entra pela porta da terapia. Muitas vezes sombrio e indefinido, o pai é como um fantasma que permeia o processo terapêutico (Modell, 1999, p. 80). Ele aparece nas projeções da filha no consultório do terapeuta, em gestos, voz e em suas reações. O anseio ao qual o pai está conectado vem à tona no processo terapêutico de recuperação do que até então não passou por luto (Perelberg, 2018, p. 44). Isto surge no que se encontra entre os participantes terapêuticos. O verdadeiro objeto analítico não é o lado da filha, nem o do terapeuta, mas o encontro destes dois e como se comunicam no espaço entre eles. Ambos carregam efeitos do pai ausente, seja culturalmente ou pessoalmente, consciente ou inconscientemente. Juntos, eles abrem o que tem sido o espaço fechado, mas internalizado do pai inconsciente, abandonado e inerte.

O pai ausente, só porque era ausente, controlava a liberdade de expressão, confiança e conforto de ser da filha. Inconscientemente ele tomou energia psicológica e assim a filha não tem espaço para outros pensamentos ou espaço para interpretação. Eles podem fazer os comentários do terapeuta parecerem invasivos ou prepotentes, como o pai. Em vez disso ser um impedimento, expõe as memórias, adaptações e a situação inconsciente. Aqui estão as origens das fissuras entre ela e outros, das idealizações, de sua necessidade em ter uma defesa e seus sentimentos de inferioridade. Margareth Wilkinson, analista junguiana britânica, observou que o trabalho terapêutico inclui os agentes relacionais e interpretativos de mudança. Isso traz a integração e aumenta a conectividade entre e dentro dos hemisférios da mente e cérebro, levando a uma mudança na natureza do apego que permitirá o si-mesmo a emergir mais plenamente por meio do processo de individuação (Wilkinson, 2004).

Uma terapeuta mulher inevitavelmente carrega as projeções paternas. A pergunta é: Como a profissional as administra? Esta é uma área difícil, pois a figura paterna é evasiva, indefinida e, ao mesmo tempo, dominante. Ele afeta ambas as participantes, mas de diversas maneiras. A paciente pode, por exemplo, experienciar a terapeuta como uma figura paterna idealizada e excessivamente crítica e dura. Em outros casos, ela pode esperar que a terapeuta encontre, ou não consiga encontrar a ausência do paterno. Compreender as origens dessas decepções é crucial. É igualmente importante que terapeutas entendam e saibam sobre as suas questões com seus próprios pais e como essas questões surgem de formas diferentes em cada paciente. A terapeuta que representa o pai tem a responsabilidade de ter consciência das imagens e símbolos inconscientes dos quais ambos os participantes, de formas diferentes e similares, sem dúvida levantam. A comunicação entre profissional e paciente oscila verbal e não verbalmente, encontrando a falta paterna e expondo suas feridas relacionais, suas armadilhas e distorções emocionais. Essa filha frequentemente não consegue sentir a terapeuta como um continente e mediador, pois sente apenas a transferência negativa e seus efeitos destrutivos (Meredith-Owens, 2008, p. 468). A vida psicológica é complexa e de difícil compreensão, pois mesmo em terapia essa filha muitas vezes luta contra seus desejos e reprime as necessidades de dependência.

Há muito ela desenhou um círculo mágico ao redor de si mesma, sabendo que tinha de ser autossuficiente. Ela pode ter recuado de forma intrapsíquica, e interpessoalmente age de forma inexperiente, irritadiça e sensível com outros. A terapeuta, em vez de recuar das projeções negativas, as mantém sensivelmente. Jung observou que:

> No fundo, a psicoterapia é uma relação dialética entre o médico e o paciente. É uma discussão entre duas totalidades psíquicas, uma disputa na qual o conhecimento é apenas um utensílio. O objetivo é a transformação, não algo predeterminado, mas uma mudança de caráter indefinível, cujo único critério é o desaparecimento do senso da egoidade. Nenhum esforço da parte do médico é capaz de forçar esta experiência. O máximo que pode

é aplainar o caminho para ajudar o paciente a conseguir uma atitude que oponha a mínima resistência possível à experiência decisiva (OC 11/5, § 904).

E também que:
> O médico sabe, ou pelo menos deveria sabê-lo, que não se lançou nesta carreira por acaso e o psicoterapeuta, de modo especial, deve compreender que as infecções psíquicas, ainda que lhe pareçam supérfluas, no fundo são fenômenos fatalmente associados ao seu trabalho, correspondendo, por conseguinte, à disposição instintiva de sua vida (OC 16/2, § 365).

## As ilusões

As ilusões criam um domínio precário para um si-mesmo frágil. O processo de despir os véus do ilusório é doloroso. É necessário paciência no trabalho terapêutico porque o desmascarar da realidade pode ser difícil devido à vulnerabilidade e repressão do paciente.

> Ao analisarmos a *persona*, dissolvemos a máscara e descobrimos que, aparentando ser individual, ela é no fundo coletiva; em outras palavras, a *persona* não passa de uma máscara da psique coletiva [...] de certo modo, tais dados são reais [nome, título, ocupação] mas, em relação à individualidade essencial da pessoa, representam algo secundário, uma vez que resultam de um compromisso [entre indivíduo e sociedade] (OC 7/2, § 246).

Ser desmascarado e sentir-se exposto na terapia é um tanto assustador. No tratamento psicológico, essas filhas enfrentam difíceis tarefas. A terapia é um descamar, camada após camada, de suas necessidades em um processo tenro. O que foram sentidas como partes ruins são revividas e o vazio junto à vergonha e desconforto interno se tornam evidentes para ambos na relação analítica. A paciente hesita a se mover para além dos desejos que substituem a verdade e descobrem quem ela é e quem seu pai é. A filha expressa que "dentro de mim é silencioso. Quem e o que sou? Sinto apenas dor e pânico interior".

A terapia fornece um lugar onde ela pode evoluir com segurança com um terapeuta que esteja emocionalmente envolvido nesta empreitada conjunta. Ambos estão evolvidos na busca do si-mesmo silenciado e dos desejos perdidos dentro do vínculo relacional. Ela começa na terapia porque "há algo que [ela] não consegue esquecer, algo que [ela] não consegue parar de contar [a si mesma], muitas vezes por [suas] ações, sobre [sua] vida. E estas repetições desanimadoras [...] criam a ilusão de que o tempo parou" (Phillips, 1994, p. 15).

Conforto com o si-mesmo e com outros não é algo facilmente aprendido sem um pai. A criação do si-mesmo foi inundada pelos "fracassos do ambiente, um vazio profundo e sem vida, e o que a psique faz para sobreviver a esta experiência desoladora e muitas vezes ameaçadora" (Solomon, 2004, p. 642). Estas dinâmicas afetam o corpo e a psique, paciente e profissional, o consciente e o inconsciente. André Green interpretou esta situação como uma pessoa que precisa do terapeuta como continente para que o conteúdo mútuo das questões seja apresentado de si-mesmo para si-mesmo (Kohon, 1999, p. 42).

O inconsciente é ativado pela intenção, medo, esperança ou qualquer emoção forte. Os sonhos são imparciais, produtos espontâneos da psique inconsciente, fora do controle da vontade:

São pura natureza e, portanto, de uma verdade genuína e natural; são mais próprios do que qualquer outra coisa a devolver-nos uma atitude condizente com a natureza humana quando nossa consciência se afastou por demais de seus fundamentos e atolou numa situação impossível (OC 10/3, § 317).

Eles expressam incisivamente as necessidades emocionais, de desenvolvimento e psicológicas não abordadas ainda, mas que agora clamam por atenção. Responder a essas necessidades não resolvidas é parte do desenvolvimento da segurança na personalidade e na solidez no si-mesmo.

Por mais que queiramos, novas atitudes não são fáceis de administrar ou aceitar. Cada fenômeno psicológico, como o do pai ausente, contém dentro de si os meios para interpretação e compreensão. As posições variadas no inconsciente trazem à frente a psique, pela polarização e os estados opositores, possibilitando o processo de individuação (Solomon, 1998, p. 232). A terapia explora perdas e feridas de todos os tipos, internas e externas, agudas a acumulativas, transgeracionais, pessoais e coletivas. O processo terapêutico promove o tipo de atividade psíquica que requer tolerância para contradição e que mantém a energia que a puxa em muitas direções. Os paradoxos, o vai e volta, a psique com seus princípios de síntese e equilíbrio trazem à frente aspectos da personalidade submergida. "Pela atividade do inconsciente emerge novo conteúdo, constelado igualmente pela tese e antítese, e que se comporta compensatoriamente para com ambos" (OC 6, § 914). Romper com o velho traz dor e resistência, mesmo quando queremos prosseguir em direção ao movimento e renovação.

## Função reflexiva

Jean Knox aborda a função reflexiva no processo analítico, descrevendo-a como a capacidade de estar ciente de si mesmo e dos outros. É uma atitude de reflexão psicológica e emocional independente sobre a própria vida. Para ser um analista é necessário foco constante na narrativa subjetiva, intuitiva, poética e simbólica que surge em uma sessão analítica. Isso pede a capacidade do terapeuta de ecoar com os múltiplos e às vezes contraditórios tópicos da narrativa do paciente na construção conjunta de um espaço simbólico (Knox, 2003, p. xx).

Como inúmeros obstáculos podem obstruir o processo terapêutico, é necessário paciência para explorar essa jornada relacional. A linguagem particular da filha, incluindo suas tristezas e luto, tornou-se conhecida e testemunhada. Embora emocionalmente carregado, o analista e o analisado descobrem sua natureza e tornam-se autenticamente reais por meio da prova da relação. "As vicissitudes da experiência dentro da díade analítica facilitam o desenvolvimento da capacidade de autorregulação e o surgimento da função reflexiva" (Wilkinson, 2004, p. 98). A reflexão é ativada através da imaginação e fantasias inerentes ao movimento psíquico. Novos conteúdos se tornam articulados, compreendidos e esclarecidos. A análise reforça a apreensão do material (Shorter, 1987, p. 104). Por meio da reflexão e da sua repetição, as percepções mudam e liberam constrições anteriores.

A terapia pode proporcionar uma experiência de relação *ego-si-mesmo* que se torna internalizada gradualmente à medida que a função reflexiva começa a funcionar. Isso significa que o ego consciente se aprofunda à medida que acessa mais camadas do si-mesmo básico e fundamental. A terapia se preocupa com a reflexão, de modo que o inconsciente e suas imagens são levados à atenção, conectando-se à vida consciente. Reflexões sobre o pai ausente trazem à tona os desejos e ressentimentos ativando velhos padrões, roteiros e expectativas. O pai é crucial aqui, pois a função reflexiva se desenvolve desde a infância, onde começa a ser nutrida e apoiada. Isso ocorre quando uma figura paterna pode guardar a filha em sua mente e cuidar dela emocionalmente. Desta forma, ela aprende a se relacionar consigo mesma.

A função reflexiva está localizada na raiz de nossas experiências, formando mente e personalidade. A filha precisa de presença e experiências iniciais de ausência adequada para formar pensamentos e fazer uso criativo do simbólico e imaginal (Colman, 2007, p. 566). Ou seja, a quantidade certa de presença e reconhecimento, respeito e amor promovem o si-mesmo e outras conexões para fazer surgir um si-mesmo coerente. A coerência é necessária para a resiliência e o surgimento de outras atitudes e sentimentos. Quando esta função não é desenvolvida ou é danificada, a relação terapêutica torna-se o recipiente onde as paredes de defesa e controle podem ser lentamente derrubadas. Apoia uma reflexão natural sobre si mesmo e sobre a vida. A função reflexiva fica comprometida quando predomina a angústia e ansiedade provocada pelo pai ausente, deixando pouco espaço para a filha. De sua ausência ou ausência de presença, ela se torna invalidada, internalizando o mal-estar e a dúvida.

Os escudos que essas filhas desenvolvem para proteção podem obstruir a profunda análise que promove a autorreflexão. Elas foram tão abaladas pela negligência e ausência do pai que a quantidade de dor que experimentaram pode ser resistente à intervenção terapêutica. A "experiência clínica e informação muitas vezes perigosamente obtidas ao longo da jornada arriscada é difícil e requer muita paciência de ambos os participantes" (Solomon, 2004, p. 635). A terapia envolve esperar e se render, o que é difícil para uma pessoa assustada, agarrada ao superficial, ao que é fácil e rápido. O ego se preocupa e fica impaciente para que o sofrimento pare. Embora a filha queira clareza e orientação, o caminho certo que deseja não acontece no período de tempo do ego.

## Função transcendente

A função transcendente faz a ponte entre o si-mesmo e o outro, psique e corpo, guiando a psique para a individuação. A palavra *função* deriva do verbo em latim *fungere*, que significa executar. *Transcend* é um composto de duas palavras latinas: o prefixo *trans*, "além, através", e o verbo *scandere*, "escalar". Quando algo *transcende,* vai além ou abaixo. Esse processo é um confronto ativo entre consciente e inconsciente, resultando no surgimento de novas formas simbólicas. Sonhos, complexidades e dissociações da psique revelam a função transcendente no trabalho terapêutico. Estes transcendem conflitos internos e, ao fazê-lo, levam a uma maior integralidade psíquica.

A função transcendente descreve o funcionamento psíquico necessário para que o significado aflore do sofrimento e da perda. Isso deriva do processo dos vários elementos psicológicos, empurrando e puxando sua personalidade, transcendendo em uma terceira, ou diferente, perspectiva de outra ordem enquanto incorpora propriedades criadas a partir das partes díspares. Essa função transcendente opera entre paciente e terapeuta; deste espaço entre símbolos emergem como gestos comunicativos do inconsciente ao consciente. O confronto ativo entre consciente e inconsciente resulta em novas formas simbólicas que vão além, mas compostas dos conflitos internos das partes. O fluxo entre o par terapêutico leva a uma maior integralidade psíquica. A energia liberada desses conflitos, os descontentamentos e o estresse são reexperimentados para que novas emoções, reações e pensamentos possam surgir.

Fazendo uma ponte entre consciente e inconsciente, a função transcendente depende da habilidade do ego de conter o choque do que parecem ser forças opostas enquanto as mantém em uma interação dinâmica. Isso ocorre tanto dentro de cada pessoa como dentro do par terapêutico. Sobre isso Jung disse:

> O alternar-se de argumentos e de afetos forma a função transcendente dos opostos. A confrontação entre as posições contrárias gera uma tensão carregada de energia que produz algo de vivo, um terceiro elemento [...] um deslocamento a partir da suspensão entre os opostos e que leva a um novo nível de ser, a uma nova situação. A função transcendente aparece como uma das propriedades características dos opostos aproximados. Enquanto estes são mantidos afastados um do outro – evidentemente para se evitar conflitos – eles não funcionam e continuam inertes (OC 8/2, § 189).

A terapia permite a expressão de desejos anteriormente perdidos, frustrados ou abandonados (Toril, 1986, p. 84). Uma mulher notou uma árvore fora do meu consultório e descreveu um ramo se estendendo e inclinando-se sobre o outro. Percebeu que era sem ônus, pois essa conexão fornecia apoio. Ela anteriormente não podia imaginar que confiar em qualquer outra pessoa era algo além de um fardo. A imagem ajudou a libertá-la da acentuada autoconfiança imposta por um pai distante que a ignorou. Ela era a criança competente da família e, portanto, recebia pouca atenção; suas necessidades eram invisíveis, não atendidas e não reconhecidas. Isso aconteceu tantas vezes que ela aprendeu a ignorá-las também. A árvore do lado de fora simbolizava a inclinação emocional que ela agora podia sentir e receber.

A função transcendente é valiosa no cenário clínico, pois é uma mediadora de conteúdo inconsciente com as atitudes conscientes. "A tendência do inconsciente e a da consciência são os dois fatores que formam a função transcendente. *É chamada transcendente, porque torna possível organicamente a passagem de uma atitude para a outra,* sem perda do inconsciente" (OC 8/2, § 145). A função transcendente pode ser de difícil acesso, no entanto, se houver um déficit no funcionamento simbólico. A incapacidade de simbolizar facilmente vem da ausência, e a filha só sente diferença, alteridade e lacunas negadas, que não são presentes e não são o suficiente. Ela pode ser bastante literal, se prendendo ao concreto, precisando de provas, saber o que é certo e precisando ser direcionada. A filha se apega ao que é sólido, pois a vida tem sido muito insegura e sua fundação foi sem apoio. "A ausência só pode ser tolerada por meio de representações iniciais que eventualmente levam à formação de símbolos [...]. Uma intolerância à ausência e a incapacidade de simbolizar tendem a andar de mãos dadas" (Colman, 2007, p. 565-566). Ambas as opções parecem intoleráveis para uma pessoa quando é impossível pensar, sentir ou encontrar espaço psicológico. Tal desconforto da filha na arena simbólica pode ser surpreendente quando sua facilidade intelectual e verbal é evidente, mas o analista deve lembrar que muitas vezes há o medo do inconsciente.

Acessar a função transcendente na terapia muda uma pessoa, abrindo sua personalidade. A união do terapeuta e do paciente, consciente e inconsciente, traz à tona o terceiro elemento, aspectos diferentes de ambos, mas também compostos por ambos. Como Jung disse: "[é] um conteúdo novo que dominará toda a atitude, acabará com a divisão e obrigará a força dos opostos a entrar num canal comum. E assim acaba a suspensão da vida, ela pode continuar fluindo com novas forças e novos objetivos" (OC 6, § 916).

A função transcendente quebra o impasse obstruindo a diferenciação e o potencial da personalidade. Os elementos opostos são superados e o novo ou terceiro contém outro nível de complexidade. Este terceiro é composto pelo espaço representativo necessário para um significado emergente. Nesse sentido, a função transcendente é uma tentativa de retratar a criação da função de produção de sentidos da psique (Colman, 2007, p. 566). Aqui, o sofrimento e angústia emocional são sentidos, e a energia liberada da tristeza e da perda agora pode ser utilizada.

## Transferência e contratransferência

Tornamo-nos nós mesmos por meio de interações com os outros, e nesta experiência encontramos o rosto dos outros dentro de nós mesmos. A relação de contenção da terapia cria a experiência do novo, não apenas do passado, mas evoluindo a partir do presente. "Sonhos tidos como parte integrante de uma análise que tem um papel integral no processo de transformação dos efeitos de experiências relacionais precoces ruins [...] particularmente no desenvolvimento do próprio analista interno do paciente" (Wilkinson, 2006, p. 44). A terapia pode proporcionar segurança para que o si-mesmo se desenvolva aceitando a confusão de peneirar o que parece ser as cinzas ou o caos da personalidade. Para essas filhas, o si-mesmo não encontrou segurança ou confiança na figura paterna, por isso a autenticidade e segurança da relação terapêutica é ainda mais essencial (Solomon, 2007, p. 240).

Willow, por exemplo, se preocupava que, como terapeuta dela, eu diria que seu pai fez o melhor que pôde. Ela pensou que meu trabalho era defendê-lo e confirmar que ela era o problema, como ela e todos tinham feito sua vida toda. Mas seu pai não mostrou cuidado ou afeto. Quando ele desaprovou suas escolhas de vida, cruelmente a expulsou de casa quando ela tinha 17 anos, sem dinheiro e sem lugar para ir.

Em um sonho recente, *seu pai não a pegou quando ela caiu. Ela estava sangrando, e o sangue se espalhou como tatuagens em seus braços. Suas mãos tremiam como quando criança. Quando olhou para cima, viu os sapatos dele e eram agora abomináveis para ela. Então, em um tom de zombaria, ele disse que suas fantasias e livros não levariam a lugar algum.* Ela ficou chateada no dia seguinte ao sonho e muito inquieta. Agora ela se lembrava da razão. Muito sozinha em sua família e em seu próprio mundo imaginável quando criança, seu pai não emocional e desapegado disse que as crianças deveriam ser quebradas para que obedecessem. Este pai cruel era também reservado, suas emoções gélidas e sua distância interrompida apenas com severidade e desaprovação. Ela presumiu que com os outros deveria se colocar de lado e não comunicou suas necessidades emocionais.

"Relação lida com relação [...], pois a relação, como o espaço em que nossa ferida foi infligida, deve ser também o espaço em que estamos curados" (Carotenuto, 2015, p. 51). Quando o pai é ausente, o espaço em branco ao seu redor pode afetar negativamente a segurança, a capacidade de relaxar e compartilhar sentimentos e reações, espontaneidade e entusiasmo. Isso também se replica na relação terapêutica. Willow achava que deveria agradar a todos, incluindo eu como sua terapeuta. Ela procurou aprovação em cada um dos meus gestos, esquecendo, ou com medo, de se concentrar em si mesma e preocupada que ela pudesse chorar ou ser demais para lidar. Tão ocupada olhando para fora, ela não era vista nem ouvida, fora abandonada e era sozinha. Ela era magistral em enganar a si mesma e tinha medo de incorrer em meu escárnio, assim como de seu pai. Em sua mente, ele permaneceu muito presente com sua ausência emocional e severidade, deixando-a sangrando emocionalmente.

Com esse contexto, muitas experiências são dificultadas, como evidenciado ao encontrar reações semelhantes à do terapeuta (Knox, 2010, p. 126). A imersão no material desconfortável, dilacerante e doloroso na terapia trouxe Willow à frente para reconciliar esses componentes não abordados. Por ter experimentado ausência e indisponibilidade do pai, a terapia evocou muitos sentimentos, incluindo expectativas reprimidas, anseios, saudade e desejo, amor e ódio. Ela foi criada contra o anteriormente negado e evitado. As dependências negadas e recusadas pelo pai foram as mesmas precipitadas no contexto da transferência terapêutica.

A falta que ela experimentou com seu pai influenciou vários fatores em seu tratamento psicológico: o meu núcleo emocional como terapeuta tinha que estar disponível o suficiente como recipiente, a extensão de sua necessidade de preservar a uniformidade e a transferência negativa não resolvida com seus afetos potencialmente destrutivos (Meredith-Owen, 2008, p. 468). O processo de autoconsciência necessita que se torne consciente e passe pelo luto da perda, desenvolva um eu independente e reacenda desejos e paixões perdidos.

Willow sonhou *que estava trabalhando para o terapeuta. Houve um problema no consultório e ela resolveu. Quando o terapeuta entrou na sala, não notou seu trabalho, não demonstrou nenhuma gratidão por resolver o problema, nenhuma atenção. O terapeuta era egocêntrico e desrespeitoso. Embora ela tenha tentado, não houve nenhuma reação, então ela desistiu e saiu, sentindo-se horrível, derrotada e em desespero. Em resposta à maldade sentida, ela recuou, refletindo a retenção emocional e relacional, a inibição da personalidade resultante* (Knox, 2003, p. 130).

O sonho lembrou Willow do vazio terrível em sua casa, o pai que não estava por perto, apenas suas exigências autoritárias. Seu pai era um tirano distante, frustrado e irritadiço; ele criticava a inteligência dela e não oferecia nenhuma compreensão emocional ou carinho. Esta situação foi replicada em seu sonho na terapia. Nele, incorporei a posição do pai em que meus comentários foram interpretados como acusatórios e críticos. Enquanto isso, ela procurava por uma sintonia exata, mas quando isso não foi possível, ela assumiu a culpa (Knox, 2003, p. 130). A receptividade ao conteúdo do inconsciente, como no sonho, requer uma aceitação de decepções. Se as decepções forem pequenas e gerenciáveis o suficiente, a filha pode crescer lidando com elas, mas quando as decepções, como as que Willow experimentou com seu pai ausente, são mais do que a filha pode lidar, ela recorre à solidão que sempre conheceu.

Willow retirou-se das sessões; voltando para casa, ela chorou, decepcionada e frustrada. Ela não demonstrou nada disso durante a sessão, apenas relatou mais tarde como se não fosse seguro expressar ou sentir algo na presença de outra pessoa.

Era insegura e vigilante na terapia, mas também temerosa da magnitude de suas necessidades não atendidas. Isso não é incomum, pois a ausência do pai significa que a filha está mais familiarizada com um objeto emocionalmente ausente: o pai (Knox, 2003, p. 141). Incapaz de acessar sua voz, ela mantém uma atitude defensiva para permanecer escondida, uma atitude que engana a si mesma e seus sentimentos inexperientes, isolada das reações de seu corpo. Para esta filha, novas experiências relacionais são inicialmente relutantes, pois não são facilmente reconhecidas. A confusão emocional cai entre o si-mesmo e o outro, pois ela está tão acostumada a cuidar de problemas que sua vida interior perde o foco.

Willow tinha muitos sonhos sobre nossa relação terapêutica: estar na cama comigo ou descansar na minha casa, tomar banho e até ficar em um quarto. Mas ficou ansiosa ao revelar esses sonhos, antecipando a recusa, porque talvez quisesse demais. Os componentes sexuais do sonho e suas expressões de necessidades emocionais, como estar na cama, também eram indicativos de necessidades pré-sexuais. Enquanto discutíamos esses significados simbólicos, foi-lhe permitido reagir a essas necessidades, encontrar contenção emocional e a segurança extremamente necessária perdida há muito tempo sem a figura paterna correta. Nessas situações, ela confiou em minhas reações e emoções para manter-se consciente do efeito da ausência do pai e sentir seus processos mentais emocionalmente, reagindo de forma intuitiva às comunicações simbólicas (Knox, 2001, p. 614).

Na terapia, quando o contato emocional é arriscado, a apreensão é que pode, de fato, ser decepcionante, reafirmando assim a antiga espiral de desilusão e retirada (Meredith-Owens, 2008, p. 438). Antecipando a rejeição e ser dispensada mais uma vez, a filha vê o terapeuta como negligente, igual ao pai ausente. Dentro da relação terapêutica, ela poderia interpretar meu tom, expressão e movimento como desconfortante, tornando-a apreensiva de compartilhar sua vulnerabilidade terna.

Na terapia, Willow verbalizou um terror do não apego, como flutuar no universo sem um fio para se conectar à Terra. Esta era uma imagem assustadora, mais ainda por ser acompanhada por sua visão de ser como uma concha e suscetível ao inevitável desastre iminente. Willow esperava decepção, então deveria estar atenta. Embora ela possa ser intuitivamente ciente de suas necessidades psicológicas, estava inconscientemente defensiva. A fundação de Willow foi enfraquecida no início de sua vida com risco de ser apagada e ignorada por seu pai indisponível e desconexo. O lugar carente dentro dela se fechou e tinha que testar frequentemente a relação terapêutica.

Inevitavelmente, porque eu carregava lembranças do pai, Willow sentiu a antiga apreensão; ela não conseguia nem relaxar, nem baixar a guarda. Essa reação refletiu a profundidade e a extensão da falta emocional e o quanto ela precisou se esforçar para manter viva a conexão terapêutica. À medida que camada após camada da negligência emocional eram retiradas, a relação analítica oferecia uma experiência corretiva. Willow comentou: "desde a última sessão saí com um sentimento mais pesado, mas uma melhor compreensão. Quero uma mudança mais do que qualquer coisa. Não sei como começar a desvendar isso, visto que são mais camadas do que eu jamais percebi". Suas palavras referiam-se a uma espécie de reparo para relembrar as conexões dolorosas e quebradas do si-mesmo com o si-mesmo, assim como do si-mesmo com o outro. Jung alegou que ambas as partes no trabalho analítico são alteradas na medida em que o si-mesmo e o outro se unem neste processo múltiplo (OC 16/1, § 163).

A análise expõe as devastações mais internas e coconstrói os padrões do si-mesmo e do outro, da psique e da soma. Jung comentou que a análise é um processo mútuo e de diálogo. Não há compreensão da história sem aquele que a entenda. Esse entendimento é negociado entre autor e ouvinte, paciente e analista (MSR, p. 141). O terapeuta é testemunha do antigo caos das emoções, necessidades e insuficiências. O paciente transfere algo para o analista e o analista transfere algo em troca. Por meio dessa troca, uma espécie de verdade anteriormente perdida evolui pelas interações verbais e não verbais. "Um trabalho analítico eficaz surge da transferência e da contratransferência que é o intercâmbio inconsciente entre analista e paciente, assumindo muitas formas, por isso estamos sempre aprendendo" (Knox, 1998, p. 83).

O terapeuta deve estar sintonizado com as lacunas, silêncios e reversões em cada sessão, ouvindo como o pai ausente pode ser uma presença invisível. O desmascaramento da realidade ameaça as vulnerabilidades ocultas e ternas no mundo despedaçado do paciente. Lá ela vivia isolada, escondendo o núcleo frágil onde estava falsamente segura, mas dormente. Na terapia, Willow foi confrontada com a oportunidade de expressar e reparar as feridas e decepções da falta de amor do pai. A partir de nossas interações terapêuticas, surgiram novas percepções e mais facilidade em se relacionar, expandindo sua personalidade à medida que se aproximava de si mesma.

A relação terapêutica tenta trazer o si-mesmo nascente de volta por meio do estabelecimento de laços de autenticidade. O terapeuta fornece um lugar para explorar as feridas na narrativa em desdobramento, mesmo que a recuperação da personalidade signifique revivenciar as perdas originais e traumáticas. Esse processo traz consigo medo de desintegração ou aniquilação como experimentado com o pai. Pode ser ameaçador e suas atitudes defensivas se tornam ainda mais fortes. Na busca pela compreensão, as emoções irrompem, pois a relação terapêutica é uma "repetição assombrosa [...] dessas situações traumatizantes que criaram as respostas dissociativas originais" (Solomon, 2004, p. 642).

> A mudança ocorre apenas perigosamente [...]. Existem forças positivas que buscam mover a psique para o futuro, há poderosas forças retrógradas que buscam impedir esse movimento. Estes [...], muitas vezes criam a experiência de uma área compartilhada de tumulto e confusão que requer engajamento de ambas as partes na sala de consulta analítica (Solomon, 2007, p. 142).

Essa atitude terapêutica é importante, pois as experiências deficientes no encontro emocional e no apego com o pai ocorreram precocemente. Isso ocorreu antes que a filha pudesse processar os ataques que eram muito altos e muito baixos em excitação física e psicológica (Solomon, 2004, p. 646).

Por meio dos altos e baixos da terapia, os inevitáveis mal-entendidos provocam algumas defesas. A filha encontra falhas, problemas: o terapeuta está errado, não se importa, ela não é especial e reage com desconfiança, pois repete a história com o pai. Ela sente humilhação, perda, fica preocupada com a conexão e fica presa em combate interno. É difícil superar seus sentimentos de ser uma pessoa marcada e inaceitável. Estes são os sentimentos da ausência do pai que ainda a prendem. Não deixam outras histórias entrarem e preservar sua posição de desamparo e falta de experiência com o pai ausente.

Willow relatou que as horas longe da terapia eram, às vezes, dolorosas, cheias de vergonha, pânico e com a sensação de estar desconectada e prestes a desmoronar. Além disso, sua necessidade da camada de sofisticação e confiança complicou a transferência. Inquieta sobre sua conexão ou que ela não seria importante para mim, se perguntou se poderia depender de mim. Isso surgiu quando suas necessidades de dependência não atendidas emergiram. Ela pensou que talvez não contasse. Talvez ela não seria atendida. Talvez não fosse conseguir o que queria. Ela poderia perguntar? Uma forma de distanciamento e ansiedade transparecia no relato apressado, detalhado, mas psicologicamente irrefletido de suas idas e vindas diárias, surpresas e desastres, pessoas e lugares. Ela disse que esta era a sua defesa e o que tinha que fazer antes que pudesse começar com o material difícil. Willow hesitava.

Ela projetava poder e controle em mim como terapeuta, como com o pai ausente. Não podia deixar de querer o que pensava que eu tinha, precisando esconder isso porque também indicava a dependência que temia não ser atendida mais uma vez. Ela poderia ter uma reação, não ao que foi dito, mas ao que não foi dito ou a uma possível implicação do que não havia sido dito, mas era esperado. Paradoxalmente, ela tinha que estar certa, até mesmo se preparava antes das sessões para reafirmar que estava intacta. Ela perseverou no que considerava serem erros e evitou não saber deles. Com o passar do tempo, percebeu que algo estava errado, particularmente à medida que os bons períodos se tornavam menos frequentes e os períodos ruins eram mais intensos e aterrorizantes.

Ela poderia ter avançado a um intelecto precoce como uma defesa contra sentimentos e emoções, parecendo viver em um estado crepúsculo, não diferenciado e preso (Seligman, 1985, p. 71). Poderia ter sentido que não estava realmente vivendo ou ter a sensação de sonambulismo. Ela agora enfrentava o material previamente evitado. Na terapia, o reconhecimento e a empatia foram relacionados à inércia adquirida como uma adaptação ao pai morto e sua ausência, em vez de deixá-la sem ser abordada. Se desconsiderado, continuaria inconsciente e prejudicaria o trabalho terapêutico. Aquela apatia foi sinalizada por respostas de ambos os participantes, como sonolência ou falta de interesse, confusão e às vezes raiva, ou demandas aparentemente impossíveis. Uma vez notada e explorada, a apatia poderia receber seu lugar vital no trabalho (Goss, 2006, p. 688).

Willow sonhou que *"havia uma torre à minha direita que se parecia com as torres de vigilância das florestas. Minha terapeuta estava na torre aconselhando alguém. Eu estava com ciúmes e queria um tempo com ela. Um garoto começou a balançar a torre. Tentei avisar as pessoas lá dentro que a torre iria cair. Eu me sinto perdida. Então, estou em um salão escuro com painéis de madeira escura e bato na porta do escritório dela. Não há resposta. Abro a porta e ela está com alguém, conversando, e me ignora. Um animal pequeno começa a se esgotar. Sem pelo? Sem penas? Não tenho certeza do que é. Eu o pego e tento empurrá-lo de volta enquanto fecho a porta. Tento esconder meu rosto e não quero que ela saiba que quero falar com ela. Fecho a porta e saio. Estou me sentindo autodestrutiva. Ninguém tem tempo para mim".*

Ao discutir o sonho, Willow associou a terapeuta com seu pai em sua torre, trancado e longe de todos; ela foi esquecida e escondida em vergonha. O sonho a fez perceber o quanto foi projetado em nossa relação terapêutica, o quanto ela precisava de confiança e aceitação e como ela se preocupava com a possibilidade de isso não acontecer. O pequeno animal pode ser a ternura descontrolada e os jovens sentimentos se esgotando. A partir de experiências com o pai ausente, sem resposta e consequentes restrições internas angustiantes, ela antecipou que a terapeuta preferiria outra pessoa. Willow presumiu que seria rejeitada, como no sonho, que ficaria sozinha e autodestrutiva. O sonho era uma mensagem para ela e para mim sobre o que estava acontecendo entre nós e as questões da primeira infância despertadas e precisando de atenção. Isso ajudou a função simbólica e abordou os estragos causados por falhas traumáticas de apego que poderiam ser restabelecidas por meio do comportamento do analista no presente (Colman, 2010a, p. 298).

O sonho mostrou que eu também estava a serviço da construção da presença paterna de dentro (Seligman, 1985, p. 69). Por meio da transferência terapêutica, essa filha entrou em contato com os anseios antigos replicando os atuais. Ao antecipar que não havia como ser vista, o investimento no cenário de pai ausente permaneceu, confirmando os velhos ciclos de desilusão e recuo. Ela tentou esconder a inveja, mas também pensou que eu tinha tudo e ela nada. Devido à sua vulnerabilidade, ela pôde recorrer aos velhos métodos de proteção e ficar secretamente deprimida, desistir em desespero e afastar desejos por conexões negados. Foi doloroso para ela adentrar a tristeza. Ela não comunicava facilmente sentimentos ou reações sensíveis, antecipando os mal-entendidos que conheceu com seu pai. Ela poderia facilmente sucumbir ao desconforto de ser exposta, abandonada e retraumatizada, mas esses eram sentimentos que precisavam ser reconhecidos.

Relaxar e se sentir segura o suficiente para se emocionar é algo um tanto precário. A autorreflexão traz o reconhecimento do espaço psíquico em colapso. O ato de se voltar para dentro para o desenvolvimento psicológico é difícil quando o mundo interior da filha é povoado pelo que ela chama de monstros. Ela está envergonhada e relutante em admitir o que considerava serem déficits. Como o pai não a elogiava ou lhe dava atenção carinhosa, ela se tornou uma pessoa nervosa, temerosa de cometer erros e de fazer escolhas erradas, lamentando o quanto do básico nunca lhe foi dito.

Em parte, porque podia se expressar tão pouco com seu pai, a briga interna apareceu na terapia. A filha se expressando com o terapeuta reflete o ambiente terapêutico que a faz realmente falar de uma maneira diferente (Perelberg & Kohon, 2017, p. 130). A terapia ajuda a renegociar os locais feridos, desmontar as estratégias defensivas e, no processo, também revela o pânico psíquico. O terapeuta deve estar disposto a gerenciar a "verdadeira angústia existencial, a dúvida, o não saber e o risco que é preciso tomar para que revelem emoções e sentimentos reais" (Solomon, 2004, p. 643). O terapeuta pode ser visto como um perseguidor ou intruso e até mesmo nocivo. O apoio terapêutico era apenas um desejo pouco imaginado. Ela é sensível a qualquer nuança ou mudança na rotina terapêutica, traduzindo-a como perda e sendo deixada de fora.

O processo terapêutico de questionamento e autoexame desenterra elementos de desejo, paixão e sofrimento (todos os ingredientes para renovação da psique). É um momento de sentimentos intensos quando as velhas defesas estão prontas para serem abandonadas e um tempo precário no processo terapêutico (Solomon, 2004, p. 647). Este trabalho interrompe a memória, incomoda o *status quo* do ego e atravessa os complexos psicológicos. Requer tornar-se consciente e lamentar as perdas para encontrar sua voz, desenvolver um si-mesmo independente e reacender desejos e paixões.

## O luto

A capacidade de se enlutar é consoante com o processo de individuação, pois tornar-se si mesmo está ligado à capacidade da mente de processar a separação e lamentar o que foi perdido (Cavalli, 2017, p. 187). A falta de pai afeta o mundo intrapsíquico da filha e a devolve à dor. Embora ela chore, sofra e se sinta triste, fazê-lo pode não abordar o complexo e mais intrincado luto pelo pai. Sem capacidade de suportar dores e lamentar perdas, o si-mesmo tenta de forma defensiva se manter identificado com o objeto perdido e se torna vinculado à ausência. O luto envolve reconhecer o investimento de energia nos desejos pelo pai que não estava por perto; significa andar na linha entre a dor do pai ausente e a necessidade não abordada da presença. A tarefa parece enorme.

O luto também se refere à fase alquímica chamada *nigredo*, um tempo de escuridão acompanhado de dificuldade, melancolia e inquietação. É um palco para descer à psique indicando luto e desespero como parte do desenvolvimento psicológico. E o luto é um aspecto da terapia que impulsiona a individuação.

No entanto, muitas vezes não se lamenta um pai ausente. Como a filha chora um pai que não existiu para ela, com ela e/ou ao seu redor que cuidasse dela? Ele era como um casulo vazio, sem história ou personalidade. A ausência tornou-se parte de sua vida em uma aliança e replicação inconscientes do pai ausente. Um pedaço de dor permanece no centro da filha criando reações melancólicas. A ruptura aconteceu tão cedo que muitas vezes ela não pôde nomear o que foi perdido. O luto pelo pai torna-se especialmente difícil quando ele não está ligado à memória, representação ou percepção. Um dos resultados de viver a dor e o luto é sentir-se descentralizada. Permanecer na tristeza e esperar é difícil, pois ela quer escapar da angústia. O luto eventualmente expande os limites do si-mesmo e, ao mesmo tempo, traz a realidade do que não pode ser substituído, mas o que também nunca foi.

O luto está ligado à capacidade de se abrir, viver, separar e integrar experiências. O trabalho terapêutico traz a capacidade de representar a perda e recriar o objeto perdido. Ao longo do luto não são apenas tratadas emoções poderosas, mas também uma capacidade de representar o objeto perdido (o pai) na mente; isso pode funcionar como um ato reparador (Fordham, 1974, p. 21). À medida que o luto é reconhecido, a filha começa a se conectar com as partes renegadas ou divididas de sua personalidade. Qualquer sinal do surgimento do si-mesmo na consciência em sua forma simbólica é altamente valioso. Mas essas experiências são diferentes do que ela já conheceu. Os símbolos tendem a atuar como pontos focais para a integração, promovendo uma sensação de padrão e significado. Eles são, como Jung os chamou, "símbolos de união" (Colman, 2010b, p. 291). Estando com, e mesmo imersa, na tristeza, ela não precisa mais manter posições defensivas, ou barreiras de proteção, ou confinar a dor. Ela começa a compartilhar na terapia.

No entanto, quando incapazes de acessar suas fundações, as mudanças necessárias podem parecer assustadoras e cheias de obstáculos. Os comportamentos e pensamentos repetitivos e autodepreciativos criam distância de si mesma como com o pai ausente. O espaço emocional não preenchido forma um vácuo. Ela se sente incapaz de ser amada e alienada do físico, o que resulta em várias formas de ataques a si mesma e comportamentos amortecedores. Sem desejo ou libido, uma autoabsorção não nutritiva surge como uma defesa contra a intimidade, seja para si e/ou para com outros. "[Ela] aproxima-se do mundo desviando o rosto [...] a vida passa por ela como um sonho, uma fonte enfadonha de ilusões, desapontamentos e irritações" (OC 9/1, § 185).

Ela precisa que as portas se abram para a compreensão psicológica. O "ato de reflexão sobre si mesmo, da concentração daquilo que se acha disperso e cujas partes nunca foram colocadas adequadamente numa relação de reciprocidade, de um confronto consigo mesmo, visando à plena conscientização" (OC 11/3, § 400). A psique é fluida, multidimensional, viva e capaz de desenvolvimento criativo. Com o tempo, a filha se torna menos blindada e mais aberta. É preciso coragem para continuar procurando, buscando e descobrindo o si-mesmo.

Paradoxalmente, Jung disse que "o segredo reside no fato de que só tem vida *aquilo* que por sua vez pode suprimir-se a si mesmo" (OC 12, p. 93). Para isso é necessário que a filha reconheça o objeto perdido do desejo (o pai) e recupere sua vida. A transformação, não o apagamento das memórias, traz a energia submersa à frente da consciência consciente. Ela aprende a viver, não negando os sentimentos sobre o pai que estava ausente, mas desenvolvendo sua própria munição de ser. Também significa enxergar a história que a assombra e molda, e que influencia a experiência terapêutica. Como André Green paradoxalmente observou, a representação de uma ausência de representação também sugere que continha o que ainda não podia ser representado (Green, 1999). Aqui reside a possibilidade de criação simbólica e imagens dentro da personalidade para reparar a dolorosa ausência e ganhar vida através do espaço relacional da terapia. A recriação da representação evolui no diálogo da terapia, verbal e não verbal, consciente e inconsciente.

A jornada psicológica envolve encontrar o que é chamado na psicologia analítica junguiana de "tesouro difícil de ser alcançado" ou o conhecimento residente no inconsciente e levado à vida consciente. A relação terapêutica e a obra dos sonhos são processos que honram o corpo, a mente e a alma. O discurso terapêutico dá um significado adicional aos eventos passados, presentes e futuros, permitindo que ela tome posse de seus potenciais abandonados ou não desenvolvidos. Ela descobre o significado em seu drama pessoal como um passo para se separar de atitudes paternas restritivas. Isso acontece por meio do uso da função reflexiva, dos símbolos decorrentes da união das tendências opostas e de novas perspectivas emergindo com a função transcendente. A descoberta de seu si-mesmo ocorre por meio desse processo minuciosamente reflexivo e relacional integrando tanto o caos quanto a ordem da psique.

> A situação terapêutica é o único lugar explicitamente previsto no contrato social em que podemos falar sobre as feridas que sofremos e buscar possíveis novas identidades e novas formas de falar sobre nós mesmos (Kristeva, 1988, p. 6).

# 9

# Se ele a ama, onde está?

"Como posso cortar as mãos de minha própria filha?"

Então o Mal o ameaçou e disse: "Se não o fizer, você será meu e o tomarei para mim".

O pai ficou espantado e prometeu obedecê-lo. Ele foi até a garota e disse: "Minha filha, se eu não cortar suas duas mãos o diabo me levará embora e, aterrorizado, prometi que o faria. Ajude-me e perdoe-me o mal que lhe faço".

Os contos de fadas traçam o desenvolvimento natural e arquetípico da psique por meio de suas imagens culturais e psicológicas. Durante a infância (um tempo de proximidade natural com o mundo do inconsciente), verdadeiramente acreditamos em contos de fadas. A imaginação e a fantasia são tão reais quanto o chamado mundo real. As crianças são sábias o suficiente para saberem o que é verdade nos contos de fadas, são tocadas por eles e querem ouvir a história de novo e de novo.

Muitas vezes, quando crescemos, perdemos essa conexão, pois o que entendemos como racional e razoável torna-se o predominante. Afinal, para quem dizemos que "passamos o dia lendo e contemplando um conto de fada"? O mundo adulto frequentemente julga esse comportamento como ridículo ou regressivo e por isso acabamos perdendo o entusiasmo e encanto nos contos de fadas. A lição retratada nas histórias contém antigas verdades de processos psicológicos complexos. Descrevem padrões arquetípicos e básicos e maiores que arenas individuais, mas ainda assim aplicável de diferentes formas para cada pessoa e cultura. Retratando a transformação e crescimento, os contos são veículos de perspectivas para nossas tendências humanas, replicando padrões do inconsciente que ocorrem naturalmente na vida consciente. Ilustram o ego destrutivo e brutal, e aspectos focados no poder da psique; nos mostram também como atravessar o sofrimento ao mesmo tempo que exemplificam intermináveis ilustrações da jornada psicológica.

Contos de fadas reconhecem que somos todos princesas e príncipes, rainhas e reis em diferentes formas. Na verdade, cada um dos personagens pode ser interpretado como aspectos da personalidade. Isso inclui o mal demoníaco e vil. O conto de fadas traça o que está desequilibrado pessoal e coletivamente, também faz um paralelo com os caminhos tortuosos do processo terapêutico. Os pais nos contos de fadas selecionados aqui revelam sua arrogância, deslealdade, traição e abandono. Esses pais não denotam confiança nem segurança; eles representam, no entanto, o que tem sido atitudes patriarcais coletivas predominantes. Os contos também mostram, através de muitas tribulações e esforços, filhas que integram as variedades de qualidades masculinas e femininas. Em quase todos, quando as filhas partem, como é seu dever, não retornam ao reino do pai.

Apenas o começo de vários contos é apresentado aqui, pois é neles que o pai desaparece, deixando a filha para se defender sozinha e cuidar de si mesma. Embora ele possa estar presente no começo, é insuficiente, não a protege e geralmente não tem consciência dela ou do que ela precisa. Comumente vista como simples, estas histórias ilustram as constelações de muitas famílias atuais e a angústia de suas relações fraturadas e desastrosas. Os pais nesses contos não têm papéis de homens carinhosos e frequentemente são falhos em prover financeira ou emocionalmente. São um fracasso de quase todas as formas e como resultado, as filhas sofrem. O pai insuficiente é uma necessidade do conto de fadas, embora ele raramente seja tão condenado como a madrasta. Isso indica o quanto a ausência e negligência do pai foram ignoradas e como sua posição não foi desafiada. Os contos também revelam que um pai ausente não determina o destino de uma filha, pois ela toma seu próprio caminho para longe dele.

O pai dos contos de fadas é quase previsivelmente retratado com ausência emocional, inconsciência e sendo insuficiente. Os contos de fadas ilustram o que a filha tem que fazer para se desprender dele. Em sua jornada, ela executa trabalhos servis, se engaja em tarefas que necessitam da ajuda de animais ou confia em figuras desconhecidas. Geralmente, ela está isolada durante esses trabalhos. Embora longe de tudo que conhece, despojada do luxo e em um ambiente desolado e vazio, ali ela descobre suas capacidades e habilidades. Apenas no final, ou perto, ela novamente entra em conexão com uma figura masculina. Ele também normalmente tem que executar suas próprias tarefas, indicando mudança no reino masculino e em sua relação com ela.

Compreender essas histórias imortais é um aspecto do trabalho psicológico junguiano de conectar a pessoa moderna com narrativas comuns à condição humana. São esclarecedoras e difusas, e com elas aprende-se sinais de vida. Mesmo quando o resultado é desconhecido, a atitude aberta da filha é um indício de seu respeito pelo inconsciente. Tudo isso ilustra o intricado trabalho de descobrir sua individualidade. Crescer em famílias retratadas em contos de fadas não é algo feliz nem gratificante.

O pai inconsciente cria uma infinidade de problemas para a filha. Neles, e em muitas famílias, a filha é usada como função de sentimento para o pai. Esse fato é mais significativo, pois o conto geralmente ocorre quando a filha está na puberdade. A situação indica que este tipo de pai não consegue lidar adequadamente com as reações sexuais ao redor da filha. E ele não consegue incentivar o crescimento dela enquanto tenta impedi-la de crescer. Com sua imaturidade e falta de desenvolvimento psicológico, ele não consegue lidar com as diferenças dela. Algo está terrivelmente errado com o pai que negligencia a filha, indicando que seu lado sentimental não foi desenvolvido. Ela não consegue ser nutrida pelo Eros ou pela correspondência dele (Von Franz, 1988, p. 77). Da mesma forma, nas famílias de hoje há efeitos psicológicos quando a filha não é encorajada ou não a apoiam a ser ela mesma, se separar da tradição do pai e a exercer outras escolhas.

Esses contos de fadas retratam a filha escapando do pai negativo, narcisista e inconsciente, a retratam saindo da célula familiar. Sua recusa do pai tem um alto preço, mas o custo de ficar é a sua alma. Ela descobrirá seus próprios desejos ao existir como outro ser além dele, em vez de ser como uma substituta ou réplica das ideias dele. Ela é incumbida de acessar suas forças e movimentos, não mais restringida ou diminuída. A jornada dela é longa e mais difícil do que imagina. No caminho, ela é curada das feridas infligidas pelo pai ao acessar seu vigor e habilidades. Essas histórias enfatizam que a filha pode quebrar os laços visíveis e invisíveis com o pai e seu mundo. Demonstram que é necessário trabalho duro e simples para que ela reivindique a si mesma, sua autoridade e lugar no mundo.

Em muitos contos o mal entra por meio da inconsciência e falta de vínculo emocional do pai, o que ameaça a filha. O pai fará qualquer coisa para se salvar, até mesmo sacrificar sua própria filha. Mesmo quando os pais em contos de fadas são governantes ou reis, ainda possuem muitos interesses próprios e são negligentes. Ou, se pobres e destituídos, são incapazes de prover econômica ou emocionalmente para a família.

Libertação desse sistema só é possível por meio de eventos extremos. Paradoxalmente, a ausência do pai como uma figura boa é um precursor do embarque da jornada da filha onde ela encontrará uma identidade maior do que apenas ser a filha de um pai. Há muitos aspectos das traições do pai que sempre a empurram para o mundo sozinha, ela sente a dor e a realidade de sua traição, mas por meio de suas tribulações ela desperta para sua independência e força. Dessa forma, a traição do pai pode ser vista como o abandono necessário para o desenvolvimento. Mas a confiança básica se foi, ele decepcionou sua filha, falhou com ela e o amor foi maldirecionado e recusado. Ela é deixada exposta e desprotegida, porém nesses contos de fadas ela não expressa ressentimentos ou desejo de vingança; ela prossegue, embora não negue o que aconteceu. James Hillman escreveu sobre a traição do pai:

> Se a traição é perpetuada principalmente para vantagem pessoal (para sair de uma enrascada, para machucar ou usar, cuidar do Número Um), então pode-se ter certeza de que o amor não teve vantagem sobre o poder bruto (2005, p. 198).

Por exemplo, o pai de Cinderela não notou, ou apenas ignorou, o abuso físico e emocional cometido pela madrasta e meias-irmãs. Ao não fazer perguntas sobre a disparidade, o pai buscou os vestidos pedidos para suas meias-irmãs e um galho para Cinderela e depois desapareceu. Cinderela teve que lidar com a inveja, egoísmo e maldade delas, visto que o pai a expôs a essas partes terríveis da sombra. De novo, sua insuficiência significa que ela terá que lidar com duras lições de vida e também encontrar suas forças.

Em *Rumpelstichen*, o moleiro é pobre, incapaz de prover econômica e emocionalmente para sua família. Para conseguir dinheiro ele diz que a filha consegue fiar ouro da palha. Motivado por sua ganância, o rei acredita nas palavras ostensivas do pai, e a filha acaba fazendo todo o trabalho trancada em um quarto, e, caso não conseguisse, morreria. O pai não apenas a deixa para fazer o trabalho, mas também põe a vida dela em risco. Ela é salva quando um homenzinho aparece para fiar a palha em ouro. Como pagamento, ele extrai a promessa que o primeiro filho dela seria dele. Ele concorda em não levar a criança apenas se ela adivinhasse seu nome. Ele dança de alegria, repetindo seu nome (*Rumpelstichen*) pensando ter ganho dela, mas ela o escuta. Ao saber seu nome, ela obtém liberdade dele e de seu pai. Ambos são semelhantes, conspirando sua morte e dispostos a sacrificá-la para conseguir o que querem. Ambos são figuras masculinas sem conexão com o feminino ou si mesmos. Neste conto, a filha se torna rainha e excede o pai, indo além do que ele poderia lhe dar.

De forma semelhante, em "A donzela sem mãos", o pobre pai moleiro concorda em dar ao velho estranho o que está atrás do moinho em troca de ouro. Não sabendo do paradeiro de sua filha, ele pensa que se trata da macieira. Ao chegar em casa, sua esposa pergunta sobre o ouro e o moleiro explica que o ouro veio do homem que queria o que estava atrás do moinho. Embora ele não soubesse quem estava atrás do moinho, a mãe claramente sabia. A situação ilustra claramente a filha sujeita à inconsciência do pai. A pobreza representa a perda de energia do pai. Para a filha, a pobreza inicial resulta em não ser nutrida o suficiente pelo Eros, ou o princípio de correspondência com o pai. Na verdade, podemos perguntar onde estão os contos de fadas que retratam o pai que apoia a filha. A ausência do pai para criar conexões e sentimentos entre eles permite que o *animus* negativo na forma do diabo venha e tente tomar posse dela. A inconsciência, incapacidade e ganância do pai são obviamente perigosas.

No pensamento clássico junguiano, o *anima* é o princípio psicológico do feminino em um homem e se supõe ser a jovem filha e donzela. A analista junguiana Marie-Louise von Franz acredita que essa situação denota que o princípio excluído, ou o feminino, deve ser trazido à consciência. Além disso, a tarefa da filha é libertar-se dessa situação, como revelado na aparição do diabo (Von Franz, 1988, p. 31). Quando o diabo vem para levar a filha, o pai, que quer seu dinheiro e sua vida, pede desculpas pelo que deve fazer. Ele poderia ser o sacrifício, mas em vez disso sacrifica a filha, corta suas mãos de acordo com as exigências do diabo.

Novamente, o pai expõe o masculino negativo na forma do diabo e de si mesmo. A filha não se rebela e voluntariamente deixa seu pai tomar suas mãos, deixando-o executar o terrível ato. Ela chora tanto nos tocos de seus braços que o diabo não consegue chegar até ela. A donzela fornece sua própria proteção, a que o pai não foi capaz de lhe dar. O derramamento de lágrimas e sua tristeza dão início a sua partida para longe do pai e a libertam do diabo (e do pai), pois ambos são destrutivos. A expressão natural da tristeza lhe salva, enquanto a insuficiência do pai a mutila.

O pai moleiro exibe uma faceta cruel, corta a participação da filha na vida e a deixa incapaz de prosseguir por um tempo. Tão desconectado das ramificações do que fizera, ele lhe diz que pode ficar com ele. Ela rejeita a oferta. É tarde demais. Como ela poderia confiar nele? Ficar com ele seria permanecer envolta pelo mundo paterno, estar no abrigo e armadilha do pai e incapaz de crescer. Independência e respeito por si mesma emergem quando o papel da boa e obediente garota não é mais existente. Eventualmente, essa filha se torna uma rainha, tem um filho chamado Triste e passa sete anos sozinha na natureza com seu filho. Durante esse tempo, suas mãos são curadas. O pai da criança, o rei, também tem que passar por sua própria jornada para encontrá-la. O masculino também deve mudar para que novas perspectivas psicológicas possam se desenvolver.

Nos contos de fadas, a figura do diabo é parte da configuração para a crise que a filha encontra com o pai. Ou seja, a tentativa do diabo de chegar até a donzela e capturá-la é parte de seu destino e ela deve lidar com ele. Se não fosse por ele, a garota permaneceria com a família, não sabendo do mundo e ignorante de si mesma como sendo uma pessoa distinta. A aparição do diabo mostra quão negativo, desconectado, porém poderoso o masculino se tornou, o que acontece quando a figura do pai é tão remota psicologicamente e toma um papel compensatório, exagerado e contraditório. Quando o masculino não tem conexões suficientes com a filha, uma pressão interna ameaça destruir a vida, criando uma situação de angústia e reviravolta. No entanto, o conteúdo previamente inconsciente resulta em consciência, afrouxando a percepção comprimida da realidade para a expansão da personalidade.

## Em um sonho

Emily começou a análise com o seguinte sonho: *eu ia ser morta pelo meu pai. Tentei ganhar tempo. Ele já havia matado minha irmã, o que me deixou com raiva e triste. Tentei permanecer calma externamente enquanto ele apontava uma arma para mim. Agarrei a arma após uma luta com ele e corri até acordar.*

Neste sonho, sua vida estava em risco e ela fugiu, mas para onde? O sonho ilustrou o entendimento da psicologia feminina de incluir atenção ao pai como uma figura destrutiva. O pai é uma parte do que modela a relação da filha com o homem, com homens em geral, com a cultura e o feminino. Há coincidências significativas entre sonhos e processos corporais. Para Emily, o sonho ilustrava que a tarefa era escapar desse tipo de pai com suas ações assassinas. Parte do si-mesmo feminino ou da sombra/*anima* na forma da irmã já havia sido destruída. Para evitar ser tomada por ele, ela agarrou a arma e correu salvando a si mesma da energia letal do pai. Esse sonho era um passo psicológico em direção à consciência.

Muitas mulheres educadas e com mentes independentes se desculpam, porém são sabotadas e degradadas por serem fortes e ameaçarem o modo masculino. Trazer isso à tona, como no sonho, significa que, às vezes, lutar, agarrar e correr é necessário. Caso contrário, a filha poderia ser morta pelo modo paternal. Realisticamente, como no sonho de Emily, as coisas podem acabar de forma extrema.

Como no exemplo de Emily, a filha não pode confiar em ser simplesmente charmosa, linda e complacente, pois não será o suficiente. Enfatizar essas qualidades reduzem e negam seu desenvolvimento. O sonho ilustra uma ruptura com o pai e um fim da ignorância. Significa experimentar a vida e essa realidade de forma consciente. Não há proteção se ela não perceber o quão mal o pai realmente era. Tantas filhas continuam a dar desculpa pelo pai e tomando a culpa, tornando-o menos importante do que era na formação de suas trajetórias de vida.

O restante das regras prejudiciais do pai é mantido devido às suas feridas. Ela tem que encarar o aspecto pervertido masculino e deixar a inocência se manifestar em desamparo, dependência, ser uma vítima e assumir responsabilidade por sua força (Leonard, 1983, p. 85). Como nos contos de fadas descritos na seção anterior, para se separar psicológica e fisicamente do pai é necessário encontrar os recursos internos necessários, energia pessoal e inspiração. "Ouve, por eu ter mergulhado no abismo é que estou começando a amar o abismo de que sou feita" (Lispector, 2012, 39).

## O *animus*

O *animus* é um conceito cansativo, ultrapassado, misógino e tradicionalmente delineado na psicologia analítica junguiana clássica. Se olharmos por lentes mais amplas, o *animus* não funciona a partir de definições estáticas, mas pode auxiliar aspectos conectivos da psique. Mesmo assim, há muitos desacordos bem fundados com as interpretações de Jung sobre o *animus* que são reflexos de sua época. Era uma época diferente, porém alguns aspectos são aplicáveis em nossa época. Este conceito em sua forma atualizada inclui a crença de que temos ambos os sexos dentro do processo inconsciente e estes não são, em si mesmos, gêneros (Perelberg, 2018, p. XIX).

O analista junguiano americano Thomas Moore observou que o *animus* como definido na clássica psicologia junguiana

> conota vários modos de intelecto e espírito, identidade e mente ativa incluindo crítica e julgamento, imaginação artística, pensamentos do coração, caráter e temperamento, vontade e propósito [...] é menos reflexão interiorizada e mais o derramamento de mente e coração [...]. Também aparece como gênio (incluindo o *genius loci* e o espírito da família), consciência e *daemon* [...]. Tem uma fonte de luz no submundo; também pode ser monstruoso, alimentando nossas expectativas de uma *coniunctio* refinada que revela o poder de nosso próprio espírito (Moore, 1987, p. 131).

Além do mais, a palavra *animus* significa fôlego ou espírito e, representa atividade potencial e uma qualidade de discernimento. Outra definição do *animus* inclui o seguinte:

> Contemplar alguma ação é tê-la no *animus*. Voltar a atenção para algo, uma ideia ou objeto em algum espaço é direcionar o *animus* para esse algo [...]. Quando se perde a consciência, o *animus* parte. Além disso, coletar faculdades e espíritos de si é coletar o *animus* (Onians, 1973, p. 179).

As palavras de Onians retratam o *animus*/masculino saudável e correspondente capaz de acompanhar o feminino com consciência consciente e intenção.

Atualmente, a psicanalista francesa Julia Kristeva descreve um multiverso de sexualidade (2019). A interpretação dela da psique inclui muitas possibilidades expansivas quando os sexos são reconhecidos como um multiverso de expressão. Estas formas de identidade não são permanentes e sim fluidas, e levam a uma coabitação mais flexível e criativa do masculino e feminino. Kristeva afirma que o feminino está em um processo interminável de transformação, libertando também homens de papéis paternalistas estreitos. A abordagem pós-moderna de sexualidade e gênero está em um cruzamento. Kristeva chama isso de encruzilhada, um tempo de pluralização da psique e como nos relacionamos um com o outro nesse multiverso. Ela observa uma expansão da singularidade do narcisismo com sua insistência na uniformidade e fusão. Ademais, estamos diante da questão de como vivemos com o outro em muitas variedades como parte do reconhecimento da pluralização psicológica e social. O multiverso reflete tanto a força da história como a potência do inconsciente para o crescimento e desenvolvimento contínuos.

A energia oscila entre homem e mulher, masculino e feminino, se transformando ao longo da vida. As possibilidades individuais são amplas e não apenas uma união simplificada de estática e polaridades definidas de forma limitada. Ao invés disso, há uma variedade de aspectos existentes dentro de cada pessoa. "Parece que o real existe com pelo menos três: um verdadeiro correspondente ao sujeito masculino; um verdadeiro correspondente ao sujeito feminino e um verdadeiro correspondente à relação deles" (Irigaray, 2002, 111). O pensamento junguiano atual expande as imagens *animus* que não são de homens propriamente ditos, mas "uma metáfora para a riqueza, potencial e mistério do outro" (Samuels, 1993, p. 143). O *animus*, como todos os aspectos da psique, pode afirmar e solidificar o desenvolvimento ao longo da vida. Quando expandido para além dos limites de gênero, o *animus* então concede compreensão do que diz respeito ao outro baseado em diferenças ao invés de opostos (Samuels, 1999, p. 223).

"Ir além do discurso do oposto exige algo plural, descentralizado do simplificado uniformidade-diferença" (Benjamin, 1995, p. 50). A integração das dimensões masculina e feminina indica não apenas a necessidade para tal, mas também a incompletude de ambos. "Isso não deve ser confundido com homem e mulher, pois é um entrelaçamento sempre ativo [...], cada um ligado ao outro, definido por suas diferenças e 'articulações extraordinárias'" (Perelberg, 2018, p. 42).

Quando esses aspectos estão fora de relação um com o outro, a mulher ficará frustrada ao expressar a variedade de sua feminilidade e masculinidade individual. Especialmente em nosso tempo de fluxo e mudança, torna-se barato e simplista determinar um conjunto fixo de propriedades ao masculino ou feminino. Em vez disso, o conceito do *animus* deixa "suspensa" a "questão do masculino" e "feminino" [...], e a palavra é usada deliberadamente de forma confusa" (Samuels, 2016, p. 94). Cada pessoa possui alteridade sexual, divisão e diferença que promove ligações e oportunidades para várias formações ente o eu e o outro. A psique busca o equilíbrio e pode ser comparada a uma dança entre os parceiros em muitas combinações, despertando paixão e energia. Estes aspectos são parte de nossas raízes psicológicas e do âmbito natural para a riqueza da vida.

O *animus* inclui o uso do intelecto, mente, pensamento, sentimentos, emoções e o criativo. Isso dá à filha a liberdade de viver como é em vez de ser limitada pela convenção, seu pai ou o patriarcado tradicional no qual ela vive. Eis como uma mulher em terapia junguiana descreveu esses aspectos internos de sua personalidade:

> O homem e a mulher olharam um para o outro procurando sinais. Estão dispostos ou não a encarar a verdade do drama? Nesse ponto, sabiam que estavam nisso juntos. Cada um pensou sobre a coragem do outro, a fragilidade da mente do outro. Cada um estava tentado a ficar e sofrer com o desdobramento [...]. Por um momento seus olhos se encontraram mais uma vez, mas estavam possuídos por dúvidas. A coragem e o desejo foram abandonados. Viraram-se, saíram e disseram adeus. Nenhum deles soube sobre o que, de fato, tratava o drama ou o que de verdade poderia ter sido deles.

As palavras dela nos faz questionar o que indicam sobre as conexões internas que trabalham em conjunto, ou não. "Na medida que [uma pessoa] não admite a validade do outro, [ela] nega ao "outro" dentro [de si mesma] o direito de existir e vice-versa. A capacidade para diálogo interno é um critério para objetividade externa" (OC 8/2, § 187).

Se dominado pelo masculino, o feminino sofre. Desejos são reprimidos, visto que a filha evita ter uma direção e escolha. Por exemplo, com o *animus* alterado e negativo, ela se considera feia e isso inibe seu processo de vida e, dessa forma, ela não é capaz de expressar afeição com o corpo (Carotenuto, 2015, p. 129). Ademais, em seu aspecto negativo, o *animus* constela como o crítico interno, o juiz, sádico, assassino que informa à mulher que ela é inútil, ignorante e incapaz de ser amada. Isso prejudica relacionamentos amorosos, sabota possibilidades, cria impotência, abala sua confiança ou, se for bem-sucedida, a frustra. Um tirano interior mantém toda a influência.

É necessário um pai conscientemente consciente para abrigar tanto a feminilidade como a masculinidade da filha (Samuels, 1985, p. 31). Quando um pai não é alguém presente para afirmá-la, sua rejeição gera consequências prejudiciais como masoquismo e uma incapacidade de deixar o mundo do pai. Ela abandona sua identidade para se tornar seu ideal do feminino. Ou, pode assumir uma atitude de rebeldia e vingança contra o masculino. Qualquer uma das atitudes abriga as decepções e esgotamentos internos que residem dentro dela. Porque o pai é o outro objeto de amor a se alinhar com a uniformidade e diferença, não é necessário roubar ou invejar a masculinidade, mas a ter por direito (Benjamin, 1988, p. 129).

O conceito de *animus* reconhece a natureza bissexual da psique. Jung disse que

> ela deve tomar cuidado para que seu *animus* não vá além dela porque, se ele se afastar dela despercebido e cair no inconsciente, pode ser destrutivo. O *animus* pode ser positivo ou negativo. Pode ser como um dragão guardando a ponte, tentando nos impedir de alcançar o outro lado. Se não tentarmos evitá-lo, e sim avançar com coragem, ele se torna administrável e podemos seguir sem infortúnios. Se fugirmos porque o dragão parece forte demais, perdemos energia vital e ficamos sem alma (Ostrowski-Sachs, 1971, p. 29).

Como exemplificado pela citação de Jung, o *animus* pode ser incrivelmente criativo ou profundamente destrutivo, dependendo da relação do feminino com ele. Integração significa adaptar o *animus* à sua personalidade em vez de ser submisso a ele. Com conexões internas com a energia flexível e aberta do *animus*/masculino, ela pode acessar a vitalidade, aceitação, amor, confiança e segurança.

O *animus* contém o complexo de sentimentos sobre homens aprendidos com as mães e com os pais. Isso inclui como o *animus* funciona internamente na filha, as interações entre as figuras da mãe e do pai, e entre eles no mundo. Quando flexíveis, estes aspectos são modelos de necessidade saudáveis de dependência e confiança mútua. Quando o pai não é alguém disponível, que a apoia e não é presente, a filha pode vivenciar decepções, promessas quebradas, não ter modelos de união, não saber como resolver situações e o amor é algo partido (Seligman, 1985, p. 73).

## O estrago tardio

Darelle percebia que estava com raiva a maior parte do tempo e cheia de opiniões negativas. Ela se descreveu como tendo sapos saindo de sua boca e não conseguia evitar os comentários desagradáveis, maldosos que afastavam as pessoas, o que refletia sua miséria interna. Quando criança, ela teve que evitar um pai proibitivo e exigente para quem nada era bom o bastante. Sempre mal-humorado, ele nunca sorria e não compartilhava nada pessoal, também não perguntava nada sobre ela. Ela não estava ciente que havia adotado as atitudes dele. Toda vez que tentava se divertir ou descansar, o masculino/*animus* negativo a insultava e a acusava, ela deveria trabalhar mais e ser mais produtiva. Sem acesso a palavras ou ações que a pudessem confortar, ela continuava de tarefa em tarefa, se mantinha ocupada e eficiente. Atormentada por exigências intermináveis para que fizesse mais, ela não conseguia acessar seus desejos verdadeiros, então se refugiou em dar aos outros. Com o tempo, se tornou uma mulher derrotada, vencida pelo cansaço, contaminada por uma ideia de nulidade.

Darelle evitava seus desejos e hesitava em encontrar o amor, pois estava convencida de que encontraria rejeição. Ela se culpava, se convencendo de que havia feito algo errado quando os relacionamentos não eram recíprocos. Questionando como ser feminina, incapaz de aumentar sua autoestima, Darelle não tinha confiança em sua habilidade de atrair alguém e costumava desconsiderar sua intuição natural. Ela pensava que deveria apagar o anseio de intimidade, se esconder para não ser exposta como alguém carente. Mas estas atitudes a deixaram perdida e com poucas esperanças. Ela era como muitas filhas que anseiam ser avivadas, mas não sabem como.

Não entendeu por muitos anos o estrago que sofreu ao ter sido espelhada de forma inadequada por um pai distante e prepotente. Ele comentava sobre seu corpo, como a aparência das mulheres deveria ser e sempre de forma sexual e lasciva. Ela aprendeu a ficar fora de seu alcance de visão e definitivamente fora do alcance dos holofotes. O pai que deveria ter apoiado sua autoridade e forças não estava por perto. Embora angustiada e solitária, sua mãe disse para que aceitasse e compreendesse o domínio bruto e grosseiro dele; afinal, ele "cuidava" delas. No entanto, Darelle sabia que sua mãe era profundamente infeliz, raramente os via expressar qualquer tipo de amor. A atmosfera familiar era de um desespero silencioso e um sentimento de derrota.

Em uma situação como essa, ela não conseguiria acessar as dinâmicas interativas do masculino e feminino. Sua adaptação foi ficar inconsciente, apagar a influência do pai, modificar a história para que ele não contasse como alguém importante em sua vida. Ela não era confortável em sua pele, muitas vezes trocando de roupa várias vezes ao dia tentando obter algum tipo de alívio.

Era vigilante, cuidadosa, observava os outros mais do que a si mesma e tentava se defender de qualquer surpresa.

Frequentemente, muitas filhas observam que não puderam pedir que seus pais demonstrassem muito, ou que demonstrassem algo. Ficaram frustradas em como usar suas forças e talentos, e se escondiam por trás de uma *persona* que não precisava de nada. Em vez de vivenciar uma variedade de seus sentidos, essas filhas se tornaram restringidas e agiam de forma constrangida. Quando o pai é ausente emocionalmente, o *animus* pode assumir formas negativas, inadequadamente no comando da psique da filha, estar em conflito com seus instintos, expressões de individualidade e afetar a relação do si-mesmo com outros. O *animus* é uma predisposição natural projetada para funcionar com o intelecto feminino dela (Jung, E., 1978, p. 12-13), no entanto, ninguém se preocupou com a mente de Darelle.

Depois de muita terapia, Darelle começava a reconhecer que seu pai era um homem como o *Mágico de Oz*, um personagem falso e insignificante que se escondia atrás de uma cortina de arrogância e bravura. Não tendo nenhuma habilidade mágica, ficou claro que seu pai, como o mágico, era uma fralde. Esta figura se tornou como um demônio que não a permitia obter êxito, ser humana ou falhar em algo. Constantemente a repreendendo, a chamando de ignorante, fraca e insignificante. Emma Jung disse o seguinte:

> O que as mulheres têm que superar em relação ao *animus* é a falta de autoconfiança e resistência da inércia. É como se tivéssemos que nos levantar [...] até a independência espiritual. Sem esse tipo de revolta, não importa o que ela tenha que sofrer como consequência, jamais será livre do poder do tirano, nunca virá a se encontrar (1978, p. 23).

A energia negativa do *animus*/masculino se manifestava na forma como Darelle se depreciava e se ignorava. Ela negou a inadequação do pai transformando-a em sua inadequação em vez de corrigi-la. Vozes masculinas fortes e tortuosas a dominaram por dentro e ela desapareceu. "Discernir entre si mesmo e o *animus*, limitar a esfera de poder dele é extremamente importante [...] para se libertar das consequências fatídicas de se identificar com o *animus* e ser possuído por ele" (Jung, E., 1978, p. 38).

A filha que aprende a não ter contato com seu corpo terá medo de seu coração e se separará de suas emoções. Darelle tinha dificuldade em ficar parada e era dominada por preocupações internas compulsivas. Ela ficava tão emocionalmente escondida que inconscientemente vivia de acordo com o masculino, o *animus* tirano. Mal sabia que ela mesma era ele, cegada pelo masculino, defensiva e em alerta (Shorter, 1987, p. 103). Não havia nenhuma energia *animus* boa para ajudar, apoiar, equilibrar ou diferenciar o saudável do destrutivo. Os comportamentos dela iam de isolação a pensamentos e ações negativas, emocionalmente conturbava e destruía a si mesma por meio de dúvidas e inseguranças, separando-a de si mesma. Não tinha muito prazer ou paz. Sabia que era ansiosa demais, mas não conseguia evitar. A pressão se acumulava por dentro; se retorcia mais e mais. Ela era tão focada no externo que mal compreendia o que era simplesmente ser.

Ela pode se tornar como muitas filhas e desistir de tentar. Progressivamente se tornando alienada e perdida. Ao idealizar o masculino/pai, ela pode repudiar elementos de sua própria psique. As feridas abaixo da superfície indicavam uma conexão de cuidado faltante entre o ego e o corpo. Darelle ignorava os sinais de seu corpo, esquecendo-se até de respirar; congelada, ela não tinha ideia de sua singularidade. Estava submersa em um mundo sem cor ou vida. Enquanto isso, estava envolvida em uma guerra interminável entre partes do si-mesmo; uma guerra de vozes internalizadas implacáveis e sádicas, muitas vezes baseadas no paternal, mas vozes que ela obedecia, pois era dominada pelo *animus* negativo.

Na terapia, Darelle disse que gostaria de ser como Atena, a deusa grega que ela associava com a guerra e ser forte. Disse que Atena não precisava de ninguém, mas se esqueceu que a deusa sempre foi obediente e leal ao seu pai, Zeus, o severo e egoísta rei do panteão grego dos deuses e deusas. Atena, como a filha obediente, realizava seus desejos sem restrições.

A figura paterna pode se tornar maliciosa e maligna conforme a filha internaliza as encenações sadomasoquistas dele (Kavaler-Adler, 2000, p. 85). A filha com esse tipo de apego inconsciente com seu pai cai facilmente nos braços do que é chamado *amante fantasma*. Esta figura é, na verdade, uma forma do *animus* negativo, desconectado do feminino. Ele parece ser um amor ideal, mas apresenta uma versão romantizada de um relacionamento envolto em irrealidade. Ele é o homem desconexo e egoísta tecendo histórias sobre como ela precisa dele para suas inadequações. Incapaz de dar ou ser presente ao mesmo tempo que internamente humilhante, ele repete o que ela pensa de si mesma. Ela é convencida pelos gestos ocasionais de doçura, mas isso é tudo que ele tem para oferecer. Tudo mais é mantido distante, em espera e sem compromisso, visto que ele não é forte o suficiente para conhecê-la.

## Sonhos com o *animus*/pai negativo

O sonho desenvolve os reinos escondidos da psique, o ainda invisível, mas valioso detentor de questões pessoais assim como as do coletivo. Sonhos carregam imagens fundamentais que podem abrir a alma. Eles afetam, guiam e ilustram os passos para o desenvolvimento da consciência. O sonho revela o drama e experiências do lado inconsciente da vida, muitas vezes especialmente impactantes durante os períodos de transição. Sonhos nos avisam se estamos prestes a nos desviar, nos encorajam e oferecem perspectivas. São uma das melhores e mais naturais maneiras de lidar com desconexões internas, pois equilibram a unilateralidade. Ao interpretar os sonhos, nos tornamos não apenas disciplinados e lógicos, mas também emocionais, sentimentais, imaginativos e sensatos. Jung observou que "processos naturais de transformação são anunciados principalmente no sonho" (OC 9/1, § 235). Sonhos são subjetivos e objetivos em sua linguagem simbólica, desdobrando-se em muitos mais significados que os literais. O sonho e seus símbolos podem ser um desafio de decifrar, já que incluem pensamentos e emoções, pessoal e coletivo, histórico e atual, conhecido e desconhecido. Isso pode explicar por que o trabalho do sonho é difícil, porém estimulante e intensamente emocionante.

O seguinte sonho é um exemplo dos perigos do *animus* negativo conforme apareceu no começo da análise de Darelle. *Um homem queria se casar comigo. Ele era espanhol com pele escura e roupas de matador de tourada. Achei-o atraente, mas não queria que ele soubesse, pois sentia uma atração para estar perto e longe dele. Ele compareceu a um casamento e sabia que eu era casada, mas continuou insistindo. Era rico e sua família possuía uma enorme cidade ocidental que crescia mais e mais. Toda vez que o via, ele parecia mais espanhol e menos atraente. Em um momento, ele estava na cama comigo e fiquei feliz de estar com uma camisola e camiseta. Eu lhe perguntei se ele percebia que eu estava feia com meu cabelo uma bagunça. Ele não parecia se importar.*

No sonho, ela tinha medo desse homem, de seus avanços, e o modo como invadia o espaço dela indicava a força dele. Por baixo de sua influência, ela estava atraída por uma qualidade obscura e convincente. Como a cultura ocidental é patriarcal, a experiência do masculino de uma mulher não será simplesmente o inverso da experiência do homem do feminino. Para ela,

> o ar que ela respira, as fronteiras de seu consciente, o conteúdo de sua psique pessoal inconsciente e o elenco completo da psique coletiva são cheios do homem: imagem, história, definições, requisitos, expectativas, necessidades, desejos, ameaças, poder, leis, religiões, deuses, dinheiro, ambivalência e a imagem irreal que ele tem dela (Cowan, 2013, p. 2).

O *animus*/masculino/pai negativo apareceu em outro sonho. "*Sonhei mais uma vez, como periodicamente ao longo de minha vida, sobre o homem que sempre teve uma estranha energia, era parte erótica, parte medo, parte atração, parte destruição. Neste sonho, ele é meu paciente de terapia. Sei que ele matou pessoas, como o terapeuta na série de televisão,* Os Sopranos. *Não direi nada, pois ele me matará. Decidi chamar a polícia para prendê-lo. Estou em uma palestra com meu marido. O homem está lá, mas é um metamorfo, um trapaceiro que usava um disfarce. Agora ele é uma mulher, mas vejo seus olhos e sei quem é, e ele sabe que contarei de novo. Estou com medo. Ele se senta atrás de mim e começa a mudar de forma. Depois estou em uma passarela com várias pessoas. Ele irá iludi-las; são pessoas inocentes. Ele é como o homem do filme,* O silêncio dos inocentes. *Eu acordo com medo e penso em ligar para a emergência, para a polícia, e mesmo que ele saiba, tenho que denunciá-lo e me afastar dele, caso contrário sei que isso nunca acabará*".

O sonho esclareceu de forma absoluta que ela deveria denunciá-lo e conseguir proteção. Ela não poderia continuar a tratá-lo na posição de terapeuta porque não haveria mudança. Ele era o personagem negativo masculino/*animus*/mafioso que matou sem remorso e a sangue-frio. E agora ela reconheceu que ele a havia perseguido por muito tempo. Em uma reintegração simbólica do pai ausente, o sonho apontou para as forças destrutivas masculinas internalizadas.

Os sonhos, em vários cenários, expõem os demônios por dentro, impedindo a filha de obter sucesso, falando com vozes assassinas e autodestrutivas que ela tenta de novo e de novo enfrentar e acabar com elas. Nos sonhos, outros são libertados, muitas vezes diferentes daqueles em nossa consciência diurna. Esse sonho revelou a figura interna mortal contra Darelle. As imagens ilustram seu si-mesmo assustado, o homem do sonho como perigoso com uma qualidade de consumo e mortal. O si--mesmo estava sob ameaça porque ele era o mal absoluto. Ele a lembrava de seu pai. Darelle estava chocada; ela se iludiu pensando que esse homem familiar com seus comentários degradantes era, talvez, benigno, ou não tão perigoso. Ele havia se mudado para uma casa escura em sua psique e suas terríveis motivações não eram evidentes.

Ao acordar do sonho, Darelle sabia que não podia pensar que havia lidado com essa força dentro dela, embora pensasse que manter o ódio diário para si mesma o fizesse benigno. Anteriormente, ela não havia questionado suas respostas de ódio, mas agora reconhecia que o homem no sonho era parte de sua rejeição interna e a versão de si mesma. Ele era como unhas a rasgando por dentro. A destrutividade do pai se tornou a tendência niilista dirigida ao seu si-mesmo e ela havia sido assimilada com a hostilidade dele. Darelle reconheceu que seu pai era o instigador que governava sua vida, minando sua originalidade, diminuindo sua confiança e danificando sua potência. Ele estava por trás da derrota que emergia com cada nova possibilidade e a resposta era sempre não, ela não teria sucesso. Sobre isso, Emma Jung aconselhou: "quando mulheres obtêm sucesso em se posicionar contra o *animus*, em vez de se permitirem ser devoradas por ele, ele cessa de ser apenas um perigo e se torna uma força criativa" (Jung, E., 1978, p. 42).

Darelle continuou com a terapia. Cada um dos sonhos, embora aterrorizantes, a deixaram mais determinada. Ela estava curiosa, intrigada e mais forte. Sua busca por relacionamento, autoestima e autocuidado não eram fáceis, mas sua fortaleza de espírito e carreira a deram forças com a energia para continuar o processo.

## Outro exemplo

Chanita queria muito um relacionamento com seu pai; com cerca de 20 anos concordou com ele que teriam uma noite para beber e fumar juntos. Ela o escutou enquanto ele doutrinava principalmente porque queria ser considerada especial. Apenas agora, quando estava com quase 60 anos, é que o abuso psicológico, emocional, físico e sexual durante sua infância se tornou evidente. O choque a deixou desnorteada. Chanita passou a vida negando a severidade dos danos causados na infância impostos por seu pai.

Ela sonhou que foi a um cabeleireiro e pediu uma manutenção para seu longo e amado cabelo. Ele perguntou: "Por que não um corte curto? Mulheres mais velhas devem ter cabelo curto" (ela tinha cerca de 40 anos), "e mulheres que são gordas" (seu tamanho era médio) "também deveriam ter cabelo curto". Ele continuou insistindo. Ela manteve sua posição, mas continuou discutindo com ele. Ao discutir o sonho, percebeu-se que ela evitava tudo; esperava ser humilhada, até mesmo destruída, diminuída e rejeitada por todos. Chanita gradualmente havia se retirado do mundo, voltando para casa na mesma rua, procurando ficar segura. O sonho revelou fortemente como essa figura masculina internalizada não a escutava. Surpreendentemente, ele dizia as mesmas palavras da mãe dela, que, previsivelmente, tomava o lado do pai. Estes eram alguns dos processos complicados que impediam seu movimento em direção à vida.

Pouco a pouco na terapia, Chanita começou a perceber por que nunca questionava seus terríveis ex-namorados, sua necessidade para que a aprovassem e como, mais tarde, abandonou sua carreira. As imagens de seu pai em uma série de sonhos eram consistentemente ameaçadoras conforme ele a agarrava, puxando-a para abraços um tanto apertados demais. Uma abundância de imagens e implacáveis repetições. Algo estava muito, muito errado. O pai de Chanita não era apenas cruel, incapaz de fornecer amor ou segurança, mas agora ele estava psicologicamente internalizado, impedindo-a de se mover no mundo. Ela sonhou que estava na cama entre seu pai e sua mãe, percebeu que isso era errado e tentou sair da cama. Ele começou a bater nela com cabides e lhe dizia para ficar. Chanita pulou tentando sair da cama, mas não conseguiu, estava presa entre o pai e a mãe. Percebeu as mensagens psicológicas e sexuais do sonho, mas seu comportamento quando relatando o sonho era frio, até mesmo como se aceitasse. Ao término do sonho, ela se perguntava se tinha energia para fazer qualquer outra coisa.

Eventualmente, essa inteligente e competente mulher desabou fisicamente. Sua adaptação ao declínio do mundo indicava uma memória comprometida, mas as feridas estavam no corpo, onde a psique também falava. Ela desenvolveu alergias severas e não podia sair muito, não podia comer muito e era ansiosa. Confiava em poucas pessoas. Tinha medo de dirigir; qualquer coisa que fosse assertiva, qualquer experiência separada de seu parceiro ou que a tirassem da casa sozinha. Chanita era uma pessoa presa por algo do qual ainda não tinha conhecimento, mas estava em terapia para descobri-lo. O inconsciente a assustava, pois era onde ela escondia a crueldade do pai e as feridas de sua psique e alma.

Lentamente se desdobrando através de muitos sonhos, os quais mostraram seu pai como o abusador físico e emocional, e sua mãe como conivente; o que ela não queria reconhecer insistia em ser abordado. Ela foi molestada de tantas maneiras, prejudicada na vida sem uma gota de um pai decente. Ele era perigoso. Ponto. O pai era desenfreado, incontido, destruiu a segurança da infância dela e agora ela desvendava os pedaços para se libertar dos dedos dele em volta de seu pescoço. Sua apreensão dele misturada com o anseio por seu amor foi revelado sonho após sonho o quão presa ela estava; tanto pela ausência emocional como pela presença cruel dele. O pai carinhoso e amoroso que desejava definitivamente não era nada dessas coisas. Essa era uma dura realidade de aceitar e a abalou profundamente; seus sonhos, porém, confirmavam essa informação. Ela precisava ser liberta da identificação com o pai ausente para abrir espaço para a linguagem de seu verdadeiro si-mesmo (Shorter, 1987, p. 105).

O exemplo de Chanita ilustra o problema em que a influência do pai é distorcida e tudo que é bom e respeitoso é inacessível. A identificação bloqueada com o pai e a falta de relação adequada criam horror e derrota. A filha vê a si mesma com vergonha e humilhação e isso transpassa a um sentimento de inutilidade. Simbolicamente, sem a figura paterna, há um espaço em branco onde ela se faz invisível, complacente e controlada.

O pai ausente e o *animus* negativo castram e roubam suas forças. Uma preocupação ansiosa continua a mantê-la absorvida em avaliações negativas. Ela está sob o feitiço dele, incapaz de compreender a realidade desses lugares internos cheios de caos e confusão. Ela tem dificuldade em se definir pessoal e profissionalmente. Nas garras do *animus* negativo como modelado pelo pai e pela mãe, a filha foi completamente separada da doçura da vida. Se a identidade da filha fica presa na imagem do pai, vazia e destrutiva, ela toma atitudes semelhantes em relação a si mesma e a outros.

A conscientização das situações difíceis dissolve as antigas estruturas psicológicas e as reforma com uma postura psicológica (Stein, 1983, p. 108). Chanita corajosamente encarou cada sonho, embora a tivessem abalado profundamente. Ela continuou a se desenvolver, retirando camada por camada do que normalmente é sentido como terror. Gradualmente, novas atitudes começaram a modernizar e expandir os antigos padrões para uma renovação.

O uso da psique dela se torna mais fluido e menos assustador. Opções se apresentavam gradualmente e reconhecemos cada pequena vitória como um movimento importante de sua psique. As muitas variações e conexões dentro da psique pessoal e a cultura estão disponíveis para serem usadas de forma consciente, fluida e inovadora. O Eros e a psique, masculino e feminino, em suas várias manifestações podem então ser vivenciados individualmente. Suas interações trazem transformação em uma dinâmica de mudança que não é rígida ou baseada em gênero, mas pessoalmente moldada com uma consciência livre de normas paternais restritivas. "Gênero não é algo que se é, é algo que se faz, um ato [...], um 'fazer' em vez de um 'ser'" (Butler, 1990, p. 62).

# 10

# Idealização do pai
## Um túmulo de ilusão

> Meus sonhos, porém, eram só para mim; a ninguém os revelava, eram meu refúgio quando eu estava aborrecida – meus mais caros prazeres quando me achava livre.
>
> Mary Shelley, *Frankenstein* (1831, p. 78).

Todas as filhas passam por uma fase de idealização da figura paterna. Essa idealização é amplificada proporcionalmente e se torna mais inconsciente quando o pai é ausente. Sua ausência acentua tanto a idealização para que a filha não possa ter noção de nenhuma de suas realidades. Em uma crítica de *To Dance in the Wake* (Dançar no despertar), a biografia de Lucia Joyce, Hermione Lee escreve sobre Lucia Joyce, filha de James Joyce, que "foi examinada por Jung, que a achou tão ligada ao sistema psíquico de seu pai que a análise não poderia ter êxito" (2003). Por padrão, essa filha é moldada pela definição do pai do feminino, que se sobrepõe aos costumes dela. Presa em uma idealização, o masculino/pai continua no lugar e o entendimento dela de autoagência se encontra em fundações instáveis. Por trás da idealização e dependência nos homens e no masculino espreita raiva e mágoa, tristeza e aflição do abandono do pai.

Este capítulo oferece um exemplo de idealização por meio da análise de vários sonhos de uma mulher que não teve um pai para uma atenção física e emocional adequada. Identificar-se com um pai que se transformou em ideal porque, tanto ausente quanto inapropriadamente próximo, moldou sua situação psicológica. A devoção dela a ele tornou-se a consequência de sua manipulação psicológica. Essas situações difíceis e extenuantes paradoxalmente criam mais idealizações até que sejam compreendidas. Os sentimentos internos da filha são principalmente sentimentos de ausência e vazio, com ela percebendo apenas a fragmentação e desintegração do si-mesmo (Kristeva, 1988, p. 18-19). A tristeza e a depressão forneciam-lhe uma defesa frágil contra seu desmoronamento, enquanto os sentimentos pesados a mantinham em pé de forma paradoxal e tênue.

Este tipo de pai usa sua posição para promover a idealização e lealdade da filha. O desenvolvimento dela parece uma ameaça assim como sua vitalidade e juventude. Ela não desafia sua autoridade e não pode ter uma voz além de em deferência a ele. Ela acredita no mito de ser o objeto de docilidade e fascínio dele. A adoração e idealização inconscientes dela a fazem parecer inocente, mais jovem do que é e indisposta a desafiá-lo ou se rebelar contra o pai e, portanto, sujeita a seu governo. Ela reconhece sua depressão, como seu rosto muda e sente por ele. Ele precisa dela e ela estará a sua disposição como uma filha passiva, impotente e absorta. O poder sedutor e a atração pelo pai como ideal tornam essa filha submissa, masoquista e a diminuem sob as restrições psicológicas dele. O pai e a filha estão emocionalmente ligados porque ela serve às necessidades dele. O pai, ao negar a essência de sua filha, restringe-a a uma vida amortecida, pois ela desenvolve padrões e comportamentos exaustivos para si mesma.

A idealização se mistura com e produz depressão, agressividade passiva e uma atitude de esperar para que a vida aconteça. As experiências dessa filha são cada vez mais vazias conforme ela permanece na sombra do pai. A solução dela é se identificar com seu pai, não o desafiar, para que mantenha sua imagem desejada de grande mestre e ela como uma simples extensão. Encorajando sua idealidade, ele é seu professor e mentor, o capitão do navio, um mestre das correntes marítimas e ela deve confiar em sua genialidade.

Ao assumir um papel e se adaptando a ele, ela se torna invisível aos outros, pois ninguém a conhece de verdade. Um sentimento de isolamento prevalece conforme ela permanece fora de si mesma. Ela é tão infeliz e solitária que não consegue visualizar qualquer pessoa a desejando. Vive uma vida em branco, plana, sem qualquer profundidade, protegendo sua autonomia e resistindo aos outros. Embora possa se envolver em atividades intensas, ela o faz apenas para mascarar a séria depressão.

Quando a identidade de uma filha está vinculada a idealizar seu pai, ela pode parecer funcional, mas vive abaixo de seu potencial. Paixões são reduzidas, pensamento individual não é formado e sua vida não tem valor. Ela se refugia na solidão para preservar os fragmentos de sua identidade. Isso obstrui intimidade e relações são abortadas. Mesmo em situação terapêutica, ela não apenas acredita ser desconhecida, mas também não quer ou espera qualquer coisa além disso.

## A configuração da infância

A adaptação de Tilisha à vida começou em sua infância. Sua mãe morreu quando ela era muito pequena, mas seu pai havia partido antes disso para nunca ser visto até que ela chegasse à idade adulta. Seus avós maternos subverteram a realidade ao revisá-la. Os segredos abrigados em Tilisha eram uma atração inconsciente e sedutora por mais segredos e duplicidade. É como ela aprendeu a existir. Segredos possuem um efeito profundamente psicológico e físico, especialmente quando misturados com anseios não correspondidos. Quando era adolescente, Tilisha descobriu a verdade sobre sua vida e sentiu como se houvesse traições inacreditáveis, mas não contou a ninguém. Na época, ela resolveu encontrar seu pai.

Mesmo quando criança, o vínculo com ele estava presente em sua mente, composto de imagens amáveis e anseio secreto que ficavam mais fortes quanto mais lhe diziam para não pensar nele. A ferida do pai ausente infeccionou. O fato de ele nunca ter sido presente e era cercado por silêncio e desaprovação alimentaram essa idealização. A inacessibilidade dele abriu portas para a tristeza e perda, nas quais ela começou a desaparecer. Tilisha sentia-se uma vítima, uma filha sem um pai, e não encontrou paz de espírito. Ela o queria apesar do anseio a ligar às feridas emocionais e desilusões.

Quando se tornou uma jovem adulta, Tilisha o encontrou, mas nunca questionou suas razões por não entrar em contato com ela ao longo dos anos. Ela aprendeu apenas a encontrar o pai, desistindo do processo natural que seria ele a encontrar. Este fato expressa o desenvolvimento inibido de autoagência (Knox, 2010, p. 132). Tilisha acreditou nas desculpas dadas por ele para não tentar encontrá-la antes, acreditou que ela deveria encontrá-lo, pois significava que ele confiava nela. Para Tilisha, os anos imaginando um pai de fantasia não a prepararam para a realidade. Os sonhos de infância que a envolviam em um abraço com um pai de contos de fadas a levaram a supor que tudo que precisava era seu retorno. Ela nunca pensou que ele usaria essa necessidade contra ela, ou que o homem que ela imaginou como um deus seria algo parecido com um demônio. Seus limites com ele eram porosos devido à sua dolorosa ausência e o anseio dela. Isso a deixou vulnerável às sugestões dele e invasões do espaço pessoal dela.

Uma mudança psicológica ocorreu entre Tilisha e o pai, pois ele a pressionava para criar uma união equivocada, insensível e sem limites. Esse pai depositou em sua filha um fardo afetivo inadequado como se ela fosse seu amor (Carotenuto, 2015, p. 45). A configuração emocional que ele iniciou colocou-a em um tipo de contrato perverso para que ela fizesse o que ele dissesse a fim de manter seu amor. Ela sentia uma energia destrutiva a atraindo para ele, mas não podia resistir. A ausência dele criou essa concessão, ela entregou-se a ele para que sempre continuassem juntos. Projetou seu desejo sobre ele por tanto tempo que ele se tornou seu universo e ela existia apenas aos olhos dele.

Contudo, o vínculo com ele significava que ela tinha que assumir as marcas dele, e a sombra do pai caiu sobre ela. Tilisha não havia percebido ainda que o apego distorcido entre eles significava que ela não poderia ajudá-lo para amar outra pessoa. Ela concordou com as histórias dele e se tornou o que ela chamou de sua "noiva espiritual", uma posição que reflete a imagem ideal dele mesmo enquanto apaga a identidade separada dela. Ela tomava os problemas dele como dela e, ao receber suas projeções, imitava como ele queria que ela fosse. Ela preservou a imagem que ele tinha de si mesmo ao idealizá-lo. Essa idealização também foi deturpada por Tilisha sentir-se inadequada, fazendo aumentar suas dúvidas de si mesma. Ele tentou controlar sua mente, tomou conta de seu corpo e a fez guardar segredos; tudo enquanto a convencendo que eram um casal especial, invocando paralelos com os antigos reis e suas parceiras.

Para Tilisha, a prisão com seu pai era melhor do que a única alternativa que ela conhecia: nenhum pai. Ela não conseguia resisti-lo, embora seu desenvolvimento dependesse de escapar ser devorada por ele. Sentia vergonha pelo que fazia com ele, vergonha misturada com o quanto o desejava. Tilisha não podia contar a ninguém, ficando assim mais isolada. Seu si-mesmo se tornou cada vez menos definido conforme ela se fundia em agradá-lo. A libido de Tilisha, tão ligada à imagem paternal ausente, exerceu uma enorme pressão. O abandono inicial por parte dele levou à fixação aguda, uma armadilha e anseio emocional.

Seu pai era uma combinação de atributos adoráveis e monstruosos impossíveis de serem negociados por ela, especialmente porque ignorava o lado monstruoso da situação. O poder e profunda atração dele se tornaram enormes ataques na individualidade dela. Como uma boneca que não consegue agir de forma independente, ela era vulnerável, pertencia a outro e era incapaz de se separar. Quanto mais ela idealizava o pai, mais e mais sua vitalidade diminuía. No entanto, Tilisha se identificava tão fortemente com qualquer coisa positiva sobre ele que mesmo após um ano de tratamento ela não conseguia compreender como e de quantas formas seu pai a havia manipulado.

De forma semelhante, Andrew Samuels disse que "o fracasso do pai em participar da atração e da renúncia mútua e dolorosa da realização erótica com sua filha impedem seu desenvolvimento psicológico" (Samuels, 1985, p. 31). A palavra *erótico* aqui tem conotação de atração e energia usadas adequadamente para acionar a paixão da filha pela vida e para desenvolver suas qualidades especiais. Mas a ausência do pai em seu desenvolvimento inicial levou a uma falta de autoridade ou fundação própria na personalidade de Tilisha.

Após deixar o pai e ir viver em uma outra cidade sozinha, Tilisha teve um longo caso com Jeff, descrito por ela como tirânico e, às vezes, degradante. Ela não conseguia ajudá-lo, embora ele a machucasse com suas palavras e ações brutas. Jeff era autoritário, lhe dizia como ser e o que fazer, ela estava presa a ele (como esteve com o pai). Durante os vários anos da relação, Jeff teve casos com outras mulheres. Treinada para ser o segundo lugar, Tilisha, embora ferida, esperou por ele. Ela desesperadamente precisava da validação masculina e estava disposta a fazer qualquer coisa para mantê-la, a ponto de aumentar seus próprios seios quando descobriu que uma das mulheres que Jeff namorou tinha seios grandes.

Tilisha representava um retrato de um estado psíquico solitário em extremo, sensível à rejeição, frequentemente presa em um abismo de tédio, ansiedade e vazio. Faltava-lhe um sentimento contínuo de envolvimento, muitas vezes sem sua consciência consciente. Ela se perguntava se suas conquistas foram manipuladas e se ela própria era falsa e enganava os outros. Porque o presente era vivenciado como imperfeito e insuficiente, ela preferia ir para casa e fechar as cortinas. Era confrontada por sentimentos de resignação, perda de esperança e um desinteresse por si mesma. Era simplesmente impossível escapar do desespero, ele permeava seu espaço físico e psíquico. Ela sentia uma disjunção inquietante entre si mesma e outros. Quando falava de sua vida, soava desconexa e sua narrativa acentuava o vazio de sua existência.

Tilisha precisava tanto da aceitação de Jeff que, no período de uma sessão, ela discutiu consigo mesma de modo a justificar o desgosto dele por ela. Como em sua infância, quando acreditava não ser boa o suficiente para que seu pai ligasse ou visitasse. Quando estava nesse humor, Tilisha estava convencida que tanto seu pai como Jeff não tinham culpa e eram pessoas gentis, a amizade e lealdade dela eram simplesmente patéticas e vazias. Ela descreveu sentimentos em que parecia odiar a si mesma, esses sentimentos apareciam sob o disfarce de uma voz interior chamando-a de um câncer maligno e imundo. Com a crueldade voltada para dentro de si, Tilisha acusava a si mesma de ser o que ela chamava de "uma criatura que machuca pessoas inocentes com seus poderes de enganar pessoas". Ela pensou que deveria ser uma farsa que fazia as pessoas a amarem e pensar que ela era especial.

## Sonhos

Era difícil para Tilisha recordar seus sonhos no começo, pois sentia-se cansada demais para escrevê-los. Depois, gradualmente, fragmento após fragmento, ela começou a acessar o mundo dos sonhos. Trouxe à terapia um sonho de infância recorrente. *No sonho, vejo uma figura vindo em minha direção com uma adaga em um travesseiro. A figura vai até o armário e vai embora.* Estava assustada após o sonho e se escondeu sob as cobertas. Disse que esse sonho era assustador devido às intenções ameaçadoras da figura. Era como um fantasma, como se viesse do submundo e representasse a energia sombria que a rodeava quando criança, mas que ainda era presente. Além disso, o inconsciente a assustava, como demonstrado por sua dificuldade inicial em lembrar-se dos sonhos e da ansiedade que permeava este sonho. Ela temia que algo terrível estivesse ali, algo desprezível sobre ela se escondendo nas sombras. O sonho a fez olhar para o complexo personificado na figura interna desconhecida.

Os sonhos são espelhos da psique para a realidade e da realidade para a psique (Shorter, 1987, p. 105). Observam as feridas e onde podem fornecer passagem para novos conteúdos psíquicos. Na escuridão é onde escondemos o que tememos, também é o lugar onde as coisas nascem. A perspectiva da psicologia analítica junguiana confirma este modo de acesso ao inconsciente e seus símbolos de união com a vida consciente. Ao expor os complexos vistos da perspectiva do inconsciente, os sonhos podem ajudar a libertar e esclarecer. Embora não deem declarações diretas com frequência, representam informações para que buscas sejam feitas. Como observado por Jung; "sonhos não enganam, não mentem, não distorcem, não disfarçam [...]. Sempre procuram exprimir alguma coisa que o eu ignora ou não entende" (OC 17, § 189).

Ampliar o sonho é uma maneira de aprender como a psique funciona. São ferramentas naturais para expandir a personalidade de seus fundamentos inconscientes. As associações variam do pessoal ao impessoal, permitindo ao sonhador obter o tipo de compreensão que inclui, mas transcende o tempo e o lugar.

Depois de um tempo, Tilisha sonhou com *uma linda mulher loira tentando roubar meu homem. Temos um confronto amigável em que lhe digo que sei de seus truques. Os esforços dela são inúteis porque irei ou bater nela, ou desmascará-la.* A mulher, de acordo com Tilisha, representava o desejo de ter a mesma atração irresistível que sua mãe tinha; especialmente porque lhe disseram repetidas vezes que eram tão diferentes uma da outra, embora ambas fossem loiras. Foi-lhe dito para não ser como a mãe, que morreu jovem, que era incrivelmente bela e se casou com o pai de Tilisha. Ela aprendeu cedo como manipular e conseguir o que queria, a usar alguns truques com os homens. Os relacionamentos que teve ao longo da vida não eram íntimos de verdade, visto que cada um era governado por um tipo de disfarce de quem ela realmente era. Tilisha sentia-se inferior e superior, um objeto para ser visto, não uma realidade. Com cada parceiro, sentia-se lançada pelo destino, como no começo de sua vida, cansada de obter menos do que o necessário, imersa em segredos e traições. Como o sonho mostrou, seria necessário um esforço consciente para que Tilisha tomasse posse de seu si-mesmo verdadeiro.

A situação psicológica e o sonho de Tilisha faziam paralelo com o conto de fadas *Allerleirauh* (Pele de bicho) dos Irmãos Grimm, visto como o mais incestuoso dos contos com suas propostas abertamente sexuais do todo-poderoso rei/pai que pretende se casar com sua filha. Ela deve escapar dessa decisão. Embora o reino discorde, o pai/rei era obstinado e foi preciso todo o povo para ajudá-la escapar. Só então ela começou a jornada para se recompor.

Enquanto discutindo o sonho de Tilisha na terapia, tornou-se claro que a mulher loira era uma parte dela ainda não reconhecida por ela. O sonho ilustrava que ela queria ser irresistível aos homens, porém ela mesma comparava mulheres assim com prostitutas. Seria essa a imagem que ela tinha de sua mãe? Seria esse um dos segredos de sua infância? Tilisha, na verdade, via a si mesma como uma prostituta, mas, novamente, como de segunda categoria; nunca tão boa como a adulada mãe/mulher/feminino que queria ter e perdida quando ela ainda era tão jovem.

A tarefa de Tilisha era clara no sonho: desmascarar e entender a mãe/feminino desconhecido. Seu ciúme em relação à mulher do sonho que representava sua mãe refletia a complexa ligação psicológica dela. Como ela poderia desenvolver uma conexão com uma mãe que estava morta e envolta em segredos? Se ela fosse como a mãe, também morreria jovem? Se conseguisse seu pai, ele iria embora como antes? Estar com ele a faria ganhar da mãe, mas destruiria sua vida.

Várias sessões depois, Tilisha trouxe um sonho para análise sobre uma figura interior masculina chamada Dave. *Dormi com Dave. Depois, olhei e vi Jeff à espreita na esquina. Dave pula para me defender, mas Jeff o esfaqueia rapidamente. Dave e eu partimos. Vou até o mercado. Estou furiosa porque Jeff me encontrou. Talvez ele tenha ferido mortalmente meu novo amor, escutado à minha noite de amor e planejou o confronto para arruinar minha vida. Devo chamar a polícia porque pode haver sangue e bagunça na minha casa, e terei que explicar a razão. Ficarei humilhada e arruinada com a divulgação, devastada também. Ele planejou isso tão perfeitamente para me destruir porque eu o traí.*

O sonho era perturbador, se referindo a segredos, confrontos e traições. Várias vezes durante o sonho Tilisha percebe que era um sonho e lutou para acordar, mas estava sob o peso da roupa de cobertores. Ela se lembrou de respirar com dificuldade, estar com medo e insegura porque Jeff parecia ser onipresente. O sonho ocorreu durante um tempo que ela e Jeff estavam brigando e, como na cena do sonho, ela pensou no que aconteceria se ela confrontasse seus sentimentos ensanguentados. Tilisha tinha medo de que o inconsciente obscuro a dominasse, a puxasse para o submundo, imaginado por ela como um abismo tão profundo que qualquer percepção era frágil como um lenço de papel.

Durante a terapia, Tilisha teve poucos sonhos com o pai. Ele era tão presente em sua mente consciente e, ao mesmo tempo, tão reprimido que havia pouco comentário sobre ele no mundo dos sonhos. Aos poucos, ela começou a perceber que não poderia mais manter o vínculo com Jeff ou com o pai como havia feito anteriormente. Tinha que desistir de buscar a aprovação deles, como se fossem melhores que ela, assumindo um papel passivo ou sempre aceitando um segundo lugar. Isso significava desenvolver um si-mesmo independente e acessar seus desejos, paixões e criatividade em vez de permitir que fossem desperdiçados em favor de um homem.

Ao longo dos anos, quando a velha atração à morte era demais, Tilisha voltava à terapia. Ela permanecia em contato esporádico com Jeff, que a ajudou a progredir na carreira e financeiramente. Criou um tipo de paz com seu pai, mas não um relacionamento de amor adequado com ele, visto que ele nunca conseguia respeitar os limites. Fora alguns amigos de longa data, Tilisha continuou escondida em si mesma e, embora tenha começado a praticar seu lado artístico, quando se tratava de exibir essa arte, ela recuava ao velho medo de ser vista. Ela disse:

> Sinto a presença da sombra do meu pai e o reconhecimento é um pequeno e frio conforto, mas um conforto porque posso nomeá-lo. Anos atrás, quando ele era irreconhecível, esse era o grande terror. Nomeá-lo é ter um pouco de alívio. Na minha mente, vejo um casulo enrugado e não realizado, envolto pela escuridão.

Aprendemos sobre nós mesmos ao examinar os papéis prejudiciais e as suposições e percepções inconscientes. Cada um de nós tem a tarefa pessoal e geracional de desmitificar o pai baseado em fantasias idealizadas, ilusórias e que anelamos. Jung se referiu a isso quando alegou que nada exerce um efeito mais forte em uma criança do que a vida não vivida dos pais. A repetição inconsciente do padrão familiar pode ser desastrosa; com ligação ao "pecado original" da psicologia (MSR, p. 234).

> O fato é que eu estava um pouco além de mim, ou fora de mim [...]. Tinha consciência que minha rebeldia de um momento já me expusera a castigos fora do comum e, como qualquer outro escravo rebelde, estava disposta a ir até o fim.
>
> Charlotte Bronte, *Jane Eyre*, 1987, Capítulo II.

# 11

# Você quer ser a "filhinha do papai"?

> Indormida, a mulher
> Não se podia erguer
> Sobre os pés, e se via
> Que não mais andaria
>
> William Blake, "A menininha encontrada", *Canções da inocência e canções da experiência*, 1901.

Cada um de nós abriga em nosso interior uma variedade de personagens, partes de nós que causam conflito e angústia mental quando não compreendidos ou usados de forma consciente. Pode-se não ter pleno conhecimento desses participantes e de seus papéis, no entanto, eles estão constantemente buscando um palco para apresentar suas tragédias e comédias; ambas pessoal e coletivamente.

Se descubro, porventura, que o menor, o mais miserável de todos, o mais pobre dos mendigos, o mais insolente dos meus caluniadores, o meu inimigo, reside dentro de mim, sou eu mesmo, e precisa da esmola da minha bondade, e que eu mesmo sou o inimigo que é necessário amar? (OC 11/6, § 520).

Na linguagem junguiana, um desses personagens é a *puella*, um termo usado para se referir a um arquétipo que descreve a filhinha do papai moderna.

Em seu conceito, a "filhinha do papai" não recebeu muita atenção na literatura junguiana. Há tanta sombra ao seu redor que o termo *puella* está, na verdade, ausente na *Obra Completa* de Jung (como observado por P. Harvey em uma comunicação pessoal em outubro de 2005). Embora a *puella* tenha sido um pouco abordada por teoristas junguianos como James Hillman e Marie-Louise von Franz, ela é normalmente considerada como o *puer feminino*, relegando-a às sombras, e o feminino nem substancial nem significativo.

Embora tome diferentes formas em cada cultura, a *puella* compartilha as descrições de juventude: virginal, energética e idealista. Na mitologia grega, a *puella* é comparada às donzelas Coré e Eco. Coré, como a filha, é às vezes igualada com Perséfone, uma filha intimamente ligada à sua mãe, Deméter. Como donzela, ela representa pureza e inocência. É também associada com a deusa grega Hera, na qual existiam três formas do feminino: da donzela à mulher realizada à mulher de tristezas. Delinear essas inter-relações ilustra como cada figura se desdobra em outras com um padrão semelhante replicado em muitas outras culturas. A *puella*, como todas as figuras arquetípicas, não é singular, pois contém um espectro de possibilidades.

Para explicar o conceito da *puella* como donzela:

> indica uma outra origem, experimentada igualmente como própria: aquela origem que é ao mesmo tempo [os] incontáveis seres anteriores e posteriores a ela; pela qual o ser individual já possui em seu gérmen o infinito [...] uma espécie de submersão interior que nos leva ao princípio vivo de nossa totalidade (Jung & Kerényi, 1963, p. 22).

Nesta descrição, a *puella* representa as fundações e a base do si-mesmo. "O saber e o ser misturados em uma unidade [...] que indica continuidade e também uma abertura para ampliar e não compreender completamente" (p. 154-155).

A *puella* é associada com a lua nova; a fina luz do amanhecer que emerge nos estágios da vida representados pelos ciclos da lua. Ela é também comparada à deusa Ártemis, a manifestação mais nova da deusa tríplice da lua. É a donzela que se torna heroína nos contos de fadas.

Embora represente a jovem, suas raízes são profundas, como a etimologia do nome *puella* nos lembra. As interpretações romanas do primeiro século AEC, por exemplo, são mais amplas do que as usadas atualmente, que a limitam à eterna criança ingênua e imatura. Ela então dividiu a associação com

> mulheres que foram consideradas como de má reputação, também foi usada para jovens casadas. Às vezes era uma virgem, sexualmente madura, considerada de forma amorosa e depois como as donzelas sexualmente inexperientes realizando rituais religiosos [...]. Uma palavra usada para expressar *pathos* [...], o termo padrão para uma mulher era um potencial de amor, a que realiza atos sexuais, às vezes por pagamento [...], designando uma mulher vista de forma carinhosa e eroticamente deseja-

da, mas não a esposa ou parceira sexual remunerada do homem (Hallett, 2013, p. 203-205).

A *puella* simboliza o aspecto pré-consciente da infância do inconsciente coletivo. Ela é a criança heroína com a força para desafiar as tradições ao mesmo tempo que busca sua liberdade. Como Jung disse:

> No adulto está oculta uma criança, *uma criança eterna, algo ainda em formação e que jamais estará terminado, algo que precisará de cuidado permanente, de atenção e de educação.* Esta é a parte da personalidade humana que deveria desenvolver-se até alcançar a totalidade (OC 17, § 286).

A *puella* aparece na psique dos homens com qualidades semelhantes àquelas descritas aqui. Ela aparece em seus sonhos e relacionamentos com o si-mesmo e com os outros. É identificada como o espírito jovem, cheio de esperança e ideais. No entanto, pode ser insensata, com uma inocência marcada por uma natureza errante, por invenções, idealismos e fantasias. Seus objetivos são grandes, ela irá insistir, imaginar e sonhar com fazer acontecer o que parece impossível. Embora ostensivamente se arriscando no que parece ser uma existência sem amarras, ela, na verdade, é resistente a mudanças. Sua repetição do familiar envolve ir de lugar para lugar e de pessoa para pessoa. Nesse padrão, ela poderia continuar psicologicamente removida e desconhecida, continuar apenas na superfície.

A alegre e intensa energia da *puella*, embora atrativa, também pode mascarar uma personalidade frágil, às vezes irrealista e facilmente dissimulada. O autoabandono, uma parte fundamental da *puella*, é uma barreira de individuação. Ela ainda não utilizou a função psicológica de reflexão para descobrir sua personalidade. Em vez disso, ela foge do inconsciente, hesita e evita. A *puella* é uma menina e se permanecer apenas nesse papel, seu consciente e inconsciente não podem se integrar, dificultando seu avanço pelas fases da vida.

Ela é impetuosa, a faísca dentro de si inflama, mas se ajusta quando suas criações são avaliadas como menos que fantasias sobre o que poderiam ou deveriam ser. Ela fica desencorajada e evita o trabalho necessário para chegar nesse ponto (Von Franz, 2000, p. 30). Essas atitudes são reflexões das feridas psicológicas da *puella*, resultados de perda, rejeição e atenção insuficiente; aqui focadas na ausência do pai. Sem uma âncora interna, ela é ansiosa quando se trata de mergulhar dentro de si. Sem a direção do pai para alcançar maturidade, seu ego permanece incerto de como esclarecer seus sentimentos. Significantemente, o meio paterno impressiona demasiadamente a menina, a *puella*.

Marie-Louise von Franz fala sobre deixar as ilusões como sendo difíceis quando uma pessoa é impelida para fora da infância cedo demais e então cai na realidade, como é o caso da *puella* (2000, p. 38). Ela vive na borda do abismo, como uma pessoa superficial e removida de sua natureza. Ela parece ter uma feroz independência, mas, na verdade, é um disfarce para o desamparo e dependência que a mantêm em um estado emocionalmente infantil (Seligman, 1985, p. 82). Ela se sente pequena, sem alicerce ou corpo suficiente, a personalidade não consegue crescer nem pode realmente sobreviver. A vida é como um deserto infértil, pois a menina não pode dar à luz a si mesma.

É como se ela tivesse penhorado seu desenvolvimento ao pai e ainda não reconhece as ramificações de suas ações. A *puella*, como filhinha do papai, é identificada com e como escrava do homem. Ela deseja ser especial para ele, a luz em seus olhos. Talvez ela tenha alguma atenção quando criança, mas esta desapareceu há muito tempo, então ela se prende a um pai de fantasia. Prende-se aos seus anseios de criança de acreditar que ele era bom, à necessidade de defendê-lo e disfarçar a ferida causada por sua falta de atenção, presença ou expressões de amor.

No papel de filhinha do papai, ela paga um preço exorbitante por suas acomodações de obediência e complacência. Entram em conflito com seus desejos, o Eros dentro dela que cria e ama. Jung observou que:

> Enquanto, porém, uma mulher se contenta de ser uma *femme à homme*, ela não tem individualidade feminina. É oca e apenas cintila como um receptáculo adequado para a projeção masculina. A mulher como personalidade, porém, é algo diverso: aqui, as ilusões já não servem mais. Quando se coloca o problema da personalidade, o que em geral é uma questão penosa da segunda metade da vida, a forma infantil do si-mesmo também desaparece (OC 9/1, § 355).

Por causa dos aspectos femininos subdesenvolvidos da *puella*, ela fica sem saber o quanto repete o pai e outras partes masculinas de forma pessoal, cultural e relacional. Idolatrar o pai afeta negativamente a confiança dela e promove idealização de outros, pois ela internamente passa por ciclos de inflação e deflação, inferioridade e superioridade.

As pressões pessoais e culturais que a levam a idolatrar ideais juvenis inalcançáveis, irreais e desumanos podem pressioná-la impacientemente a fazer algo acontecer. Ela também é retratada como atraente, fascinante e inovadora. Porém ela se sente descarnada, tomada por um distanciamento psicológico que pode ser irresistível (Chalquist, 2009, p. 170). Ela depende de rituais baseados no superficial como cosméticos, modificação corporal, compras e outros pensamentos e comportamentos compulsivos. Ela não consome nada profundamente, seja comida, amor, emoção ou qualquer coisa relacionada a vida porque os instintos básicos para o corpo e para a psique continuam estáticos. Em um estado de juventude perpétua, isso não apenas é falso, mas uma ideia estável de identidade pessoal é difícil de ser obtida também (Sherwood, 1994, p. 55).

A personalidade *puella* é proeminente nas culturas ocidentais voltadas para a juventude. Ela encarna uma veneração das qualidades adolescentes, a perpetuação da juventude e negação do envelhecimento. A pressão para viver "como se", reforçada por adaptação pessoal, desmente seu vazio e não aborda as feridas narcísicas. Problemas de apego, divórcio do corpo, uma autoimagem distorcida e dividida, e dificuldade com intimidade e comprometimento são algumas das marcas desta personalidade. Há um medo de ser presa, de adentrar no espaço e tempo completamente.

A *puella* representa um fim de um espectro arquetípico onde a pessoa não consegue se fundar na vida ou enfrentar a realidade. Todo o espectro inclui a tensão dos opostos e, como tal, se torna a precondição estrutural para mudança. Mas a *puella* pode se tornar uma tragédia de falta de mudança, estacada e imóvel, limitando o avanço daqui para lá, do passado para o futuro. Dividida de suas raízes, ela experimenta o desenvolvimento interrompido como a criança eterna. A *puella* tem dificuldade em reconhecer quando a estase e perfeição são abundantes.

A paciência de se mover metodicamente, ouvir o mundo silenciosamente, ter devaneios, contemplar o silêncio e o si-mesmo são elementos alienígenas. A redenção da *puella* na personalidade necessita de reflexão, um novo espírito para se recuperar de suas feridas a fim de liberar alegria, brincadeira e espontaneidade na vida. O luxo de relaxar em apenas ser não é algo fácil para a *puella*, pois ela necessita de muita estimulação e desafio. Para evitar o vazio subjacente e as feridas narcísicas, o foco permanece na fachada, no passado, ainda a ser desenvolvido, no futuro com sua fuga do presente e desconexão do físico. Não é fácil rastrear o personagem da *puella* porque seu jeito esquivo é reforçado como parte de seu charme. Ela tenta conjurar a ilusão de unidade.

Seus ideais romantizados que enaltecem a juventude fazem do tempo um não problema porque é irreal. Passar o tempo é uma precondição para reflexão e mudança; contudo, nosso mundo tecnológico pode refletir uma falta de equilíbrio com suas raízes no evitar do real (Gosling, 2009, p. 148). Estas atitudes são desafiadas pela idade, o perceber do tempo passando e a pressão do que continua não feito. Mudanças de vida assustam a *puella*. Quando criança, habitando ao lado do espectro, a *puella* não consegue tolerar a beleza em envelhecer, não deixando espaço para maturação ou adaptação com flexibilidade. A negação do envelhecimento significa uma negação da morte e resistência à vida. Infelizmente, a mulher *puella* envelhece sem compaixão ou graça e com muita tristeza. A idade se apresenta impacientemente como um desastre, não uma celebração. Ela olha com surpresa o que considera serem cruéis espelhos sinalizando perda e estranhamento. Muitas mulheres ainda olham esses espelhos exigindo uma perfeição impossível, deixando-as desiludidas e desapontadas. Qualquer uma dessas existências se torna uma busca contínua, ou ela passa sua vida esperando pelo momento que ainda não chegou, quando a vida real começará.

A *puella* também representa novos conteúdos psíquicos decorrentes do inconsciente para a vida consciente e a liberação de fixações e complexos mecânicos. Este processo ocorre não apenas por meio da mente ou intelecto, mas também ao escutar seu interior. O problema é que a sensibilidade existe, mas não a psicologia interna, porque essa é lenta em seu desenvolvimento. Assim, de repente, o significado de tudo se torna pó (Hillman, 1989, p. 25-26). Voltar-se para seu interior demanda tempo, por isso ela se volta para o externo. Impaciente, ela é uma existência etérea, perpetuamente se movendo e buscando satisfação ou realização imediatas. Esse impulso interno não é decorrente apenas da "fome oral e fantasias onipotentes, mas também da frustração que o mundo nunca pode satisfazer" (Hillman, 1989, p. 26).

Uma marca da *puella* é a vida provisória; esta está sempre pronta para partir, antecipando o futuro. Ela pensa sobre o peso que deseja perder, o livro que deseja escrever ou as imagens que irá pintar, ou o jardim que plantará. Ela fará essas coisas quando pinta, mas muitas vezes isso ocorre no amanhã, quando ela estiver preparada, não hoje. O foco nas possibilidades e perfeição pode tornar cada vida em momentos a serem tidos, mas sem muito prazer ou presença.

Há também a complicação do tédio. A *puella* é impaciente, quer tudo agora; o tempo se arrasta. O que fazer? Mas o tédio, como observou Marie-Louise von Franz, é o sentimento de não estar na vida (2000, p. 66). A *puella* não entra na realidade, pois a considera mundana demais e muito trabalhosa. Ela também não sabe como acessar os recursos internos necessários para a realização pessoal. Ela frequentemente não floresce até a metade de sua vida, ou mais tarde, pois até então não percebe que tem valor.

## A *persona*

A *puella* depende da *persona*. Na psicologia junguiana, a *persona* é a face voltada para o mundo como ou o verdadeiro reflexo da personalidade, ou uma adaptação que sacrifica a pessoa verdadeira. Para a *puella*, a *persona* é muitas vezes vista como superficial, focada em se encaixar com os outros.

A palavra *persona* deriva das grandes máscaras por trás das quais os atores falavam nas antigas peças gregas. Psicologicamente, a *puella* usa uma máscara para esconder o que é real por trás de camadas de ações e imagens a fim de colher aprovação e sucesso. O psicanalista James Hillman descreveu este tipo de pessoa como incapaz de encontrar um sentimento de pertencer, seu lugar no mundo, ou o nicho certo, sentindo-se inconsistente e lhe faltando solidez interna (1989, p. 25). Há uma ênfase insistente e muitas vezes desesperada na *persona* e no ego como se esses aspectos superficiais irão compensar a falta percebida, a dúvida de si e a incerteza. A superidentificação com a *persona* pode se tornar comprimida, unilateral e sufocante. Como Jung disse:

> A *persona* é um complicado sistema de relação entre a consciência individual e a sociedade; é uma espécie de máscara destinada, por um lado, a produzir um determinado efeito sobre os outros e por outro lado a ocultar a verdadeira natureza do indivíduo (OC 7/1, § 305).

A personalidade *puella* pode ser definida também como a mulher que é fascinante, tem uma vitalidade livre e como uma criança que ilumina o lugar quando aparece e se apresenta para a adulação dos outros. A *persona* que a *puella* usa é parte de seu charme incomum, pois ela se destaca e inova. Ela parece ser feita de marfim: linda, imaculada e complexa. Seu si-mesmo social cuidadosamente construído e controlado reflete padrões estritamente internalizados para realização e adulação. Ela não parece gostar de ser contida, escravizada a regras externas ou convenções, também não parece gostar de ser interrompida de qualquer forma, principalmente pela realidade. Em seus momentos de grandiosidade, ela vive em um mundo encantador e paradisíaco onde será tratada como uma princesa e adorada acima de tudo.

Com isso, como Von Franz observou, essa pessoa é pega em um "estado infantil de constante insatisfação consigo mesma e toda a realidade" (2000, p. 87). Embora muitas vezes muito criativa, a *puella* também pode ser deficiente em seu sistema de apoio interno e, sem confiança, ela é atropelada por um si-mesmo faminto e vazio com pouco prazer. Como Adam Philips observa:

> Nossos si-mesmos apaixonados são nossos melhores si-mesmos. E, por definição, uma vida apaixonada é apenas possível se pudermos fazer conhecer nossas paixões para nós mesmos [...]. Não pode haver paixão [...] sem representação [...]. Para haver paixão são necessários circulação e troca (1999, p. 166).

Mas uma *puella* não tem paixão. Como uma paciente relatou:

> Estou descobrindo que não posso mais colocar energia mantendo mudanças infrutíferas cíclicas. A antecipação de mais anos de vazio é intolerável. A exaustão com essa rotina se traduz em um sentimento profundo e um impulso constante para simplesmente não existir mais.

## A sombra

A identificação desordenada com a *persona* sinaliza suscetibilidade à formação da sombra, o que sugere que uma parte importante da personalidade se encontra abaixo da superfície. A sombra representa uma vinda à Terra necessária para a realização da criatividade e da vida (Von Franz, 2000, p. 128). A desconcertante, mas necessária conscientização da sombra sugere o desdobramento da individuação. A sombra pode criar caos e melancolia, e parecer o mais sombrio dos tempos. Significa enfrentar a si mesmo sem proteção e aceitar a imperfeição. Reconhecer essas partes da personalidade é necessário para a autofruição quando, na verdade, subverter a sombra pode interromper a criatividade e expressividade. No entanto, a *puella* tenta escapar dos aspectos da sombra e emoções que a fazem se voltar para dentro. Mas quando a potencialidade da psique não é usada, torna-se pervertida (Leonard, 1983, p. 89). Quando envolta em negação, a *puella* é obstruída de acessar sua agressão e desejos naturais; dois componentes necessários para o autoconhecimento e desenvolvimento do talento e intimidade.

A sombra se realiza na mulher *puella* que se encaixa no papel e, de acordo com outros, funciona excepcionalmente. No entanto, ela frequentemente sente que nada é significativo, e sem significado a vida é reduzida a nada (Von Franz, 2000, p. 148). Para obter um antídoto é necessário descer às sombras e abandonar o falso si-mesmo pelo verdadeiro; algo difícil para o tipo *puella*. Os recessos sombrios revelam as partes que clamam por reconhecimento, abordando os anseios e melancolia dela. "Uma análise mais a fundo das características da escuridão, isto é, as inferioridades que compõem a sombra, revela que possuem uma natureza *emocional*, uma espécie de autonomia e, consequentemente, uma qualidade obsessiva, ou melhor, uma qualidade possessiva" (Campbell, 1971, p. 145).

A *puella* se encontra tão envolvida em seus próprios esforços que não nota mais ninguém, mesmo quando precisa da aprovação deles desesperadamente. Ela tem dificuldade em dar de forma genuína ou emocional, ou responder de forma flexível e adaptativa ao comportamento do outro. Sua natureza errante aparentemente nega a necessidade de vínculos, visto que a vida com outros lhe causa ansiedade. Para esconder este estado interno ela se apega ao insistir na uniformidade, uma fusão sem diferenças. Relacionamentos significam deixar o outro entrar, ser vista e ser vulnerável, mas para ela isso pode estar revestido de vergonha (Rosenfeld, 1987, p. 274). Sua vergonha pode decorrer de ter necessidades, desejar amor e proximidade.

Em defesa contra se expor, ela pode apresentar uma fachada grosseira ou fria e ríspida; ela evita reciprocidade em relacionamentos. Por trás da máscara de agradar outros grita um vórtex de dúvidas sobre si mesma. Sem uma imagem aceitável de si, ela sente que não tem nada de valor para oferecer. Permanece ferida, como uma criança afastada dos outros. Ela é reprimida pela atitude que não deve ameaçar ou superar ninguém, pois não quer ser odiada ou excluída. Jung comentou que: "[algumas], na exuberância de sua autoconfiança, [assumem] uma responsabilidade diante do inconsciente, que vai longe demais, além dos limites razoáveis [...] [outras] abandonam toda responsabilidade, numa verificação oprimente da impotência do ego" (OC 7/2, § 221). Embora deseje proximidade, ela é uma artista, pensando que deve sempre estar "ligada".

Ela se sente irreal e, apesar de parecer perfeita para o papel, não sabe como ser uma mulher. A *puella* é a mulher que tem dificuldade em se sentir confiante em seu próprio corpo, ser construtiva com sua energia e manifestar força. O problema da *puella* é a rejeição do instintivo e uma desconexão do físico, uma falta de sentimento e autocompaixão e frieza interior. Isso é parte da experiência do pai ausente. A *puella* vive em fundações incertas e não importa a aparência de sua vida, em seu interior ela não tem certeza de sua posição ou solidez.

## Um exemplo de caso

Zoe se autointitulava filhinha do papai. Mas o que isso significava? Ela não tinha resposta. Em terapia, após contar sobre as imperfeições da mãe e como pensava nas mulheres como inferiores, descreveu seu pai como perfeito. Esse pai era aparentemente tão bom que Zoe desejava existir apenas em sua presença envolvente. Quanto mais ela se identificava com seu pai e com o modo masculino, mais difícil era estabelecer uma identidade separada (Murdock, 2005, p. xiii). "O amor é um vínculo profundo com outra vida separada, como um centro de movimento e escolha, e não ser tragado ou fundido" (Nussbaum, 1994, p. 91). Ela insistia em repudiar a mãe e qualquer coisa maternal.

Adorava o pai e a voz dele ecoava em sua mente, insistindo que ela vivesse do jeito dele. Ela queria ser aprovada por ele, ou até mesmo ser ele (Murdock, 2005, p. 5). Ele era a autoridade não ela. Ela não conseguia deixar a identificação com ele, não conseguia se separar de ser apenas uma filha, o que limitava outros aspectos de sua personalidade. O pai ocupava tanto espaço em sua mente que ela mal existia. A filha que sente que o pai não pode tolerar qualquer separação psicológica tentará criar um estado de fusão mental ou uma identificação projetiva como meio de comunicação (Knox, 2003, p. 141).

Ela tentava agradá-lo como a querida adorada. Continuava a serviço do masculino e quer essas figuras fossem internas ou externas, ela operava como se fosse menos que elas. A divisão de suas raízes resultou em um desenvolvimento interrompido, uma atitude que rejeitava o instintivo, o físico e a terra. Ela se sentia como um fantasma, invisível e sem substância.

Em análise, Zoe tinha um hábito de esfregar os olhos e afastar o cabelo do rosto. Tinha um olhar vagamente sonhador. Descreveu-se como "mau assada", suas ações pareciam uma tentativa de limpar uma névoa psicológica ou banir um feitiço. Um pai fantasma internalizado baseado na maravilha absoluta de seu próprio pai reinava e governava sua psique; ela era ausente para si mesma (Murdock, 2005, p. 119). Em cada área de sua vida, Zoe deixara seu pai ditar o que ela deveria fazer conforme sua independência e paixões continuavam desformadas.

Zoe tinha cerca de 30 anos, casada, mas desanimada com o rumo do casamento. Era profundamente infeliz e mal podia se defender da impotência que sentia. Ela sabia que algo estava errado, acreditava, porém, nas vozes interiores negativas que a sugavam e abalavam sua confiança. Era obcecada com sua aparência e o passar do tempo, apavorada e convencida de que não deveria ser como era, mas não sabendo como ser de outra forma. Tinha um sentimento persistente de que sua vida era um sonho; ela não sabia como tudo acontecera. Estaria ela dormente todos esses anos? O que ela perdera? Estava chocada ao contemplar essas concepções.

Embora fosse uma violinista realizada, Zoe deixou sua carreira em deferência ao marido também musicista. Explicou que ele tocava um instrumento "feminino" e ela um "masculino". Ele tinha um emprego, mas ela não, e, sem tocar em um palco, sentia sua centelha se apagar. Tendências inibidoras tomaram conta dela, dissolvendo seu desejo, e ela não sentia nada sem se apresentar. Uma série de seus sonhos, com seus símbolos e imagens, era compensatória aos talentos negados que ela não podia mais negligenciar. Essas imagens dos sonhos pareciam afrouxar as constrições psicológicas.

Ela sonhou que: *estou olhando casas. Há uma grande casa que é minha. Meu marido me leva a um cômodo com paredes altas, um piano e uma linda tapeçaria de cores rosadas. Percebo que há uma pequena costura desfeita na tapeçaria.* Conforme Zoe falava do sonho, se concentrava com ansiedade no pequeno rasgo, dizendo representar a perfeição que não conseguia alcançar. Zoe pensou que o marido do sonho a acusava de suas imperfeições ao mostrar-lhe a tapeçaria estragada. Na verdade, sua reação mostrava o estado de seu mundo interior populado por críticas e falhas. Também replicava as irritantes interrupções diárias do marido enquanto ela praticava seu instrumento. A casa dos sonhos, parecendo um castelo com suas altas paredes, pianos e tapeçarias, simbolizava a imensidão da beleza do eu de Zoe, mas há muito estava desabitado. Zoe se concentrava no pequeno rasgo da tapeçaria, significando os insuficientes ou prejudicados pedaços de sua personalidade. Embora a cor rosada na tapeçaria pudesse significar paixão, beleza, amor e o feminino, sua obsessão na falha a cegava para o uso dessas qualidades. A tapeçaria também era análoga ao processo de terapia, pois é necessário tempo para unir os fios da vida, incluindo os que precisam de reparos.

Zoe falou de uma festa após uma apresentação musical, desesperadamente fugindo para o banheiro, sentando-se no chão chorando, se odiando pelo que considerava ser um desempenho ruim, sem saber o que dizer ou como agir com outros. Este comportamento era baseado em seu sentimento de vergonha por não ser perfeita o suficiente e normalmente seguia-se de qualquer coisa boa, destruindo a beleza de uma ocasião que deveria ser uma celebração.

Mais tarde, Zoe relatou um sonho em que: *tenho uma bolsa de seda. Quero mostrá-la para minha mãe que reconhecerá seu valor, mas porque meu pai está presente, minha mãe desaprovará.* O sonho mostrou o pai de Zoe interferindo na relação com sua mãe e forneceu uma perspectiva diferente da relação anteriormente apresentada por ela. Repetiu essa relação que desenvolvera com o marido existente dentro dela; conforme ela se diminuía, ele tinha precedência. Ela concordou com isso, mas por quê?

Os problemas começaram na infância, quando Zoe recuou das desaprovações da mãe, sentindo que nada do que ela fazia era bom o bastante. A mãe era associada com respostas antipáticas e Zoe se voltou contra o maternal com desdém e desprezo. O sonho mostrava Zoe buscando aprovação e proximidade com sua mãe, mas a triangulação e lealdade com seu pai estava no caminho. Em sua lealdade ao pai e alienação de sua mãe, ela desenvolveu uma ambivalência quanto ao amor e relação íntimas. Ela não conseguia ficar brava com o pai porque com ele não era necessário ter que crescer, ou assim ela pensava. Toda a raiva fora transferida para a mãe, mas, simultaneamente, voltou para Zoe. De acordo com Verena Kast, analista junguiana suíça, essas filhas que são controladas e guiadas por um pai precisam da admiração de homens para manter sua autoestima, visto que são facilmente desviadas do caminho (1997, p. 113).

Em mais uma associação ao sonho, Zoe explicou que a bolsa de seda era um recipiente para pequenos itens, feita em um estilo que agradaria sua mãe. Ela comentou que sabia que seda era feita por meio de um processo longo e caro, e, dessa forma, era semelhante à tapeçaria do sonho anterior. Ambos os processos são tipicamente associados ao feminino e à criatividade, assim como metáforas para o processo entrelaçado da terapia. Historicamente, esses processos são passados de mãe para filha. Aparecem nos sonhos para compensar o que Zoe ainda não era capaz de acessar.

Melancolicamente, Zoe falou sobre a proteção do pai e seu amor abrangedor. Disse que ele era diferente de sua fria mãe que era o problema e a razão de Zoe ridicularizar o materno. Ela brincava com sarcasmo que a sua era uma família tipicamente edípica: ela se alinhava emocionalmente com seu pai, e seu irmão com sua mãe. Ela gostava de ser a preferida do pai e ter sua atenção em vez de sua mãe. A brincadeira era sem dúvida uma defesa para esconder sua ansiedade sobre as repercussões sexuais e os sentimentos psicologicamente incestuosos revelados no sonho e na família. Ela não viu o desastre na brincadeira e o que sacrificou para se manter ligada ao pai; para continuar assim, ela traiu a si mesma a fim de continuar a "filhinha do papai". Porque não conseguia lidar com o poder da mãe e sua ameaça como a outra mulher, evitou toda a situação ao se apoiar no pai (Perelberg, 2018, p. 45).

Não conseguia pensar em crescer longe do pai ou desapontá-lo, então, ainda muito jovem, secretamente decidiu negar sua sexualidade. Mal sabia ela que isso afetaria sua habilidade de deixar o meio paternal, se desvincular do pai ostensivamente amoroso e amar outra pessoa. O poder do pai como transmitido através de sua presença demasiada a manteve dependente dele. Zoe teve um sonho que falou das ramificações da decisão de permanecer leal ao seu pai e o que ela via como a necessidade que ele tinha que ela permanecesse jovem e psicologicamente vinculada. *Uma mulher cometerá suicídio em uma lixeira porque precisa estar certa pelo menos uma vez. A importância de estar certa é igual a sua própria vida.* A figura do sonho, a lixeira (o sonho dela disse lixo, você irá mudar de volta?), representa a sombra, o desejo de ser vista, ouvida e reconhecida, mas tudo foi jogado fora. O sonho mostrou a pouca empatia que Zoe tinha pelo si-mesmo que classificou como lixo. Para sobreviver e prosperar, ela teria que reconhecer o acordo inconsciente feito com esse pai, redimir sua identidade e reivindicar o que havia dado a ele. Todas essas tarefas continuavam desconhecidas na época, mas eram aspectos da razão pela qual ela começou a terapia.

Até este sonho, Zoe não pensava com seriedade sobre a extensão de seu interesse próprio negado, incluindo a relação manchada com seu corpo. Admitiu que sentiu uma surpresa perturbadora toda vez que percebia que esse corpo era realmente dela. A vida havia sido reduzida ao número de calorias que consumia, como era a aparência de sua pele, suas regras internas, forte e inconscientemente prendendo-a à tradição patriarcal e ao seu desejo por perfeição. Zoe permaneceu removida de si mesma e descreveu sentir-se como um manequim. Ela construiu um corpo-*si-mesmo* falso, um corpo perfeito e ilusório, agarrou-se a isso obsessiva e desesperadamente a fim de manter as sensações de inércia longe. Certificava-se de que seu corpo ficasse escondido, pois dizia que seus seios pendiam e seus quadris tinham celulite, mas era secretamente sexual. Evitava ficar nua com o marido e exibições físicas, como exposição emocional, pois ameaçavam sua frágil maquiagem. Era tão desconectada de seu corpo que mesmo durante o sexo pensava em seu peso. Essa separação do corpo significava que ela não esteve presente para as experiências mais básicas da vida.

Para Zoe, a união filha-pai cresceu como resultado do vínculo perdido com a mãe, mas a intimidade como o pai excluiu a mãe e configurou mais conflito interno. Isso criou uma atitude masculina estéril dentro de Zoe combinada com imagens maternas negadas. Seu lado feminino continuou não desenvolvido e o pai tomou uma importância quase arquetípica e uma influência fascinante (Adler, 1961, p. 114). Permanecer com o pai interferiu com seu desenvolvimento. Esse pai, embora aparentemente envolvido, não conseguia se envolver com ela no nível correto de reprodução erótica (Samuels, 1985, p. 31). Ao invés disso, Zoe desenvolveu-se como extremamente complacente, infantil e submissa. E negou sua energia e talento.

Zoe teve um sonho recorrente ao longo de sua vida, mas não havia conseguido entendê-lo, apesar de saber que era importante. *Tenho cerca de 10 anos e estou com uma amiga escutando música em nosso apartamento. Minha mãe está usando um vestido translúcido, mas ela é na verdade uma bruxa bloqueando nosso caminho. Temos que ir embora e ir para o carro para conseguir sair. Temo que minha mãe seja a bruxa que não me deixará sair da casa a tempo.* Zoe melancolicamente comentou:

> Lembro-me de tocar e me apresentar para meu pai porque ele amava e me encorajava. Tínhamos uma relação especial. Sentia-me insegura com minha mãe quando ele não estava por perto. Também suspeitava que ele iria, no final, ficar do lado da minha mãe contra mim. Agora me pergunto ainda mais quem irá me proteger.

Imediatamente, Zoe associou a bruxa do sonho com sua mãe. Embora fosse difícil de admitir, ela percebeu que tinha as mesmas atitudes negativas, exigentes e difamatórias, as mesmas características que abominava em sua mãe. Após o sonho, Zoe expressou surpresa e alívio por terem algo em comum. A identificação é o que ela desejava, mas que antes não podia aceitar.

Embora Zoe adorasse se apresentar, não era para sua mãe, pois antecipava suas críticas ou que dizia que ela era egocêntrica. Por outro lado, os elogios previsíveis do pai a mantinham embrulhada em seu abraço. Ela aprendeu a ser protegida pelo pai não por si mesma, mas o custo foi seu subdesenvolvimento. A dinâmica do sonho indicava os problemas que a impediam de deixar a casa, a traição psicológica do pai trazendo em questão o vínculo inconsciente deles. A falta de apoio dele, que foi repetida em ambos os sonhos, forçou Zoe a remover o véu de ilusão sobre o triângulo deles.

Após o que para Zoe parecia ser um longo período na terapia, ela começou a usar seus talentos musicais novamente. Teve um sonho enquanto contemplava um teste de trabalho e se sentia pronta para ter sucesso em sua carreira. Para sua surpresa, *no sonho, um maestro repetia a frase do primeiro sonho que relatou na terapia muitos meses antes.* Neste sonho inicial, o maestro disse: *o modo como você toca é especial e seu coração é evidente, mas sua técnica às vezes não é boa.* Zoe explicou que para ela o masculino, ou a técnica, estava associado com o instrumento que ela tocava e o feminino, ou o coração, com o instrumento que o marido tocava. Isso significava que ela agora usava o feminino a seu favor, enquanto o masculino precisava de mais atenção. Zoe, atordoada com a sincronicidade do sonho com a vida, recebeu, na verdade, uma oferta para o trabalho e aceitou. Ela começava a perceber que tinha o instrumento e a habilidade para tocá-lo.

## A virgem

Nunca capaz de ser jovem o bastante, magra o bastante, inteligente o bastante, a *puella* se encontra encurralada pelas pressões que promovem o inalcançável. Metaforicamente, a *puella* tem problemas ao manter sua maquiagem, sendo superficial e impenetrável. Sua natureza tem uma qualidade virginal, representando uma profunda interioridade e liberdade de contaminações externas; uma inação da psique que protege o que é imaturo (Hillman, 1989, p. 190). Por um lado, esta qualidade poderia sustentar a solitude necessária para o autocrescimento e reflexão criativa. Por outro lado, embora aberta, radical e muitas vezes fora das normas sociais, ela pode se fechar deixando pouco espaço para um envolvimento fora de si. Este lado indica narcisismo no sentido que sua singularidade não deixa entrar nada e nem ninguém.

A mulher *puella* sente que não merece amor e que não é seguro confiar naqueles que oferecem amor. Afinal, o amor pode ser doloroso, pois significa adentrar no coração de suas feridas. Então ela para, recusando-se a viver por meio dessas experiências a nível instintivo (Von Franz, 2000, p. 39). Sempre tem uma desculpa quando cada situação é de curto prazo e os relacionamentos são confrontados com modos não comprometedores semelhantes. Não é nenhuma surpresa que o tipo *puella* sente um vazio interior, acrescentando a seus desejos externos de aceitação e adoração.

A *puella* é impulsionada pelo desejo de ser vista, de ser a melhor e mais amada. Sua fantasia é de um dia ter sucesso, porém, ao mesmo tempo, não consegue alcançá-lo se fugir do presente (Hillman, 1989, p. 29). Em seu cerne, ela para, esmaece antes de o fruto madurar, tornando-se apenas possibilidade, incapaz de ir até o fim. Ela exala fragilidade, uma aura de indiferença e um exterior rígido no qual ela existe em um domínio elevado e intocável onde o mundo é observado. Mas ela vive em uma bolha, sem saber o quão inconsciente permanece.

As feridas da *puella* são causadas por perdas precoces, rejeições e um ambiente insuficientemente acolhedor; em parte associado com um pai ausente ou demasiado envolvido, deixando para trás o sentimento de insuficiência. A prisão emocional a mantém atrás do vidro, como se removida. Ela vive tragicamente dentro de sua muralha protetiva. Tenta evitar os aspectos sóbrios de si mesma que ameaçam sua falsa ideia de identidade (Schwartz-Salant, 1982, p. 22).

A *puella* é um estágio no desenvolvimento do feminino, mas quando não passa disso a mulher trabalha contra o acesso de seu si-mesmo completo. Ela é um aspecto da psique que precisa de amor e atenção, porém age enganando a si mesma e os outros ao interpretar um papel e agindo "como se" (Solomon, 2004, p. 639). Quando uma mulher diz, por exemplo, querer ser a "imperatriz do mundo", esta frase expressa indiferença, a necessidade de continuar intocável a fim de evitar ser machucada. Sua falta de conexão, frieza e cautela a distanciam de outros e, embora desanimador, é decorrente de um sentimento de fragilidade. A negação da necessidade por outros muitas vezes é interpretada como adoração de si mesma.

Ao mesmo tempo, a *puella* representa a promessa instintiva, pré-consciente, original e potencialmente redentora e futura (Gosling, 2009, p. 147). Julgadas por sua aparência, as mulheres que se identificam com a *puella* são frequentemente vistas como performistas que procuram alcançar o sucesso enquanto suas vidas interiores permanecem escondidas, seu tumulto muitas vezes dividido da consciência. Quando preservada em um estado de animação suspensa, a *puella* não pode ser presente. A autonegação renuncia a identidade, a devorando de dentro para fora e banindo seu espírito de seus instintos mais íntimos. Ela se envolve em uma guerra interminável entre as vozes internas sádicas, exigentes, desejosas e carentes. O lado negativo é arrogante, insistente em falsas fachadas e se prende a elas, retendo uma atitude absolutista, não apenas rebelde, mas também estática ao permanecer jovem (p. 139).

Operando na tradição do feminino passivo, muitas mulheres acabam dependentes, imaturas e inconscientes, não sabendo o que querem ou não, incapazes de se expressar. Muitas mulheres comentam sobre essas forças internas replicando os estereótipos sexuais e as pressões culturais sociais e familiares. Aqui estão algumas vozes intervindo na psique da *puella*: "não gosto da realidade física de envelhecer com minha pele seca e enrugada"; "odeio o que vejo no espelho"; "não consigo aceitar o fato de que sou quem sou"; "meu trabalho não é bom o bastante"; "não me lembro do que fiz, senti ou pensei ontem". Embora doloroso, ela retorna a essas imagens deturpadas de si mesma dia após dia. Em relação a isso, Jung comentou que:

> Verdadeiramente, aquele que olha o espelho da água vê em primeiro lugar sua própria imagem. Quem caminha em direção a si mesmo corre o risco do encontro consigo mesmo. O espelho não lisonjeia, mostrando fielmente o que quer que nele se olhe; ou seja, aquela face que nunca mostramos ao mundo, porque a encobrimos com a *persona*, a máscara do ator, mas o espelho está por detrás da máscara e mostra a face verdadeira (OC 9/1, § 43).

Por anos ela dificilmente nota quem ou o que é, preocupada, flutuando pela vida com sua mente divagando. Ao ver si mesma, ela seleciona um papel, o efeito ou uma imagem pronta para a ocasião. Até mesmo o sexo pode ser uma *performance* em busca de aprovação, ao invés de um meio de expressão e de receber amor. Um núcleo punitivo de "eu não sou o bastante" cria uma tensão sempre presente, negando qualquer prazer em atividades mentais e físicas. Faltando uma habilidade para autorreflexão, a vida adulta é evitada, o ego estritamente narcisista e o si-mesmo impedido da individuação.

A *puella* representa um tipo de personalidade que reflete a época atual. Ela não respira profundamente e teme ser tocada emocionalmente; a falta de atenção à sua profundidade é uma defesa. A tarefa da *puella* é ser presente, o que não é fácil. Ela não pode mais simplesmente confiar na adulação externa ou usar máscaras, mas é chamada a acessar a centelha dentro de si, de acordo com seus padrões particulares, o real em vez do ideal.

Mais tarde na terapia, Zoe *sonhou que "estava sozinha no palco se perguntando o que acontecerá em seguida"*. O sonho refletia o processo analítico, contando as memórias e desvendando antigos padrões a fim de ampliar a capacidade de pensar, sentir e explorar. Ao construir algo além do que era conhecido, pessoal e coletivamente, ela poderia se tornar completa nas áreas não cultivadas, desocupadas pela falta de presença adequada do pai. Ao resolver esses dilemas, o pai não bloqueia mais seu caminho. Ela encontra suas fontes de força e inspiração, livre do cerco dele e em si mesma. "A mulher hoje [...] manifesta [...] a urgência do desenvolvimento integral do ser humano, uma aspiração por sentido e plenitude, uma crescente aversão pela absurda parcialidade, pela instintividade inconsciente e pela cega contingência" (OC 10/3, § 269).

# 12

# Por trás da máscara e do brilho
## Uma resposta narcisista

> "Não é curto o tempo que temos, mas dele muito perdemos [...]. Não recebemos uma vida breve, mas a fazemos, nem somos dela carentes, mas esbanjadores".
>
> Lúcio Aneu Sêneca, *Sobre a brevidade da vida* (1.i).

A prevalência moderna do narcisismo ilustra o quão difícil é se descobrir na cultura ocidental (Jocaby, 2016, p. 27). O narcisismo inclui o problema de impenetrabilidade e distanciamento do si-mesmo e dos outros com efeitos pessoais e culturais. Este capítulo aborda a ausência paterna que extrapola essas questões. O narcisismo inclui inveja, privilégio, traição, raiva e as pesadas decepções internas. A perda do si-mesmo prevalece.

Na história de Narciso, de Ovídio, Cefiso, o deus-rio, força a linda ninfa Liríope em coito sob as ondas. Ela engravida dele, dá à luz uma linda criança e lhe dá o nome de Narciso. "Consultado, então, se viveria até a senectude, o profeta fatídico falou: 'Se ele nunca se conhecer'" (Ovídio, 1893, Livro III, 342-371).

O mito grego de Narciso ilustra o amor pelo seu reflexo, uma fascinação que levou a sua morte. Fascinado, Narciso não consegue perceber ninguém nem nada além de si mesmo (Jacoby, 2016, p. 21). Tão absorvido em sua imagem na superfície, não consegue acessar seu mundo interior. Mesmo que perceba que seu amado é ele mesmo, esta forma do si-mesmo pode apenas tolerar reprodução com um outro idêntico (Jacoby, 2016, p. 22). O narcisismo busca o espelhamento na uniformidade e singularidade enquanto evita a diferença, que é um desafio ao frágil ego do narcisista.

O amor é um catalisador de transformação. No entanto, o narcisista que não se adapta facilmente à mudança ou diferença, teme a transformação. Tudo no tocante ao amor e relacionamento força o desconhecido do narcisista e ele evita que questões se tornem aparentes. A busca pelo amor chega aos limites entre um precipício no qual pode-se cair e uma escura caverna na qual pode-se emergir.

No mito, Eco, que por gênero não é o mesmo que Narciso, deseja estar com ele, mas ele a recusa, assim como muitos outros, fossem masculinos ou femininos. No conto e suas interpretações, Eco recua enquanto Narciso chama atenção para si. Uma figura esquecida, Eco também sente a dor do anseio pelo outro que não pode ter. Conforme o mito se desdobra, ambos perdem seus corpos e permanecem separados um do outro e de todo o resto. Narciso pertence apenas à sua imagem e não pode ficar com mais ninguém. Eco deseja estar apenas com aquele que a rejeitou.

Tornar-se ser humano completo e complexo, de acordo com a psicologia analítica junguiana, significa aceitar a diferença, as sombras desconhecidas além da superfície da apresentação. O narcisismo conota um lugar isolado de solidão interior conforme o narcisista não vê nem reconhece a existência do outro ou de suas próprias profundidades. Para compreender a psicologia devemos explorar as diferenças, a falta de pertencer, a solidão e nossa ideia de isolamento (Singer & Kimbles, 2004, p. 125). O narcisista é autocentrado, sem conexão, e as fundações do si- -mesmo permanecem desconhecidas.

Como os diagnósticos do narcisismo de hoje, no mito, Narciso vê uma semelhança idealizada, sem verrugas e manchas. Porém ele não tem conhecimento de si como a fonte de seu reflexo. Há uma falha na autoexperiência e acesso inadequado aos recursos internos. Por baixo, resmunga o anseio inquieto e insatisfeito enquanto a autoidentidade de Narciso é inflada, irreal, incompleta, recusando-se a ter uma relação com qualquer outra. "A depressão é a face escondida de Narciso, a face que o leva à morte, mas da qual ele não tem conhecimento enquanto se admira em uma miragem" (Kristeva, 1992, p. 5).

Desenvolver uma superfície ou *persona* perfeita e idealizada esconde as fissuras que se encontram abaixo. Uma pergunta crucial é: Pode o narcisista aprender a se envolver com o outro? "A relação com o si-mesmo é ao mesmo tempo a relação com o próximo. E ninguém se vincula com o outro se antes não se vincular consigo mesmo" (OC 16/2, § 445). O narcisismo é um retrato de um estado psíquico de unicidade. Esse espelho reflete o singular ao invés das múltiplas subjetividades do mundo e suas complexidades à medida que tudo se estreita para eliminar a alteridade.

O mito continua:

> Não sabe o que está vendo; mas ao ver se abrasa, e o que ilude os seus olhos mais o incita ao erro. Por que, em vão, simulacro fugaz buscas, crédulo? O que amas não há [...] (Ovídio, 1893, Livro III, linhas 420-450).

Como Narciso, que aparentemente não tinha contato com seu pai, a falha da filha em se reconhecer é, em parte, devido à ausência paterna. A distância emocional do pai forma um vácuo. Quando a filha sente que não é amada, ela se torna alienada de si mesma, o que cresce em várias formas de amortecimento psicológico e físico. Quando alienada do pai, ela pode ficar alienada dos outros. A busca narcisista pelo ideal em vez do real é impulsionada pela inabilidade frenética de se estar presente. O narcisismo é caracterizado pelo possessivo, o impulso pelo prestígio, o descontentamento, a sensação de estar encurralada, a inveja e a dificuldade em aceitar as limitações medianas e naturais (Jacoby, 2016, p. 26).

Há muitas razões pelas quais os narcisistas são desafiados no amor e possuem dificuldade em se relacionar, inclusive consigo mesmos. Debaixo disso tudo há uma ternura tão crua que não confia em se abrir com mais ninguém. O superficial e ilusório é parte do evitar ser visto. A questão principal dentro da personalidade narcisista é: se não sou excepcional, o que sou? Esta pessoa anda em círculos, mas não se permite intimidade, sentimentos ou emoções de amor, aparentando ser um objeto idealizado, distante e brilhante.

No mito, Eco,

> da selva sai e vai abraçar-se ao pescoço do amado. Ele fugindo, diz: "tira as mãos, não me abraces, morrerei antes

que tu possas me reter!" E ela, apenas: "Que tu possas me reter!" Desdenhada, se esconde em selva e de vergonha e ramos cobre o rosto e vive em grutas ermas. No entanto, arde o amor e cresce com a dor; a insônia lhe consome o corpo miserável, a magreza lhe enruga a pele e no ar se esvai o suco corporal [...]. A voz vive; viraram pedra os ossos, dizem. Todos ouvem-na; é som o que nela vive (Ovídio, 1893, Livro III, linhas 385-401).

O narcisismo tem sido descrito como uma ideia grandiosa do si-mesmo, como exibicionismo com relações-objeto perturbadoras como sintomas predominantes. Por trás da aparente onipotência está a impotência, pessimismo e renúncia de fracasso (Jacoby, 2016, p. 85). Embora o narcisismo possa conter autoestima e um bom e amoroso sentimento em relação a si mesmo, ele se torna perturbador quando repleto de inferioridade, medo de vulnerabilidade e autodepreciação. Essas questões levam o narcisista a recuar dos outros quando há o menor sinal de críticas ou de que não será aceito. A personalidade narcisista é precária e despenca de grandiosidade ao sentimento de inutilidade absoluta, oscilando descontroladamente entre esses extremos (p. 83).

O psicanalista britânico Herbert Rosenfeld afirmou que um tipo de narcisismo era o que chamava de "casca grossa", insensível a sentimentos mais profundos, enquanto o tipo "casca fina" era hipersensível e facilmente ferido pela menor das desfeitas (Rosenfeld, 1987, p. 274). Ele ainda atestou que um contém o outro. Ou seja, ambos os tipos de narcisistas têm dificuldade em permitir a entrada de outros. O problema é encontrar a pessoa verdadeira dentro da teia da imagem.

Além disso, o narcisismo é marcado pela dificuldade em estabelecer uma ideia integrada do "eu". André Green também descreveu duas atitudes aplicáveis ao pai ausente e o que é passado para sua filha. Ele chamou um tipo de "narcisismo da morte", ou seja, a pessoa que experimenta o vazio, desprezo por si mesma, abstinência destrutiva e autodepreciação permanente com uma qualidade masoquista. A atração de dissolver-se na fantasia de unicidade, de agir sobre a ilusão romântica do paraíso também é acompanhada pela dificuldade com a realidade ou uma incapacidade de suportar os fardos da vida. Na fantasia de Narciso, o anseio de encontrar o escolhido a fim de se sentir completo é seguido da morte, pois seu desejo não é realizado.

Green chamou a outra atitude de "narcisismo da vida", uma forma de viver (às vezes de forma parasita, às vezes de forma autossuficiente) com um ego empobrecido que se limita a relações ilusórias e sem qualquer envolvimento com objetos vivos (Green, 2002, p. 644). Nenhuma delas traz a filha à vida, pois o amor-próprio foi danificado, em parte devido ao pai ausente. Green continuou a notar que a decepção estava na raiz da depressão, especialmente quando um ou ambos os pais desiludiam, não eram confiáveis e eram enganadores.

## Uma imagem secreta

> Ela olha para si mesma em vez de olhar para o senhor, portanto não o conhece. Durante os dois ou três acessos de amor que lhe dedicou, num grande esforço de imaginação, via no senhor o herói com quem sonhara, não o que o senhor é de verdade [...].
> Stendhal, *O vermelho e o negro* (1916, p. 401).

Evie, um composto de muitas mulheres com experiências semelhantes, abrigava memórias de não ser reconhecida por seu pai tirano e indisponível. A necessidade militarista do pai por controle e obediência foi rudemente exercida sobre seus filhos. Ele nunca disse que a amava, pois estava muito envolvido em seu próprio mundo, frequentemente bebendo demais e ainda assim a família tinha de atendê-lo sempre. Além disso, ele continuamente fazia comentários sobre a aparência das mulheres de forma maliciosa. A ansiedade a dominava internamente, mas Evie aprendeu a reprimir tudo. Seu pai inacessível era um homem inexpressivo e grosseiro.

Evie desenvolveu uma imagem secreta de si mesma como uma heroína, sozinha, capaz de salvar e ajudar os outros. A necessidade e o segredo ambos derivados do pai, em torno de quem ela se sentia impotente, deprimida e triste. Tinha inveja daqueles que tinha mais facilidade. No início da vida, seu mundo interior se tornou o único lugar de autopreservação, uma ocorrência comum quando o mundo do pai é insuficiente nos quesitos proteção ou orientação. A segurança do si-mesmo inicialmente depende de uma experiência amorosa com o outro, um pai. Mas como isso não aconteceu, ela ficou sem confiança. Mesmo nos dias atuais, ela ainda temia que seus espaços internos fossem violados.

Evie sonhou que *estava em um time misto de tênis no ensino médio, treinando com um parceiro de time. O treinador estava assistindo. Ele era machista e exigente. Mesmo jogando muito bem e sendo uma jogadora de alto nível e confiável, ele me critica o tempo todo. Ele até grita comigo por causa de uma jogada que estava certa. Não faz sentido. Ele nunca elogia. Pergunto-me por que jogo. Estou tão frustrada e brava, mas não ousaria desafiá-lo. Tudo que posso fazer é perseverar, tentar me segurar, tentar segurar as lágrimas e confiar nas minhas forças.*

Quem era esse treinador? Imediatamente ela disse que obviamente era o seu pai, que nunca a apoiou ou a deixou brilhar. Ele era agressivo, discutia, a desafiava e a diminuía. Ele tinha que estar certo. Como adulta, ela suspeitava que essa atitude era decorrente da inveja que tinha das habilidades dela e da baixa autoestima dele, mas quando criança ela se sentia derrotada pelos sermões dele por não ser tão inteligente. Ela se sentia julgada por outros muitas vezes, semelhante ao modo como o pai agia com ela. A inveja dele e a dela indicavam a extensão da insuficiência (Colman, 1991, p. 356). Evie assumiu a frustração da vida do pai ao não ser reconhecida, desvalorizada e muito pequena.

Quando criança, Evie reagia ao se manter longe dele, mas não sabia quanto terror era negado. No entanto, ela buscava sua aprovação, tentando, tentando e ainda incapaz de suprimir a decepção por não conseguir, não importa o quanto se esforçasse. A voz dele de inferioridade ecoava na mente dela. Dizia que ela deveria ter sido melhor e qualquer aplauso que ela recebia era falso. Tudo tinha que ser tão perfeito e controlado. Em referência a esse tipo de situação, a psicanalista francesa Julia Kristeva escreveu:

> O si-mesmo; ferido, incompleto e vazio sente ter uma falha fundamental, uma deficiência congênita [...] uma dialética complexa de idealização e desvalorização, tanto do si-mesmo como do outro. Trata-se de uma identificação com o outro amado/odiado através de incorporação, introjeção e projeção que é efetuada pela tomada em si mesmo de um ideal sublime, parte ou traço do outro que se torna o juiz interno tirânico (Kristeva, 1992, p. 6).

Se um pai foi inconstante, inconsistente ou diretamente hostil, o vínculo e confiança em outros da filha se torna conturbado. Essa interpretação do sofrimento narcisista pode surgir como consequência da falta de vínculo suficiente com um pai. Um tipo de fome de objeto se desenvolve, a necessidade de preencher o vazio com pessoas, lugares e coisas para compensar por ser inseguro e não ter recebido cuidados. No entanto, mesmo quando consegue o que deseja, ela não consegue se livrar da ansiedade desconfortável que pode ser removida sumariamente. Como resultado, ela se torna uma atriz talentosa pronta para atuar, mas nunca realmente acreditando em seu papel no palco onde se encontra. Ela se retira do sofrimento psíquico, ficando fora de si mesma, olhando de uma certa distância, sem saber, sendo sonâmbula pela vida.

"Melancolia narcisista é uma tristeza fundamental ligada à perda primordial" (Kristeva, 1992, p. 129). Efeitos prejudiciais ocorrem quando a filha tem que agradar ou salvar o pai para obter uma aparência de paternidade. A ausência do amor do pai se desenvolve em uma perda de significado na vida. Esta constelação psicológica alimenta sua negligência internalizada, o abandono e a rigidez emocional dificultando amar ou cuidar de si mesma. De fato, há uma paralisa do si-mesmo, limitando a capacidade para integração e individuação.

Analisando mais, no cerne do narcisismo há uma falta de calor. Como Narciso olhando-se na água e não reconhecendo a si mesmo, uma experiência interior genuína está faltando. Julia Kristeva refere-se à noção de alienação, ou, a divisão do si-mesmo da repressão de sentimentos. Essas secretas e desconhecidas feridas podem levar à divagação de pensamento (1992, p. 267).

Quando o instinto se torna autodestrutivo, o ego, desde o início da vida, não tem coesão e cai aos pedaços (p. 19).

O narcisismo em sua singularidade oclui a relação com o inconsciente, que também representa o outro. A unicidade não integra ou expande-se para incluir dualidade. Essa insistência na uniformidade se torna uma defesa contra sentimentos de inferioridade e vergonha. Como disse Jung: "sua visão tornar-se-á clara apenas quando puder olhar para seu próprio coração. Aquele que olha para fora, sonha. O que olha para dentro, desperta" (1973, p. 33). No mito de Narciso, o vidente diz que ele não iria viver se chegasse a se conhecer. A mensagem neste mito está presente no inconsciente de todos nós; de certo modo conhecer-se envolve se abrir para e conhecer o outro.

Experiências paternas insuficientes têm seu impacto na formação do si-mesmo.

> A adaptação [dos pais] [...] *não é* [...] *boa o suficiente*. O processo que leva à capacidade para o uso de símbolos não é iniciado (caso contrário, se torna destruído) [...], na prática a criança vive, mas vive falsamente [...]. Por meio desse falso *self*, a criança constrói um conjunto falso de relacionamentos e [...] até mesmo adquire um *show* de ser real (Winnicott, 1995, p. 146).

O narcisismo torna-se uma defesa contra a replicação das perdas e internalizações de objetos anteriores e dolorosos que deixaram a filha com sentimentos de miséria, falta de satisfação e desespero.

Não é nenhuma surpresa que a necessidade é da gratificação narcisista que nunca falha (Jacoby, 2016, p. 159). A exigência por amor indica a necessidade da psique e, paradoxalmente, protege contra essas necessidades. Evie disse ter conversas imaginárias em sua mente com quem a viu, admirou e a desejou. Ela imaginou esse outro olhando para ela, vendo como ela estava bem e a aplaudindo. Ela nunca estava sozinha neste espaço e, de fato, mal podia ficar sozinha. Ela tinha que ser refletida, o outro a reconhecer e louvá-la como alguém bela e distinta. Não importa o que ela fazia, havia uma necessidade de o outro aprovar e pensar bem dela e continuamente alimentá-la com adulação e louvor.

Não ser respondida ou ameaçada desencadeava as feridas, vulnerabilidades e imperfeições que ela tentava esconder. Evie se escondeu de si mesma e dos outros a fim de evitar a negação esperada. Ela não compreendia a base de sua vergonha e raiva, não percebendo que havia assumido a linguagem de destruição, deturpação, fracasso e inadequação de seu pai. Afinal, ela disse a si mesma, ela o excluiu e o odiava, então ele não poderia afetá-la. Enquanto isso, sua alma clamava e ela não sabia como ouvir ou responder.

Essa filha está fora de si mesma devido à ausência do pai e lhe falta meios para estabelecer uma boa ressonância interna (Kohon, 1999, p. 36). A vida acaba repleta de incertezas. A fantasia que acompanha é de autossuficiência, de não precisar de ninguém. Neste estado, com dificuldades para se conter, ela não consegue encontrar valor em ser ela mesma. Sua autoimagem é distorcida, refletindo pouco de seu verdadeiro eu (Jacoby, 2016, p. 158).

Evie se segurava temendo ser rejeitada; experienciava como um grosso cobertor sufocando qualquer memória de sentimentos contrários. Esta estrutura interna operava contra o si-mesmo, atacando e destruindo boas experiências (Colman, 1991, p. 360). A raiva se voltou para dentro conforme ela vivenciou impotência e frustração no desejo de se envolver. Permaneceu dentro de uma mistura de desespero ligado ao desejo de troca recíproca (Meredith-Owens, 2008, p. 462).

Esta não é uma história simples; uma complexidade de desafios intrincados confronta o narcisista. A psique e o corpo são bombardeados com os pensamentos ensurdecedores de que nada importa. Porque nada será perfeito o suficiente. Não importa o que pareça, o narcisista não tem relação natural com o corpo. O corpo é algo que deve ser transformado, objetificado, do qual deve se distanciar. Ela se concentra em aparências, comida, comportamento, tudo mantido em minuciosa rigidez. A história dela é uma de solidão com pouco acesso à vida afetiva/emocional, pois não se sente completamente viva. Ela recua, derrotada e se sentindo defeituosa. Facilmente ferida, ela reage de forma agressiva em defesa de sua esfera pessoal (Jacoby, 2016, p. 161).

O escudo de indiferença é uma tentativa de compensar pelo que deveria ser vivo e genuíno, mas ela não aparenta ser autêntica. Suas palavras podem ser corretas, mas o sentimento não. A concha é atraente e fascinante, mas algo está faltando. Aproximando-se dela, a essência se esquiva mais, o real se esconde. Essa fachada continua solidamente no lugar, especialmente porque o encontro com o outro a coloca cara a cara com sentimentos de vulnerabilidade (Kristeva, 1992, p. 55). O medo defensivo e a negação levam o narcisista a ignorar, projetar e até mesmo se aproveitar da vulnerabilidade de outros. Novamente, tudo isso é um desvio para que ninguém se aproxime.

## A inveja

A experiência narcisista de estar separado e ser diferente dos outros se apresenta como inveja, idealização, competitividade, baixa autoestima e inadequação assim como o desejo e apreensão de ser o objeto de inveja. Este sistema de crenças serve como uma rede de segurança contra a intimidade e como um remédio contra o caos e o vazio latentes (Britton, 1998, p. 181). Experiências de vergonha, constrangimento, de se sentir minúscula e o medo são reações que indicam inveja. Também adquiridas do pai invejoso, ausente em sua capacidade de se dar.

Evie teve um sonho que ilustrava esse impasse emocional associado com o pai evasivo, inapreensível, sem apoio e invejoso. *Estou no último ano do ensino médio. Tenho ótimas notícias para compartilhar com minha família, fui aceita em uma importantíssima faculdade da costa leste e ganhei uma bolsa de estudos para pagar a faculdade. Eles não reagem muito. Meu pai estava em outro cômodo, então não tenho certeza se me ouviu. Vejo-o se retirar para a segunda casa, um sobrado subindo a rua. Eu o sigo para lhe contar a notícia. Ouço-o bater a porta e não posso falar com ele. Então estou de volta à casa principal segurando meu irmão mais novo em meu colo. Ele tem cerca de 3 anos, está cansado e deseja que cuidem dele. Enquanto o seguro, me recordo de uma trilha que leva à segunda casa onde meu pai estava, em uma área de floresta em direção às montanhas. É um lugar espiritual que me lembra o mundo élfico da Terra Média em* O senhor dos anéis. *Lá, eu penso, há esperança, respostas e uma nova vida. Grito para minha mãe: "vamos, vamos embora".*

No sonho, a recusa do pai e sua partida a lembraram de uma estrada que poderia pegar. Estava além de onde ele se encontrava e conectava com os aspectos de vida que Evie sabia que seu pai não poderia reconhecer. Ali havia esperança e uma vida melhor longe dele, mas esta vida poderia incluir a mãe. Evie não estaria sozinha, embora fosse estar sem um pai.

Uma sensação de insuficiência se encontra no cerne da inveja, que é associado à carência e ao vazio. Jung afirmou haver um antídoto:

> Quando sentires como estagnação e ermo estéril a tua falta de fantasia, de ideias súbitas, de vivacidade interior, e te puseres a contemplar isso com o grande interesse (= o tornares prenhe) que em ti desperta tanto o alarme por perceberes a morte interior, como também o clamor do deserto (não raro um "call of the wild"), então fica sabendo que poderá acontecer algo contigo, pois o vazio interior oculta uma plenitude tão grande como ele, contanto que apenas permitas que ela possa penetrar em ti (OC 14/1, § 184).

A inveja atrapalha as relações. Seus aspectos destrutivos incluem o apagar do espaço interno destinado para o pensamento e reflexão. Essa filha se sente inadequada ao redor do pai e, como consequência, ao redor dos outros, tornando a exibição de emoções perigosa. As devastações angustiantes da inveja e do ciúme abrigam identificações projetadas inconscientes e sua natureza corrosiva desnuda o mundo interior (Stein, 2017). A inveja é desenfreada para o narcisista como uma parte da tendência interna de destrutividade, desespero e sentimentos de separação dos outros. A arrogância externa e onipotência esconde os reais sentimentos de vazio, do terror sem forma e do pavor (Fordham, 1974).

O narcisista não absorve boas experiências e constrói pouco devido à falta de um ambiente de contenção interior. Há uma capacidade de lamentar, aceitar a felicidade ou confiança. O analista americano Schwartz-Salant descreve a inveja como a rejeição do ego ao si-mesmo (1982, p. 105). Essa filha não se permite sentir o luto, a perda, nem mesmo perceber completamente o profundo anseio que sente por conexão. Para fazer isso é necessário voltar-se para dentro e encarar as emoções até então evitadas.

Um ataque de inveja é uma tentativa de corrigir a sensação de que internamente tenho pouco ou nada e a outra pessoa parece ter tudo. Ou seja, quero tanto algo, e quero que a outra pessoa não tenha, que destruirei o que essa pessoa tem. Curiosamente, *invidia*, latim para inveja, se traduz [no inglês] como "não visão". "Inferno" é a primeira parte do poema épico *A divina comédia*, do século XIV do autor italiano Dante Alighieri. No inferno, Dante retrata os invejosos se arrastando sob mantos de chumbo e com seus olhos costurados com fio de chumbo. Cegos para o que possuem e desejando o que outros possuem, conseguem apenas olhar para seu interior.

Acompanhando a inveja, a frágil coesão interna da filha incapacita a mesma de ter plena empatia por outros.

> Este mundo é vazio somente para aquele que não sabe dirigir a sua libido para coisas e pessoas e torná-las vivas e mais belas para si. O que nos obriga, portanto, a criar um substitutivo a partir de nós mesmos não é a falta externa de objetos, e sim nossa incapacidade de envolver afetivamente alguma coisa além de nós (OC 5, § 253).

A superfície e o ego continuam primários enquanto a vida interna permanece subdesenvolvida. Essa filha sente-se frequentemente desintegrada, então a dor, ou sua antecipação, se torna devastadora. Portanto, ela realmente não se arrisca muito e se retém emocionalmente (Hillman, 1989, p. 69).

# O crime

> XIV: Como chegam os dias
> Que quer a natureza má com tão diversas leis?
>
> Baron Brooke Fulke Greville, "Chorus Sacerdotum" (1798, linha 147).

---

Por muitos anos Evie teve um sonho recorrente *em que cometia um crime*. O sonho a incomodava, especialmente porque não sabia qual era o crime cometido. Com o tempo, o senho *passou de ela ser uma cúmplice a ela ser a ladra ou assassina principal*. As razões para isso nunca foram apresentadas no sonho. O choque ao acordar era o reconhecimento que ela tinha, de fato, cometido o crime. "Ah, não", ela exclamava com desânimo. Estava inconsciente que o crime ainda acontecia e que estava aborrecida com a mensagem do sonho. Ainda não sabia que o crime era um comentário sobre sua própria falsidade. Ela era imponente e considerava a maioria das pessoas inferior. A imagem do sonho que se repetia de novo e de novo retratava o ato desconhecido e sua autotraição inconsciente para que ela começasse a lidar com o estrago feito a si mesma.

No entanto, em vez de escutar e refletir, ela tentou escapar do sonho e sua mensagem insistente, muitas vezes não falando sobre eles na terapia nem de sua perturbação emocional. Ela resistiu, não dando ouvidos às vozes dentro de si. Não prestar atenção também era o crime ao que sonho se referia. E então o sonho parou. Agora Evie associava o sonho com a severidade de seu trabalho, a natureza sigilosa, o engodo e as grandes forças que tinha que reunir, mas também disse que não era o total de sua personalidade. O falso si-mesmo que habilitava no trabalho acobertava o verdadeiro si-mesmo de seu coração. Quando ela parou de estar sob a mira deste papel, os sonhos pararam. Com o tempo, ela se tornou o que chamou de mais mansa, mais aberta, mais uma pessoa que faz ioga e menos uma pessoa política. Ela gostava da parte da ioga, mas disse que não era rentável nem se manifestava no impulso agressivo necessário para sua posição altamente estressante, apesar dos aspectos da ioga serem melhores para relacionamentos. Embora separada do amor, ela precisava de controle.

Quando, em um relacionamento, Evie estava sujeita a perder a psique ou o lado de sua alma, Eros, referindo-se ao amor relacionado à intimidade e sexo, transformou-se no erótico e, como narcisista, exigiu atenção. Sabia o bastante para perceber que o amor se tornou uma perda de si conforme era dominada por seus sentimentos. Conforme sua ansiedade aumentou, acabou sendo possessiva e manipuladora com quem quer que estivesse namorando. Tornando-se desconfiada, ela enviava mensagens de texto repetidamente como formas de apelo por atenção e reafirmações.

Estas ações são típicas de alguém que teme, porém deseja o amor. Para Evie, uma vez que seus sentimentos eram despertados, ela reagia com vulnerabilidade. O sentimento era tão desconfortável e apavorante que ela evitava e começava a se afastar. Essa é parte da significância do sonho do crime. Evie não gostava de quem se tornava quando em um relacionamento amoroso, pois não conseguia lidar com a intensidade de intimidade. Incapaz de desistir do controle, ela acabava matando a conexão entre si mesma e o outro. Na ausência de um si-mesmo seguro, ela se tornou obsessiva e apegada, não importa que tipo de atenção recebesse, nunca satisfazia a corrosiva insegurança. Confiança e segurança, psique e Eros, Narciso e Eco permaneceram díspares.

O fracasso do ambiente paterno acolhedor pode resultar na resposta narcisista. Esta resposta é muitas vezes baseada em insegurança. Evie não foi bem-adaptada para as provações e tribulações da vida. A intimidade expunha o que ela sentia serem os horríveis fragmentos de sua personalidade e colocava em risco a segurança de seu mundo isolado. Ela descreveu um vácuo no centro, como se nada estivesse lá. A vida com os outros não era fácil, pois sem fundamentos ela se sentia falha. "[Ela] aproxima-se do mundo desviando o rosto [...] a vida passa por ela como um sonho, uma fonte enfadonha de ilusões, desapontamentos e irritações" (OC 9/1, § 185).

Por meio da terapia e da relação terapêutica Evie continuou buscando a intimidade que desejou por tanto tempo. Achou os sites de namoro muito rígidos e elaborados para exibir a falsidade na qual ela poderia facilmente cair. Decidiu ir atrás de seus interesses e deixar a vida ser mais natural. O sonho do crime continuou com ela como um lembrete para ser fiel a si mesma. Continuou a recordar outros sonhos e começou um diário, já que começava a honrar seus pensamentos e ideias. Ela finalmente começava a levar todo seu si-mesmo a sério. Não reparou a relação com seu pai, decidiu que não valia a pena.

A atenção unilateral dedicada unicamente à patologia do narcisismo corre o risco de negligenciar ou ocultar o impulso mais profundo da individuação incorporado no tipo de personalidade. É simples demais dizer que a pessoa narcisista parece apenas egoísta e fora de alcance. Isso nega o considerável efeito que o trabalho terapêutico pode trazer. A maior relevância do sofrimento e desilusão do narcisista refere-se ao dilema da relação envolvendo qualquer coisa fora de si. Isso é abordado na relação terapêutica. E são as situações humanas que abrem o narcisista à autodescoberta.

> As condições de uma verdadeira crítica e verdadeira criação são as mesmas: a destruição de uma imagem de pensamento que se pressupõe e a gênese do ato de pensar no próprio pensamento. Algo no mundo nos força a pensar. Esse algo é um objeto não de reconhecimento, mas de um *encontro* fundamental (Deleuze, 2004, p. 176).

# 13

# O corpo na sombra

> Podia ver o que lhe faltava. Não era beleza; não era inteligência. Era algo central que permeava tudo; algo quente que rompia superfícies e ondulava o frio contato entre homem e mulher, ou entre mulheres.
>
> Virginia Woolf, *Mrs. Dalloway* (1990, p. 31).

Integração da personalidade começa com desespero, confusão e dissociação em um delicado entrelaçamento entre corpo e mente. Isso pode ser discernido na erupção de uma doença autoimune que representa o colapso corpo-psique. Das pessoas afetadas por doenças autoimunes, 78,8% são mulheres (Fairweather & Rose, 2004, p. 2.005). Por essa e muitas outras razões, deve-se lidar com o corpo no processo psicológico. O exemplo clínico composto neste capítulo enfatiza a relação da filha com seu corpo quando o pai é ausente, negligente ou inadequado.

Além disso, as diversas, porém alinhadas perspectivas de Julia Kristeva, psicanalista francesa, e a psicologia analítica junguiana fazem ponte entre o si-mesmo e o outro. Ambas descrevem as defesas do si-mesmo ao aparecer na psique e soma. Jung disse que "o corpo é o amigo mais duvidoso, por produzir coisas que não gostamos; há inúmeros fatos a ele relacionados que não podem mesmo ser mencionados. Por isso ele frequentemente é a personificação do lado sombrio do eu" (OC 18/1, § 40). Kristeva, com seu conceito de abjeto, descreve uma abertura para áreas que escondem o inesperado: "o perigo [...] proveniente da identidade [...] ameaça" (1982, p. 71).

> Que tipo de estragos resultam da exclusão da fisicalidade da relação pai-filha? [...] A inibição do pai [dela] [...] ao lidar [...] com ela não pode ajudar na formação de uma atitude positiva em relação ao seu próprio corpo, um sentimento de estar "correto", beleza, poder e integridade (Samuels, 1993, p. 149-150).

Quando ausente, obviamente nenhum pai está por perto para compartilhar autocuidado. Quando a filha não escuta sobre seu corpo do pai de uma forma saudável, ela para de escutar.

Rana não teve cuidado emocional provido por seu pai, nenhuma maneira de se sentir amada, nenhuma memória de abraços ou toques, nenhum Eros. Quase não havia fotografias dela de quando era criança, havia, porém, poucas, histórias transmitidas sobre sua infância. Sua infância foi, em sua maioria, solitária, se escondendo. E até hoje Rana tem dificuldade em receber atenção ou ser tocada fisicamente. Ela não sentia nada em relação a seu corpo, pois deixou de o experienciar como parte digna de si há muito tempo. Seu corpo se tornou um objeto distante, submetido há muitos anos a diversas formas de autoviolência e traições. Ela não considerava ignorar o cuidado de si como negação porque simplesmente esquecia de fazê-lo. Essas reações afetaram suas respostas somáticas. Rana carregava imagens de si mesma como feia, inútil, insignificante, velha e ignorada. Não importa o quão doloroso, esses sentimentos não desapareceram. Finalmente, uma doença na psique e no corpo levaram Rana ao trabalho terapêutico junguiano de modo a acessar sua capacidade de sobreviver e encontrar significado.

O corpo não se esquece. Como a psique, é um comunicador simbólico de traumas, dissociações e mensagens do inconsciente. Como Julia Kristeva observou: "devemos nos preocupar com a sombra projetada sobre o frágil ego que mal se desassocia do outro, uma sombra projetada exatamente pela perda desse outro necessário; uma sombra de desespero" (1992, p. 5). A falta de um pai atencioso cria áreas emocionalmente feridas que aparecem mais tarde na forma de respostas físicas.

Em doenças autoimune, a identificação errada da ameaça interna leva o sistema imunológico a criar anticorpos para suas próprias células, classificando-as erroneamente como "não parte do eu" no que é chamado de resposta autoimune. Se o corpo reconhece o erro rapidamente, pode causar o mínimo de mal. No entanto, com a doença autoimune, o sistema imunológico entra em guerra com o próprio corpo que é encarregado de proteger. A capacidade de distinguir-se do outro é prejudicada e as tentativas de autoproteção podem criar as condições dolorosas e prejudiciais que o sistema imunológico tenta evitar em primeiro lugar. A ausência de um si-mesmo estável é narrada em autoimunidade como perda do si-mesmo. O corpo destrói ao invés de proteger contra as agressões e invasões em uma autorrecusa que reúne forças através da vida. Será como se esse complexo particular tivesse um corpo próprio [...] [com uma] determinada quantidade de fisiologia própria" (OC 18/1, § 148-149).

Rana era um retrato psicológico e físico das feridas não processadas e luto reprimido de uma filha. Os traumas que sofreu quando adulta provavelmente replicaram eventos da infância que não conseguia mais se lembrar. Ela relatou sentir-se não amada, abandonada, emocionalmente paralisada e deslocada. Aprendeu estas atitudes, ações, efeitos, suposições, rituais e cultura precocemente (Kimbles, 2004, p. 200). As áreas feridas vivem na psique como materiais não assimilados.

Em meio a uma carreira de sucesso, o sistema físico de Rana entrou em colapso com uma doença autoimune, o que a deixou em desespero. Tentou avançar mesmo assim, exigindo que seu corpo continuasse quando não era possível. Para Rana, seu si-mesmo voltou-se contra si mesma, a sombra insistia em ter atenção conforme as memórias reprimidas retornavam. Ela agora enfrentava as perdas não resolvidas das quais se defendeu contra toda sua vida. Começou a escutar o vazio interno e o anseio por conexão. Algo vital estava em falta. Suas muitas realizações e prêmio não consertavam os espaços internos ausentes. Jung observou que: "O espírito é a vida do corpo, visto de dentro, e o corpo é a revelação exterior da vida do espírito, se pudermos compreender que formam uma unidade e não uma dualidade" (OC 10/3, § 195).

Para ela, a doença parecia recriar o isolamento e abandono do cuidado paterno que experienciou na infância. Um vazio psíquico emergiu da perda externa do pai e foi vivenciado de forma depressiva como um vazio interno (Kristeva, 1992, p. 82). Rana descreveu ter um pai sem sintonia, incapaz de simpatizar com as experiências internas dela, apenas reconhecendo sua mente. Seu desejo por proximidade ou sentir-se seguramente aceita não foi correspondido; decepcionada, ela não encontrou nem conforto nem aprendeu uma forma de autoconforto com ele.

"Há uma enorme brecha de silêncio sobre o papel desempenhado pelo corpo do pai em uma relação inicial direta com um bebê" (Samuels, 1993, p. 137). A qualidade de conexão entre o pai e a filha molda nela a consciência, satisfação e cuidado com seu corpo ao longo da vida. Quanto mais ele retira seu amor e a rejeita, tanto física como emocionalmente, mais ela se torna abandonada e ansiosa em relação a seu corpo. Quando as atitudes de apoio do pai são ausentes, ela corre o risco de sentir de forma negativa em relação a todos os corpos, principalmente o seu.

O sofrimento ocorre quando as posições externas destinadas a reforçar a personalidade se exaustam e suas reservas internas entram em colapso, pois não são mais sustentáveis. Kristeva chamou isso de uma miragem perdida do passado, deixando em seu caminho ausência, depressão, autoaversão e insatisfação (1994, p. 271). Sempre inquieta, essa mulher é resumida a impulsos obsessivos e opressores, como comer em excesso por ansiedade, o peso opressor da insensatez e passar horas na internet e na televisão sem interrupções. Essa filha é atacada por medo de dirigir, tanto literal como simbolicamente no caso de Rana, e frequentemente não sente nenhuma motivação para viver.

Confrontada por memórias intraduzíveis até agora, Rana expressou a perda de não pertencer a si mesma. Tentou continuar a reforçar a fachada de competência para acobertar o crescente desespero, ineficácia, inércia e mal-estar. Ela sentia que não podia contar a ninguém e tinha de fingir ainda ser capaz, mas esses esforços se tornaram cada vez mais difíceis de manter. Em um sonho, ela está em um local alto comendo uma zebra com garfo e faca. Há pessoas ao redor assistindo-a. Está aborrecida com o sonho porque zebras são vistosas, não podem se esconder. Possuem listras brancas e pretas e Rana quer que sejam cinzas. Por isso precisa comer a zebra. Rana perdeu sua autodefinição por exaustão, aumento de peso e não conseguir ir para a ioga. Aos poucos, os hormônios do corpo, tiroide e suprarrenais pararam de funcionar.

> Parte da letargia e descuido do dia a dia [...] é sua incapacidade de compreender suas próprias experiências [...], seu fracasso [...] em reconhecer e analisar a si mesmo [...]. A mente aprender a recuperar suas experiências da névoa do hábito, convenções e esquecimento (Nussbaum, 1994, p. 340).

Ela se encontrava na situação descrita por Julia Kristeva como o sentimento de estar "caindo aos pedaços [que] pode ser causado ou pela [...] *não integração*, que impede coesão do si-mesmo, ou pela desintegração acompanhadas de ansiedades que provocam a divisão do esquizoide" (1992, p. 18). Por meio do desenvolvimento de uma doença autoimune, a soma-psique expõe sua fragilidade negada, as partes partidas e dissociadas dela mesma. A rachadura na constituição de sua identidade marca uma cisão entre um gêmeo algoz demoníaco e um si-mesmo invisível e fantasmagórico. O silêncio rodeia a habilidade das mulheres de falar sobre seus corpos; esse silêncio, porém, também não tem sido abordado. As mulheres entram em guerra contra seus corpos e infligem requisitos punitivos de perfeição inalcançáveis com angústia e vergonha como resultados. Às vezes, até mesmo em terapia, Rana mantinha um silêncio sobre seu corpo.

O corpo é problemático para mulheres que não se sentem fisicamente conectadas. Maltratam seus corpos, perversamente desejando transcendê-los completamente. Tantas mulheres não comem ou usam o que querem, ou expressam seus desejos; porque nada será perfeito o bastante. Pensamentos e comportamentos compulsivamente negativos extinguem desejos e resultam na dissociação do eu e do outro. Os atos de satisfazer a fome, absorver algumas coisas e saciar prazeres se tornam distorcidos e várias obsessões tomam o controle. O corpo é desencarnado, sujeito a negação. "Não fuja e faça-se inconsciente de fatos corporais, pois eles o mantêm na vida real e o ajudam a não perder seu verdadeiro caminho no mundo de meras possibilidades onde seus olhos estão vendados" (Jung, 1998, p. 48). As feridas emocionais que aparecem fisicamente são, na verdade, um mecanismo de proteção para permitir que o ego sobreviva.

## Feridas/traumas

Traumas psíquicos ocorrem quando a realidade é demais para suportar e conota uma brutalidade e velocidade que excedem a capacidade de lidar com a experiência. A palavra traumática vem do grego e refere-se a uma perfuração da pele, uma ruptura do psicológico e físico. Atravessa o escudo protetor e sobrecarrega as defesas contra a ansiedade. O trauma é a história de uma ferida que clama na tentativa de ser recordada e contada.

Rana relatou sentir um si-mesmo diferente do que conhecia. Em um sonho ela relatou: *estou em uma rua. Onde eu pertenço? Ando sem rumo. Onde é o lugar? Tenho que subir e descer. Mas, sim, agora me lembro, já estive aqui e desta vez tenho que encontrar a saída.* O sonho ilustra os vários atrasos, hesitações e questões que surgiram quando não tinha um senso de coesão. Apresentava uma sensação de estar sem um leme, sem direção ou conexão. O sonho terminou com sua determinação de encontrar uma saída.

O que continuou desconhecido e inconsciente eram os estranhos do sonho. Rana escreveu em seu diário:

> Esta manhã mais uma vez olhei o que escrevi há alguns anos e estremeci. Algo nessa parte me amedronta. Sinto que poderá abrir alguns locais de descoberta de meus próprios si-mesmos.

Jung refere-se a esses locais como a sombra composta das partes resistentes, outras aguardando integração, o inconsciente onde a empatia por si e pelo outro reside. Julia Kristeva alegou que o que é alienígena para o si-mesmo de uma pessoa é, na verdade, parte de si mesmo. A autoimunidade demonstra um movimento duplo; proteção e destruição, ameaça e acaso. Não é apenas um veneno, mas também um possível remédio que, quando feito consciente, se abra para oportunidade e esperanças. Em relação a isso Julia Kristeva faz uma ligação da psicanálise com o inconsciente com um lugar de transição e transformação. Jung interpretou a dissociação entre corpo e psique, ego e sombra, ideal e real como material não apenas para dissolução, mas também para a construção da personalidade.

O desenvolvimento de uma doença autoimune abriu um caminho para chegar-se às cinzas. Esta era a experiência psicológica e física de Rana do estágio alquímico chamado de *nigredo* (uma escuridão, decomposição e dolorosa perda de direção). Ela descreveu-o como algo escuro, desagradável, desconcertante, desorientador, uma doença de espírito. Rana retratou graficamente sentir-se perdida na dissolução, a *massa confusa*, ou, o caos necessário de modo a alcançar reforma. Seus valores conscientemente mantidos e antiga autoimagem tornaram-se ultrapassados. No entanto, agora que se encontrava em uma encruzilhada, ela estava compreensivelmente ambivalente. O ego e consciência de corpo ainda não tinham encontrado uma nova relação com o inconsciente.

## O abjeto

Abjeção é uma "doença no próprio corpo" (Grosz, 1994, p. 78). Abjeção se trata do que foi reprimido. "A abjeção do si-mesmo seria a experiência do indivíduo na qual é revelada que todos os seus objetos são baseados simplesmente na *perda* inaugural que estabeleceu as fundações de seu próprio ser" (Oliver, 2002, p. 232). As fundações referidas incluem a perda para a filha não apenas de um pai, mas também de seu si-mesmo. Rana não notou o que faltava, pois esses eram lugares não cuidados que seu pai considerava não terem importância.

Rana, vencida pela exaustão e sem capacidade de continuar como antes, é um exemplo típico de muitos que desenvolvem uma doença autoimune. O caminho à frente como planejado é interrompido. Os pedaços rejeitados devem ser recolhidos e integrados. Como Kristeva apresenta, o abjeto está localizado em um espaço liminar às margens entre o consciente e inconsciente, refletindo os lugares de transição e transformação. O abjeto incomoda a identidade convencional ao afetar o corpo. Está ligado à sombra na psicologia junguiana, também representando os aspectos negados e submersos da vida física e emocional. Ambos sombra e abjeto são desestabilizadores e insubmissos, desconhecidos e inquietantes.

O abjeto é o rejeitado do qual não conseguimos nos separar. Para Rana, uma atitude de distância de seu corpo mantida por muito tempo e uma negação das suas necessidades seriam mais suficientes. Agora, presa em um combate interno, Rana sentia-se caótica e incontrolável. Outro modo de dizer isso é que seu autodesaparecimento e desenvolução indicavam um recuo destrutivo e autodepreciação.

A sabotagem diária de seu sistema refletia que algo crucial não estava sendo alimentado, mantido ou visto. Os instintos do corpo eram feridos conforme ela repudiava ou se rebelava contra si mesma. Estava diante da desconexão de seu corpo, ou não estava totalmente "incorporada: a presença de um si-mesmo idealizado, dinâmico e potente, porém esquivo e de uma versão mais fraca e passiva do si-mesmo, que foi desconsiderada em um sentido de sombra, ou até mesmo desprezada (Goss, 2006, p. 681). Na terapia, Rana expressou isso como sendo controlada por uma parte de sua personalidade que parecia estranha. Isso alimentava o ciclo internalizado de depressão e negligência paterna de seus sentimentos, dificultando o amor ou cuidado de si mesma. Julia Kristeva descreve a psicanálise como um aprendizado em viver além do desespero e acessar os outros úteis de dentro de si (1992, p. 17).

No entanto, Rana vivia fora de sua pele. Frequentemente não sentia ter posse de seu corpo. Michael Fordham, analista junguiano britânico, disse que: "[há] uma necessidade para [...] 'defesas contra o que não é si-mesmo [como] essencial à saúde' [...] dirigido contra corpos alienígenas, ou seja, aqueles vindos de fontes externas ao si-mesmo e internamente como reações autoimunes" (Fordham, 1985, p. 167).

O sono de Rana tornou-se conturbado, sua alimentação e digestão desequilibradas, significando que o básico do corpo e psique estavam fora de sincronia. Isso refletia uma acumulação de violência e hostilidade interna separada da comunicação amorosa com o si-mesmo. Novamente, o cuidado é subvertido quando não há modelo fornecido pelo pai.

A desconexão com o corpo foi manifestada pela falta de vitalidade e vazio. Ela temia que se removesse a máscara corporal, não haveria nada por trás dela. O velho estresse e novas crises combinaram com a dissociação entre seu corpo e psique tornando-se aparente com o desenvolvimento da doença autoimune. Isso sugeria que sentimentos de não estar realmente viva estavam ligados ao fato que ela não tinha nenhuma representação de seu rosto ou corpo (Connelly, 2013, p. 636-656).

A falta cultural de imagens femininas favoráveis ao longo da vida promove a incapacidade de facilitar atitudes de cuidado em relação a si. Conforme uma mulher envelhece, a aparência na qual ela confiava é alterada e a idade se torna um abjeto. Se ela sente que não há beleza na idade, acaba desprezando o arco da vida. A poeta e escritora estadunidense Adrienne Rich comentou que "mas o medo e o ódio de nossos corpos muitas vezes mutilaram nossos cérebros. Temos uma tendência de ou nos tornarmos nossos corpos (de forma cega, escrava, em obediência às teorias masculinas sobre nós), ou tentar existir apesar deles" (1976, p. 284-285). O ódio de si mesmo trabalha no desejo de se livrar do corpo porque é um corpo feminino. Ela se sente insignificante, rejeitada, enojada, presa. Negar que o corpo deixa uma mulher sem desejo e a desapropriação de seu corpo significa que sua energia está parcialmente bloqueada.

As experiências do corpo trazem as pessoas ao aqui e agora; "[a] tentativa de ultrapassar o atual grau de consciência, através do inconsciente, leva ao corpo" (OC 10/3, § 195). O corpo pode se tornar um catalisador para reflexões, investigação e imaginação mais profundas. Julia Kristeva fala sobre a noção do estranho e sugere que toquemos essa alteridade, fujamos de seu ódio e fardo ao aceitar as diferenças que implica (1994, p. 3).

No entanto, o sistema interno de Rana estava obstruído com conexões falhas entre mente, corpo e alma que remontam às desconexões com seu pai. A doença autoimune apresentava a realização de sua vulnerabilidade inicial negada. Ela descreveu sentimentos de melancolia, uma tristeza não comunicável sobre a tristeza, solidão e uma sensação de estar "desligada" dos outros (Kristeva, 1992, p. 12-13). Fugindo de seu corpo, ela vivia em sua cabeça. Os elementos abjeto e sombra criaram em seu interior a ideia de que ninguém se importava e sua vida não fazia diferença. Isso replicava como ela se sentia com seu pai, um intelecto que apenas valorizava a mente dela.

A identidade se preocupa com a noção de estranheza interior e a ideia consciente de uma pessoa de si como uma forma distinta das aparências externas. Julia Kristeva inclui o gêmeo do si-mesmo interior, fazendo da análise simultaneamente uma jornada à estranheza do outro e também de si mesmo (Kristeva, 1992, p. 182). A teoria de abjeção reconhece que há uma área de repulsa interior onde a alteridade reside, trancafiada conforme a mente consciente reprime o que considera serem horrores. "O próprio material reprimido, as coisas que nunca soubemos ou não conhecemos mais, criam ansiedade de diferentes níveis" (Meier, 1986, p. 223). O alienígena interior tem a capacidade de dar à luz ao que há de melhor e pior em nós, dependendo de como reagimos.

Rana aprendeu a conspirar com a influência do pai e outros aspectos masculinos a nível pessoal, cultural e relacional. As percepções das mulheres como inferior refletia as partes psicológicas limitantes e fragmentadas refletidas da cultura.

> As filhas desses pais muitas vezes chegam na análise com uma fachada de autossuficiência. Desesperam-se para ganhar a atenção do pai, exceto temporária e inconscientemente, muitas vezes como um objeto sexual, e se veem tendo que se defender enquanto tentam provar que são iguais e dignas do louvor do pai. Separam-se de sua sensualidade, capturam homens e/ou realizações, mas não sentem ternura e possuem pouca consideração de si mesmas. Sempre focadas em buscar a bênção do pai e atenção pessoal (Perera, 1981, p. 66).

A personalidade busca autorregulação conforme o processo terapêutico reúne os fragmentos dissociados e traz à relação. O si-mesmo se torna mais completo conforme o abjeto é aceito e integrado. Tanto abjeto como sombra trazem envolvimento com o alienígena, o material reprimido e projetado que separa o si-mesmo dos outros. Na terapia, Rana desenvolveu um diálogo entre psique e corpo à medida que sua história psíquica era lentamente construída. Surgiram sonhos que despertaram sua autocuriosidade juntamente com emoções e memórias. A doença autoimune ajudou a desacelerar o ritmo de sua vida, a abrindo para uma autoexpressão mais silenciosa e realizada:

> A doença é o meio pelo qual um organismo verte o que é desconhecido a ele; tudo que precisa ser feito é auxiliá-lo a estar doente, ter a doença por completo e então escapar da mesma, pois isso constitui seu progresso (Rilke, 2005, p. 98).

# 14

# O "papai" de Sylvia Plath

Espelhando vários cenários, a literatura e a psicologia expressam jornadas semelhantes sobre dramas da vida, reações emocionais e eventos. Ambas tornam a psique visível por meio da metáfora, da imagem e do simbólico, detalhando a intrincada dinâmica do que é ser humano. A dança entre elementos conscientes e inconscientes é momentânea, ao mesmo tempo que aborda o universal e o atemporal.

Por meio da vida, das poesias e dos sonhos de Sylvia Plath, as questões do pai ausente são expressas descaradamente. O *pathos* neles retratado nos convoca a tomar consciência de nossos sentimentos. Plath delineou as reações psicológicas de muitas mulheres atuais que também carregam os efeitos de um pai ausente. Seus escritos ecoam os paradoxos do ódio, desejo, privação, raiva, saudade, autodestruição e criação. Eles descrevem a angústia do apego não resolvido e ambivalente com seu pai, pois era composto de filamentos inconscientes e limites turvos. Seu descontentamento, desequilíbrio e tensão interna também foram apontados como fontes de sua produtividade artística.

Ela escrevia, dramatizando importantes assuntos íntimos, traduzindo suas mágoas privadas em imagens públicas. Ao explicar suas verdades, ela expressou a ruptura com a tradição paterna de ser uma filha obediente e doce. Articulou com raiva um protesto contra a dominação masculina que sentia profundamente. Suas palavras afiadas expressavam a psique repleta de imagens e símbolos destinados à libertação e à liberdade. Enquanto ansiava por um pai e sua afeição, reconhecimento e segurança, a escrita de Sylvia Plath também retratava a mulher servindo a um torturador masculino, mas se rebelando contra a mulher como objeto de sacrifício. "A poesia é uma forma de autodescoberta e de redefinição tanto para o poeta quanto para seu público, e suas imagens reconfiguradas podem ajudar a assimilar na consciência novas definições do feminino" (Elias-Button, p. 355). Seus poemas apresentam temas de insegurança, máscaras, falta de amor, morte e perda, assim como renascimento.

Seu pai, um professor universitário de ascendência austríaca e patriarca classicamente autoritário, era emocionalmente ausente, rígido e distante da vida familiar, regulando as brincadeiras com as crianças a meia hora por dia. Ele morreu quando ela tinha 8 anos. Ela escreveu na segunda pessoa em seu diário sobre a imagem de seu pai na infância:

> Você se lembra que era a favorita dele quando era pequena e costumava inventar danças para ele enquanto ele se deitava no sofá da sala depois da ceia. Você se pergunta se a ausência de um homem mais velho em casa tem alguma coisa a ver com seu desejo intenso de companhia masculina (Kukil, 2000, p. 64).

Em uma ligação entre luto e criatividade, sua escrita pode ser vista como compensação pela perda do objeto bom, aqui focado no pai. Nessa linha, o seguinte descreve Plath: "A personalidade está enraizada na falta, estranhamento ou desintegração da individualidade; a narrativa pessoal organizada em torno de um momento de origem perdido, que, embora interminavelmente reconstruído, não foi recuperado" (Britzolakis, 1999, p. 40). A paixão de sua criatividade surgiu das tentativas de transformar em vida as forças psicológicas que a puxavam para se unir ao pai na morte. Essa tensão altamente conectada deu ao seu trabalho um apelo emocional contínuo.

## Suicídio

Sylvia Plath foi uma poeta americana da metade do século XX que tirou a própria vida aos 30 anos. Ela estava morando em Londres depois que seu marido Ted Hughes, que mais tarde se tornaria poeta laureado da Grã-Bretanha, a deixou por outra mulher que tomou sua própria vida de maneira semelhante.

A intensidade alimentou seu trabalho, enquanto ela tentava se livrar da agonia psicológica e quebrar os estreitos roteiros culturais da filha/mulher que deveria ser doce e bonita no braço de um homem. Escrevia para se livrar desses papéis inadequados, para se libertar de ser um brinquedo feminino do homem. Sua linguagem estava inflamada contra o masculino e as atitudes culturais patriarcais excludentes, irritando-se com a adoração inquestionável das mulheres pelos homens.

Sua linguagem expressava a repressão feminina, vinculando diferenças sexuais e alienação cultural. Na era de Sylvia Plath, as mulheres inteligentes eram canalizadas para papéis subalternos, seus futuros percebidos como satélites para os homens, uma atitude social perniciosa com efeitos desastrosos tanto para mulheres quanto para homens. Um de seus sonhos dizia isso de outra maneira:

> Quantas vezes em meus sonhos encontrei meu saqueador moreno na escada, em uma curva da rua, esperando na minha cama amarela brilhante, batendo na porta, sentado em um banco de parque usando apenas seu casaco e chapéu com um pequeno sorriso no rosto? Ele já se dividiu em muitos homens. Mesmo enquanto esperamos, a cortina é abaixada e as pessoas se transformam em sombras atuando em uma sala privada além de nossa visão (Kukil, 2000, p. 459).

O sonho identificou os saqueadores como homens, muitos deles aparecendo em todos os lugares. Havia medo despertado no sonho por essas figuras consideradas formas ameaçadoras e sombrias do homem negativo e também com indicações sexuais inquietantes. O seguinte comentário sobre ela se referia a isso: "É esse sentimento de ameaça, como se ela estivesse continuamente ameaçada por algo que só podia ver com os cantos dos olhos, que confere à sua obra sua distinção" (Alvarez, 1971, p. 10).

No poema "Purdah" ela escreveu:

> Eu sou dele.
> Mesmo em sua Ausência,
> Revolvo em minha
> bainha de impossíveis [...]
>
> (Plath, 1981, p. 243).

Essas palavras ilustram o estado psicológico de Sylvia Plath afetado pelo pai ausente. Em seu diário, ela escreveu: "chorando e chorando com essa dor terrível; dói, pai, dói, ah pai que nunca conheci; um pai, mesmo, eles tiraram de mim" (Kukil, 2000, p. 223).

Seus poemas usavam vários símbolos para o pai, desde a cor preta até figuras mitológicas. Esse pai era um fantasma, envolto em mistério, como a estátua de pedra grega do Colosso, uma figura de proporções enormes e impressionantes. Foi erguido na entrada da antiga Atenas, significando o poder patriarcal e sua lei primordial. A pedra também simbolizava o pai não responsivo, impenetrável e oblíquo, com uma severidade inflexível. Não há mudança para ele e não há vida em seu mundo para ela. O Colosso representava um lugar interior congelado, inerte e frio. Ela desejava um oráculo de grandes proporções, capaz de ofertar amor e digno de receber seu amor. No entanto, ela se apropriou do poder do Colosso, usando o nome como título de um poema em seu livro de poemas de mesmo nome.

Na poesia e na prosa de Sylvia Plath, o pai era potente como símbolo da ausência, alvo da raiva que significava a impossibilidade do amor e a atração pela morte. Na verdade, o pai geralmente é, para ela, associado à morte e à inércia, e não à vida. Tentar esvaziar o conflito interno por meio de sua poesia o impregnava de ações repetitivas, palavras, temas e circularidade de movimento. Essa atividade psíquica, como suas palavras rimadas, tentava integrar a personalidade e estabelecer um sentido coerente de identidade. Do ponto de vista simbólico, representava a circularidade que morremos para recomeçar (Bollas, 1995, p. 190).

O fato biográfico da morte do pai e seus detritos assombraram sua infância antes da separação natural entre filha e pai. O pai tornou-se um ponto de referência, a introjeção psicológica de autoimagens negativas. Esse aspecto do pai morto criava a energia masculina negativa interna e externa:

> Eu nunca conheci o amor de um pai, o amor de um homem consanguíneo estável depois dos 8 anos [...]. Ele era um ogro. Mas sinto falta dele. [...] Eu odiava os homens

porque não ficavam por perto e me amavam como um pai: eu podia perfurá-los e mostrar que não eram material paterno (Kukil, 2000, p. 431).

Ela descreveu um pai/mestre exigindo a identificação que ambos mantinham, mas recusaram na "perversão paterna de um ideal paterno impossível" (Rose, 1991, p. 231). O pai de infância tornou-se objeto de vingança por meio de seu imaginário poético articulando a profundidade da perda. O espectro de seu pai aparecendo em todos os lugares tornou-se uma forma de lamentar o pai morto internalizado que governava sua vida (Kroll, 1976, p. 109).

Em seus escritos, o pai era inacessível, negro, ausente, morto e opressivamente influente. Ela lidou com as forças destrutivas internalizadas decorrentes dessa situação "amortecendo-se devido ao objeto amortecido (o pai) interior" (Bollas, 1995, p. 74). A devoção a ele tornou-se um tipo de despersonalização; um mecanismo derivado de sua morte emocional e ausência física. O encantamento com ele constelou sua petrificação e foi conjecturado como contribuinte para seu suicídio. "Ela está condenada a viver sua filiação como sacerdotisa, devota, noiva e rainha do pai" (Kroll, 1976, p. 83).

Sua poesia, especialmente o poema "Papai", seus sonhos e diários ecoam a angústia e raiva em relação aos homens, ao masculino, ao marido e ao pai. Neles ela expõe a angústia de seu apego incompleto, decepcionante e ambivalente. O pai ausente tornou-se um ator forte em sua escrita, embora ela, tendo o poder da palavra como símbolo do pai, não lhe desse palavras para falar.

Grande parte de seu trabalho também descrevia a falta de conexão com sua mãe que seguia a tradição patriarcal ao assentir em submergir o feminino. Em vários de seus trabalhos, Plath usa imagens evocando o Complexo de Electra. No mito grego, Electra era a filha que ajudou seu irmão e seu amigo a assassinar sua mãe e o amante dela por matar seu pai. A primeira linha de seu poema, "Electra on Azalea Path" (Electra no caminho da Azaleia), indica que ela, como locutora, está morta e, portanto, morta para seu pai, uma figura misteriosa e ausente que ela quer amar, mas não pode. O poema relata que a morte do pai mata sua filha, e seu amor permanece insatisfeito. Ela escreveu: "Você teve chances; não as tomou, está mergulhando no pecado original; suas limitações [...]. Você perdeu todo o prazer da vida. Você não pode amar, mesmo que soubesse como começar a amar" (Kukil, 2000, p. 154).

A vida e os escritos de Sylvia Plath atraíram comentários de várias disciplinas e abordagens psicológicas, mas pouco da perspectiva junguiana. Isso é surpreendente, pois seus escritos ilustram seu interesse por Jung, especialmente pelos conceitos do inconsciente coletivo, os arquétipos e o uso do simbolismo. Atraída pelas profundezas da psique, Sylvia Plath leu Jung e o mitólogo Robert Graves, que reconheceram o simbólico e o mítico com suas aplicações psicológicas. Sobre isso, Jung comentou: "As imagens do inconsciente impõem ao homem uma pesada obrigação. Sua incompreensão, assim como a falta de sentido da responsabilidade ética, priva a existência de sua totalidade e confere a muitas vidas individuais um cunho de penosa fragmentação" (MSR, p. 198).

A busca de Sylvia Plath pelo autoconhecimento estava graficamente ligada aos seus intensos conflitos internos e externos. Sua raiva e ira do "papai", da sociedade e dos estabelecimentos patriarcais eram temas básicos e posições psicológicas, culturais e coletivas semelhantes que ressoam até hoje. Ela usou narrativas arquetípicas, padrões de ação e motivos em seus escritos referindo-se ao ciclo morte-renascimento, os estágios de desmembramento e rememoração, a busca pelo progenitor, o sacrifício, o encontro com o outro e assim por diante. Como Jung comentou:

> Em última instância, o que [no artista] quer não é ele mesmo enquanto homem pessoal, mas a obra de arte. Enquanto pessoa, tem seus humores, caprichos e metas egoístas; mas enquanto artista ele é, no mais alto sentido, "homem", e homem coletivo, portador e plasmador da alma inconsciente e ativa da humanidade (OC 15, § 157).

## Máscaras

Não é possível pintar uma imagem singular de Sylvia Plath, pois ela habitou em muitas. Essa mulher de muitas máscaras revelou cuidadosamente apenas facetas selecionadas de si mesma. Os véus e disfarces conseguiram impedir qualquer um de saber quem ela realmente era, apesar de seu empenho para descobrir a resposta. As camadas pareciam formar uma espécie de carapaça; uma concha mascarando uma lacuna, um vazio persistente e agonizante em seu cerne. "Olhe para a feia máscara morta aqui e não se esqueça dela. É uma máscara de giz que tem por trás veneno seco e mortífero, como o anjo da morte" (Kukil, 2000, p. 155). Ela anunciava em muitos de seus trabalhos uma ausência no centro de seu ser (Bollas, 1995, p. 180).

Suas imagens poéticas mostram confrontos de velhos si-mesmos olhando para o novo si-mesmo, os duplos, as imagens espelhadas e as relações complexas entre todos esses si-mesmos. Apresentam perda do si-mesmo e alienação levando a um egoísmo extremo, o si-mesmo fragmentado, dissipado e obsoleto com suas muitas máscaras e posições (O'Reilly, 2004, p. 360). Em seu diário, ela escreveu:

> Transmutando a realidade objetiva em algo bastante pessoal (como a morte de Meu Pai) lágrimas, tristeza, pranto, tons dolorosos, entorpecimento de certas áreas de sensação e percepção sobre o fluxo da vida movendo-se sobre um [...]. Algo me congela do meu verdadeiro espírito: é o medo do fracasso, o medo de ser vulnerável (Kukil, 2000, p. 121, 476).

Sylvia Plath era descrita como inteligente, atraente e sexual, mas em sua vida as mulheres eram desencorajadas a exibir todas essas qualidades. Quando a combinação de apelo físico e intelecto de uma mulher não é permitida, seus instintos têm de ser abertamente ignorados, mas permanecem em conflito interno. Como tal, a escrita de Plath pode ser lida por sua multiplicidade, subtextos de ambiguidade e fantasia, e as formas como ela se tornou objeto de fantasias críticas e debates sobre feminilidade, violência e cultura contemporânea (Rose, 2002, p. 13).

Atrás das máscaras estavam as mágoas e feridas da falta do pai. Sua escrita era uma forma de construção de identidade, pois ela estava envolta nesse material interno emocional e psicologicamente preocupante. Mesmo que os comentários sobre Sylvia Plath continuem a proliferar, o que se nota é que nenhum deles conseguiu criar um retrato integrado da escritora. "Reagi de forma exagerada à brutalidade inicial do verso sem entender sua estranha elegância [...]. Em todo esse tempo a evidência dos poemas e a evidência da pessoa eram totalmente diferentes" (Alvarez, 1971, p. 17).

Os críticos continuam a fazer várias projeções sobre Sylvia Plath e, desde sua morte, os retratos dela tornaram-se mais intrincados, às vezes patologizados e complicados. Ela é alguém sobre quem roteiros são escritos, como se isso respondesse à pergunta de quem ela realmente era. Agora substituíram sua definição? Sylvia Plath foi descrita de muitas maneiras: frágil, brilhante, motivada, marcada pela morte prematura de seu pai, tentava ignorar os papéis e limitadores culturalmente prescritos para as mulheres, perfeccionista, uma mulher destroçada pelas traições de seu marido idealizado. Os elementos psicológicos díspares e as feridas pessoais e coletivas alimentaram tanto sua criação quanto sua destruição.

A forma como ela nos atrai é uma mistura sedutora de veneno e paixão, tornando sua poesia cativante, enquanto ela flerta perto do fogo dos sentimentos ardentes. "O poeta torna-se um instrumento destinado a dar expressão e forma àquelas ideias ainda não formadas que jazem adormecidas em nossa alma" (Jacoby, 1992, p. 66). Sua escrita é repleta de filiação, herança paterna e admoestação, enfatizando a natureza dolorosa do amor derivado em parte da perda precoce e da ausência de seu pai. Sylvia Plath escreveu em seu diário: "Por que somos condicionados ao mundo suave de morango e creme da Mamãe Gansa, a fábula de Alice no País das Maravilhas, apenas para sermos quebrados na roda à medida que envelhecemos e nos tornamos conscientes de nós mesmos como indivíduos com uma responsabilidade maçante na vida?' (Kukil, 2000, p. 35).

## Melancolia

"Se a dor da perda é evitada e não processada, a pessoa fica cada vez mais melancólica e o ego fragmentado. A melancolia nomeia aquela condição pela qual o luto e a dor da perda permanecem não metabolizados e presos dentro do si-mesmo" (Frankel, 2013, p. 9). A escrita de Plath articulou o luto do pai ausente e suas ramificações psicológicas, tornando suas experiências inteligíveis. Estava repleta de complicadas dificuldades psicológicas; seu uso de mitos, eventos pessoais e sociais retratava um retrocesso à medida que a morte e o fim eram seguidos pelo renascimento e renovação. Seu uso da metáfora funcionou ao longo de linhas sinuosas, seguindo a psique com sua inclinação não linear e poética. "A sublimação artística é um processo que dá forma ao amor e à perda" (Kristeva, 1991, p. 128).

Especialmente retratado nos poemas posteriores de Plath é o sujeito feminino melancólico, desolado e abandonado. A identificação com o pai morto e perdido a atraiu para as coisas malignas internas e seu emaranhado de necessidades frustradas e fúria. Estes ela descreveu no conto "Johnny Panic e a Bíblia dos sonhos":

> "Pai", ela disse em uma pequena e suplicante voz. "Pai". Mas ele não ouviu, retraído como estava no âmago de si mesmo, isolado contra o som de sua voz suplicante. Perdida e traída, ela lentamente se virou e saiu da sala (Plath, 1979, p. 312).

O pai está calado e retraído, sugerindo a tristeza do personagem e a incapacidade de alcançá-lo. A história revela as complexas experiências psicológicas e seus efeitos nas filhas cujos pais estão ausentes emocional e/ou fisicamente. As tristes descobertas de que o amor não era como ela imaginara, a natureza insuportável disso e suas emoções entraram em sua poesia. Como disse André Green: "o trabalho de escrita pressupõe uma ferida e uma perda, um trabalho de luto do qual o texto é a transformação" (1986, p. 322).

## Si-mesmos divididos

Os poemas de Sylvia Plath foram lidos como terras sombrias de expressão ou como sobrevivência em uma recuperação psicológica semelhante à de uma fênix. Em sua busca por identidade, incursões no passado se fundiram com o presente, assim como no trabalho terapêutico de profundidade. Para Plath, o conflito psicológico consistia em um si-mesmo enlutado, vazio e triste, separado da imagem apresentada ao mundo como alegre e feliz. Era "como se" ela fosse a imagem tomando proeminência sobre o real.

Os reflexos externos de sua luta ofuscaram a angústia que a atormentava (a morte de seu pai), o perfeccionismo autodestrutivo que não permite o fracasso, seu relacionamento com o marido, Ted Hughes, seus casos adúlteros, sua incapacidade de controlar o mundo ao seu redor e suas doenças. Há um trauma ou paradoxo interno à identificação com o pai (Rose, 2011, p. 266). Em outro sonho de Plath: "Ontem à noite sonhei que estava começando meu romance [...] para "montar" a cena: a busca de uma garota por seu pai morto; por uma autoridade externa que deve ser desenvolvida de dentro" (Kukil, 2000, p. 416).

A aversão que sentia por si mesma competia com a perfeição e sua criatividade prolífica; os fracassos foram devastadores e ela caiu em desespero. Sylvia Plath dirigiu-se ao demônio dentro dela que não lhe permitia ter sucesso ou ser humana; a parte assassina que a repreendeu, chamando-a de estúpida e fraca. Suas imagens poéticas de desmembramento sugerem alienação física e fragmentação, assim como a dificuldade psicológica em reconectar os pedaços de sua personalidade. Ela narrou imagem após imagem de si-mesmos devorados, esvaziando ou abstraindo a matéria viva da qual ela foi inicialmente composta. Desunião e união, cores mudando e significados se transformando em expressões apaixonadas dramatizavam a guerra em sua alma. Para Sylvia Plath, assim como para muitas filhas com pais ausentes, negligentes ou opressores, o espelhamento sem pai revela sua negatividade e rejeição projetadas nela.

Ela observou os efeitos de um complexo paterno negativo em seu diário, escrevendo: "Meu Deus, isso é tudo? O ricochete no corredor de risos e lágrimas? De adoração e aversão de si mesmo? De glória e desgosto? [...]. Eu me sento aqui sem identidade: sem rosto" (Kukil, 2000, p. 17, 26).

## "Papai"

Jung afirmou sobre a poesia: "a ânsia do artista recua até encontrar no inconsciente aquela imagem primordial adequada para compensar de modo mais efetivo a carência e unilateralidade do espírito da época" (OC 15, § 130). Sylvia Plath escreveu especialmente sobre o impacto do complexo paterno negativo em seu vitriólico poema, "Papai". Nele, ela explode de raiva, desencanto, desilusão e dissolução. Neste drama, o pai tem que ser morto, embora já esteja morto (Rose, 2011, p. 261). No poema, ela passou da vítima à vingança, libertada do papel de filha obediente ou doce fêmea. Ela não mais aceitará, se renderá ou cederá.

Este poema, surpreendente com seu ódio explícito e raiva impetuosa, é um discurso contra o pai. É um drama em que o orador ressuscita seu pai vampiro apenas para matá-lo novamente e apagar uma fonte de sua dor psicológica. No poema ele é descrito como a divindade, origem do país e da palavra (Rose, 2011, p. 261). Para Sylvia Plath, o amor precoce por seu pai se transformou em rejeição violenta. No poema, ela matou o pai, mas as forças opressoras internas acabaram por matá-la. "Papai" retrata a violência causada por um pai ausente e faz um paralelo com os complexos temas alquímicos e psicológicos para tornar-se sua própria pessoa.

Despertando controvérsias, Sylvia Plath escreveu para além do pessoal, identificando-se com situações sociais, politicamente violentas e opressoras. Embora isso tenha sido notado, especialmente com a reação virulenta às referências ao Holocausto no poema, há um trauma geral ou paradoxo na identificação com o pai (Rose, 2011, p. 266). Ela teve dificuldade em estudar a língua alemã do pai e, no poema, não consegue falar com ele.

> Com você nunca pude falar.
> A língua presa no maxilar.
> [...]
> Mal conseguia dizer.
> Em todo alemão vi você.
> E a linguagem obscena
> (Plath, 1981, p. 224).

O orador do poema chegou ao fim da linha com esse pai, incapaz de falar ou ser compreendido. O poema desfaz o mito do direito do pai de dominar. Como ele é temido e desejado, sua identidade e linguagem se perdem com o pai que é opressor em sua ausência. Onipresente e invisível, não o encontrando em lugar algum, ele está em toda parte (Rose, 2011, p. 263).

O ritmo repetido e carregado de emoção no poema "Papai" descreve a angústia de suas reações tanto interpessoais quanto intrapsíquicas. A raiva da filha melancólica é dirigida contra o sedutor e opressor paterno (Britzolakis, 1999, p. 213). É como o bater de um coração que está clamando, gritando para ser ouvido. O poema protesta contra um pai perdido; seu espectro é escuro, autoritário, avassalador. Ela oscila entre o amor por ele, a culpa por esse amor e o desejo de matá-lo. Sobre as palavras de violência de Sylvia Plath, a escritora britânica Jacqueline Rose comentou: "A escrita é tanto um lugar para explorar o que não aconteceu, mas é, digamos, mais temido ou desejado quanto o que aconteceu" (Malcolm, 1994, p. 187).

> Tinha 10 anos quando o enterraram.
> E aos 20 tentei morrer
> E voltar, voltar, voltar para você
> (Plath, 1981, p. 224).

"Papai" também aborda as traições e a perda de amor com seu marido, Ted Hughes, encenando uma duplicação de emoções semelhantes quando seu pai morreu. Ambos os homens a deixaram com tristeza, raiva, masoquismo e vingança. O poema conta que ela se casou com um marido que era como seu pai, e ambos tomaram seu sangue. A ligação síncrona é que ela conheceu seu pai por oito anos antes de ele morrer e seu marido por oito anos antes de ela se matar. Em seu diário, Plath contou:

> Na outra noite sonhei estar correndo atrás de Ted por um enorme hospital, sabendo que ele estava com outra mulher, entrando em alas de loucos e procurando por ele em todos os lugares: o que faz você pensar que era Ted? Tinha o rosto dele, mas era meu pai, minha mãe. Eu o identifico com meu pai em certos momentos, e esses momentos assumem grande importância: por exemplo, aquela briga no final do ano letivo quando eu o encontrei

ausente no dia especial [...]. Não é isso uma imagem do que sinto que meu pai fez comigo? [...]. Imagens de sua infidelidade (de Ted) com as mulheres ecoam meu medo da relação de meu pai com minha mãe e Dama Morte (Kukil, 2000, p. 447).

O sonho ilustra o complexo do pai negativo personificado pelos homens esquivos, mortíferos, que rejeitam e mutantes que também estão associados à Dama Morte. Aqui é reencenada a luta interna e a triangulação entre ela, seus pais e marido.

A amargura aparece na primeira linha: "Você não serve, você não serve, não serve mais, sapato negro", onde o falante se identifica como o pé restringido pelo sapato (Plath, 1981, p. 222). Simbolicamente, ela é mantida dentro dos sapatos fálicos que indica a repressão de um pai que a prende. Um sapato sugere seguir uma identidade particular, então talvez o orador esteja reconhecendo que não pode seguir o caminho do pai, mas deve seguir o seu próprio. O fato de o sapato ser preto também pode representar a sombra do pai que ela agora pode identificar ao invés de supor (Rose, 2002, p. 12). Isso torna o poema um meio de separação administrado pela expressão de intensa emoção.

O narrador declara: "Eu tive de matar você, papai. Você morreu antes que eu pudesse". Essas falas revelam a frustração por não poder matar a imagem do pai até agora. "Papai" é sarcasticamente chamado de "um saco cheio de Deus". A linha "Eu fiz um modelo de você" indica que ela busca conquistas semelhantes para obter sua aprovação, mesmo que ele esteja associado a uma lousa. Em outra linha: "Não menos que o homem que em dois/Partiu meu belo e rubro coração" representa a cognição de sua presença como uma realidade hostil, viciosa e impiedosa com o coração dela. O desejo de amor paterno, em vez disso, revela-se torturante "à tortura e ao torniquete afeito". O pai é comparado a uma suástica, "tão negra que nem céu vara". A oradora se refere várias vezes a si mesma "como uma judia", reforçando ser vítima do pai nazista: "Papai pode voltar a se deitar agora. Há uma estaca em seu coração negro" (Plath, 1981, p. 224).

À medida que o poema progride, seu tom se transforma em desdém dirigido a si mesma e à imagem dele antes de irromper em fúria triunfante com o verso: "Papai, seu bastardo [...]". O "Papai" chamado bastardo significa um pai que não tem pai (Rose, 1991, p. 269). Aqui ela não estava apenas o amaldiçoando, mas também liberando seu domínio sobre sua personalidade, identidade e destino, pois ele estava determinado a ser ilegítimo. No poema, depois de sete anos, ela acumulou forças para derrotá-lo. Este é o mesmo período que aparece nos contos de fadas quando a donzela está escondida em uma floresta, um castelo ou no subsolo. O surgimento da donzela, como o final do poema, significa que os anos de medo, esconder-se e dor acabaram. Em última análise, Sylvia Plath alcançou o poder, não seguindo o sonho de se casar com um príncipe e ser submissa a ele, mas por meio da apropriação da energia masculina. O poema é uma catarse emocional no pai, transformando a voz da jovem em uma que pode aniquilá-lo. Ela resiste ao enclausuramento com o pai em uma vitória psicológica parcial da filha triunfando sobre ele. O verdadeiro si-mesmo emerge do aprisionamento no falso si-mesmo ao depor a repressão e opressão. Ela não está mais paralisada e deixou de ser a presa do homem.

"O vampiro do ódio primordial [...] a silencia se ela não usar a energia" (Van Dyne, 1993, p. 54). Cheia de seu sangue, manchada por sua identidade, a filha é como o pai da mesma maneira que ela abomina? Papai é um vampiro, e os vampiros transformam suas vítimas no que são. Se isso se aplica à descrição dele como agressor, ela tem o poder de matar. Em seus retratos desconcertantes, o orador em "Papai" se liberta do controle psicológico do pai, mas quem é ela sem ele? Enfiar a estaca em seu coração pode não realmente libertá-la e, em vez disso, pode ser um exemplo de divisão psicológica. Ela agora está livre para usar a agressão contra si mesma?

"Sylvia Plath ocupou um lugar da crise de representação no lugar do pai" (Rose, 1991, p. 227). Ela queria voltar para ele. Isso é, para a infância dela? É estar morta com ele, como muitas vezes é interpretado? Essa é a dinâmica ambivalente de vai e vem de abandonar antigos padrões? A popularidade deste poema é justaposta com mais de sua poesia apresentando as protagonistas femininas como objetos no texto inscrito por homens. Lá, abundam os temas e imagens de desmembramento físico por meio de mutilação, tortura e vitimização, descrevendo de forma macabra a tragédia do que acontece com o feminino subjugado. A mulher é retratada como vulnerável, apagada e incapaz de forjar sua própria imagem. O poder de sua escrita e a tragédia de sua história, assim como a consternação de como ela foi patologizada pela crítica masculina a um caso psicológico ou mental com sua dor psíquica perdida no processo (Rose, 2011, 345).

## Inconsolável

O pai constelou sua petrificação e talvez até seu suicídio. Sylvia Plath não escapou das feridas da primeira infância associadas ao pai. Seus escritos sobre o pai expressam sentimentos complexos com os quais muitos leitores ainda se identificam. O conflito que ela carregava demonstrava psicologicamente aspectos das dificuldades de muitas filhas: as feridas psicológicas, pessoais e coletivas, que perduram de geração em geração. Ela descreveu as mulheres em situações em que o si-mesmo está distorcido, disfarçado e em cacos, si-mesmos petrificados, rachados, remendados, desiludidos e divididos (Ekmekçioğlu, 2008, p. 96). Emergindo das imagens em seus poemas de bonecos de plástico, manequins, robôs e ídolos da imaginação masculina, o corpo é um objeto, uma posse pétrea tornando-se uma vingança carnal; e, em última análise, negada.

Sua vida representou os extremos da tragédia misturados com a realização. No entanto, suas palavras continuam vivas, refletindo um submundo perturbador moldado pela influência de seu pai e os efeitos destrutivos do pai física e emocionalmente ausente. Jung escreveu que:

> [O conflito consiste em] dois poderes lutam dentro dele. Por um lado, o homem comum, com suas exigências legítimas de felicidade, satisfação e segurança vital e, por outro, a paixão criadora e intransigente, que acaba pondo por terra todos os desejos pessoais [...]. São raros os homens criadores que não pagam caro a centelha divina de sua capacidade genial (OC 15, § 158).

A vida, a morte e os escritos de Sylvia Plath foram interpretados de muitas formas. Sua poesia era carregada de rejeição, isolamento, frustração, divisão interna, autoalienação e um dinamismo inquieto tentando escapar dos enclausuramentos. Ela descreveu protagonistas em busca de identidade e verdade, como mulheres exigindo sacrifícios e insinuando seu eventual suicídio. Seu trabalho criativo estava enraizado em experiências traumáticas existentes na psique. Embora feridas emocionais possam não ter linguagem e cognição suficientes, suas palavras expressaram a necessidade concomitante de recontar perdas e trabalhar nas áreas dolorosas. Ela escreveu que "escrever abre os cofres dos mortos" (Kukil, 2000, p. 286), e tem sido conjecturado que "ela continuou quebrantada onde deveria estar inteira" (Kroll, 1976, p. 110). Contudo, fiel ao paradoxo e ambivalência da psique conforme busca regulação, ela também reconsiderou a possibilidade de renascimento.

"O pai continua artificialmente presente, mas não internamente incluído em qualquer conjunto de relações. É como se a mente da criança continuasse completamente fora de sincronia com ele como uma pessoa existente" (Kohon, 1999, p. 36). A vida e morte de seu pai a deixaram desolada, incapaz de ser consolada e em uma ausência que se tornou uma agressão devoradora contra si mesma. Se não fosse por sua escrita e se tivesse continuado em silêncio, teria evitado autoconhecimento e o compartilhamento desse conhecimento.

Embora a incorporação de forças destrutivas tenha tomado sua vida, suas dificuldades continuam invioláveis por meio de suas palavras, cobrando das futuras gerações que deem continuidade aos esforços de acessar suas almas. Ela fez uso de autoagência para lidar com a ausência que a oprimia. A busca de Sylvia Plath, seu mito pessoal como expresso em sua poesia, exploram os desequilíbrios contemporâneos, psicológicos e sociais impulsionando sua busca. Confrontando as provações da identidade feminina e o distanciamento, discordância e unidade, sua poesia, durante o último ano de sua vida, passou por transformações, reinvenções e aumento de autoridade. Suas palavras ilustravam inversões e reversões de significado e a paralaxe poética inerente no processo criativo. Isto faz um paralelo com o processo terapêutico de reparo psicológico. Jung disse o seguinte acerca da poetisa e sua tarefa: "A forma visionária [...] rasga de alto a baixo a cortina na qual estão pintadas as imagens cósmicas, permitindo uma visão das profundezas incompreensíveis daquilo que ainda não se formou" (OC 15, § 141).

# 15

# Preenchendo a ausência

O que preenche a ausência? Desespero, derrota, depressão, alegria, prazer, novos caminhos? A ausência do pai é uma área para explorar, compreender, obter libertação e tornar-se si mesmo. Sem o pai bom e presente, a vida da filha pode ter uma tendência para decepção, desânimo e as expectativas tristemente insatisfeitas, pois ela está sobrecarregada pela lembrança de sua ausência. A insuficiência dá sentido e necessidade à busca. Torna-se a busca do si-mesmo e o valor de mudar do que era para o que pode ser.

A ênfase está em como permanecer consciente da mágoa, cinismo, negação ou evitação e usar suas experiências para o desenvolvimento a partir do espaço ausente. Significa emergir das cinzas para o criativo. Significa reconhecer a dor na insuficiência, nos espaços não reformados e ausentes. Mas também significa que, ao fazê-lo, a filha realiza sua própria autoexpressão. Jung escreveu em um ensaio intitulado "Mulheres na Europa" que cabia às mulheres levar a história adiante. Ao fazer isso, este livro tenta se expandir da ausência e da insuficiência para o conhecimento e afirmação para que a filha de um pai ausente possa tomar seu lugar como bem entender. A relação com o pai ausente constitui tanto um contexto de perda, raiva, saudade, feridas, desespero e vazio quanto uma importante porta de entrada para a transformação.

Obter corroboração para os efeitos emocionais da ausência não é tão fácil quando há uma poderosa sobreposição cultural e um histórico de negação. Com um pai ausente, a história da filha torna-se irrelevante. O pai estava no comando e ela foi instruída por muitos anos a aceitar isso. Psicologicamente, os dois opostos contêm não apenas o que está sendo retirado ou deixado para trás, mas também o que está sendo descoberto e conquistado. O pai ausente permanece uma presença e uma representação dentro da psique mesmo quando falta experiência; uma representação positiva e expansiva pode ser criada, incentivando a individualidade da filha. Como o arquétipo do pai sugere qualidades que residem ou são possíveis em todas as pessoas, a filha pode desenvolver um pai benéfico e que a apoia com ímpeto e energia para seu bem-estar sem o pai físico (Kast, 1997, p. 123). A esperança aqui é que, por meio do trabalho psicológico interior, a filha encontre o caminho para dentro de si mesma. Isso se aplica pessoal e culturalmente, consciente e inconscientemente.

Mesmo na encruzilhada da mudança, carregamos a memória e a influência do pai/patriarcado, um tempo denotando o masculino muito central e o feminino menos central. Essas são as questões que a filha deve desvendar e o material a partir do qual recriar sua vida, suas esperanças e seu si-mesmo. "Da ideia de que o si-mesmo não nos é dado, penso que há apenas uma consequência prática: temos que nos criar como obra de arte" (Foucault, 1997, p. 262). Psicologicamente, as filhas carentes da figura paterna têm necessidade, oportunidade e responsabilidade de preencher a lacuna, pois é um espaço ainda muito vazio.

> A dor tem um elemento de vazio
> Não consegue lembrar
> De quando começou – ou se houve
> Um tempo em que não existiu
> (Dickinson, s.d., XIX, p. 47).

Em vez de se envolver em um retorno ao que era o padrão tradicional, o processo junguiano de individuação, o processo de formação da personalidade, reconhece a responsabilidade de entender o que está faltando e ir além dele. Como disse Jung: "Personalidade é a realização máxima da índole inata e específica de um ser vivo em particular. Personalidade é a obra a que se chega pela máxima coragem de se viver, pela afirmação absoluta do ser individual" (OC 17, § 289). Como ilustram as histórias contadas neste livro, o dilema da filha em se tornar ela mesma por completo envolve transgredir além do pai, para as paixões da vida como ela as definem. A jornada para aceitar um si-mesmo mais corporificado, embora repleta de incertezas, leva ao reparo consciente e a uma maior sensação de solidez e conexão interna da alma. Pode, no entanto, não levar a um relacionamento real entre pai e filha. Simplesmente perdoar é uma resposta insuficiente; aceitar o fato de que existem algumas situações irredimíveis também faz parte de tornar-se consciente.

O trabalho psicológico inclui o luto do pai ausente, emocionalmente morto, o processamento das perdas e o luto do sofrimento. As feridas são tratadas por meio da atenção ao inconsciente e suas conexões com a vida consciente. O esforço é explicar os estragos e descobrir o que pode ser transformado. À medida que a energia muda, a filha estabelece autenticidade quando ela não acede ou se rebela contra o pai. Ela tem seus próprios pés firmemente plantados, mas não na tradição do pai.

Um pai ausente não ensina amor, respeito ou afirma as escolhas pessoais da filha. Ela pode se tornar desafiadora, complacente, ou adotar várias iterações dessas respostas conscientes ou inconscientes. Qualquer uma delas pode prendê-la em protesto contra um pai ausente, perpetuando a continuação de padrões negativos e humilhantes. O ideal dourado das tradições paternas aprisiona as filhas, não afirma escolhas pessoais e a mantém em estase. A busca pelo pai, o objeto de amor perdido e os sentimentos sobre si mesma em decorrência de sua ausência, maus-tratos, carências e estragos emocionais são os temas psicológicos dominantes. Isso é o que ela pode consertar, assim como ele.

André Green descreveu "as cores do luto [como] preto ou branco. Preto como a depressão severa, ou branco como os estados de vazio" (Green, 1986, p. 146). Do preto ao branco, essa é a variedade que a filha enfrenta, pois o que foi reprimido e ignorado deixa cavidades na psique. Segundo Green, a ausência não é ausente, pois deixa uma presença. A ausência procura ser preenchida, perceber o que foi inconsciente e se refere a como lidamos com ela ou não. Reconhecer o que *não existia* é necessário para que coisas novas se tornem possíveis. Aceitar a realidade da insuficiência abre a porta para novas experiências. Conforme traçado por meio das muitas narrativas aqui, preencher a ausência significa adentrar e atravessar os sentimentos e emoções que devastam a mente, o corpo e a alma da filha.

A filha percorre um longo caminho de ilusões e desejos em direção à autenticidade e realidade. A integração ocorre por meio do encontro com as oposições entre "como se" e o real, aceitando a sombra e o abjeto na psique e no corpo. Para fazer isso ela tem que trair a maquinação com os papéis prejudiciais ao seu estilo individual e encontrar outros de apoio. Leva tempo, muitas vezes mais do que se imagina, para reconhecer as memórias históricas pessoais e coletivas marcadas por desejos e perdas não correspondidas. Aqui está o trabalho psicológico a ser feito, parte do qual é sentir conscientemente a dor a fim de passar por ela. É necessário examinar o passado, encontrar caminhos para o autocuidado e reconstruir as imagens paternas internas relacionadas. A filha usa a flexibilidade e elasticidade psicológica adquirida para esculpir o novo, para educar, resolver problemas e encontrar potenciais além do anterior e do convencional. Esse processo redefine as tradições anteriormente ditadas pelo modo paterno à medida que ela se diferencia do seu jeito.

As lacunas emocionais da ausência do pai são importantes. A dor da filha é real e a privação emocional um problema. Os sonhos são muitas vezes esmagados e a filha desmoralizada. No entanto, a ausência também motiva os impulsos para desvendar verdades complicadas, mágoa e desespero. O processo de autoconsciência é como andar por um labirinto. Este trabalho perfura os complexos psicológicos. Significa tornar-se consciente do passado para avançar no presente e no futuro com consciência, desenvolvendo um si-mesmo independente e reacendendo desejos e paixões.

A filha sem pai aprendeu a usar máscaras para agradar outros, mas por trás delas está o legado do pai impondo a sua insegurança e impotência, falta de foco ou aterramento. Ela pode ter fingido confiança e compostura, criando fachadas, sentindo a necessidade de proteger, enquanto metaforicamente se trancando sozinha em seu quarto. Mas resta pouca segurança ou proteção quando isolada no interior, pois também causa isolamento externo.

Quanto mais inconscientemente destrutivo for um pai, maior a probabilidade de uma filha adquirir um comportamento semelhante. Ela pode parecer irreal, artificial para si mesma e em desacordo com o mundo. Com pouco senso de constância ou coesão pessoal, ela vacila. A poetisa americana Adrienne Rich comentou: "É uma maneira extremamente dolorosa e perigosa de viver: dividida entre uma *persona* publicamente aceitável e uma parte de você que percebe como o eu essencial, criativo e poderoso, mas também possivelmente inaceitável, talvez até mesmo monstruoso" (1979, p. 175).

O desenvolvimento psicológico é prejudicado pela ausência do pai. Ele tem sido um mistério e isso desperta fortes sentimentos, equívocos e anseios não resolvidos. A não presença do pai pode ocupar tenazmente uma posição central na psique da filha. Temas comuns em meu trabalho com uma filha assim são sentimentos de estar apenas pela metade na vida, ser descomprometida, insegura e hesitante, embora talentosa. Ela manifesta ansiedade sobre relacionamentos e intimidade. Pode reter raiva ou ser suscetível ao desenvolvimento de sintomas somáticos devido a uma ideia abalada de identidade e baixa autoimagem.

Sem uma figura paterna carinhosa, essa filha pode ser suscetível à invasão de imagens negativas. Ela pode se identificar com um pai insuficiente ou completamente ausente. Ele não reflete uma gama de energias masculinas ou femininas úteis. Hábitos e humores autodepreciativos tornam-se abundantes quando um pai não consegue satisfazer as necessidades de amor e afirmação de sua filha. A energia negativa internalizada coagula, assim como sua negligência, humilhação, abandono e agressões emocionais ou físicas, tornando difícil para ela amar ou cuidar de si mesma. Mostrando-lhe adoração e idealização, mesmo virando as costas para ele, ela pode ficar enterrada em sua pele e agir contra si mesma. À medida que o pai emocional, física e psiquicamente ausente ou, em alguns casos, morto se torna idealizado, há uma repressão concomitante de sentimentos negativos em relação a ele. Tanto a idealização da filha quanto seu afastamento de qualquer coisa negativa são tentativas de compensação, traindo o fato de que ele simplesmente não esteve por perto. Na verdade, essa filha vive em segredo e seus desejos são ignorados; ela está confusa e distraída com a destrutividade espreitando sob a fachada e continua a idealizá-lo; mas não de si mesma.

As memórias não podem mais ser retidas. A partir de suas experiências com um pai ausente, a criança e, posteriormente, a adulta são afetadas. Ela carrega as cicatrizes da negação e da rejeição. O pai ausente pode tornar-se um juiz interno insatisfeito e inacessível. Ela se sente sempre empurrada para lá e para cá, examinada, fútil, presa, desintegrada e sem esperança. O que acontece entre o pai e a filha, ou não, é uma determinante importante para que ela se torne uma adulta capaz de viver por inteiro. Ou, ficará envergonhada, será arrastada de volta pelo abandono dele? Nesse caso, ela não respira profundamente, teme ser ferida e luta para dar vida à sua criatividade. Uma natureza desconfortável, sem objetivo e curiosa define aqueles desprovidos de paternidade suficiente. As atitudes psicológicas só podem mudar por meio do abandono de imagens idealizadas e do reconhecimento do pai insuficiente e até perigoso.

Trair o pai tradicional é uma forma de recordar a si mesma. Permanecer fiel a imagens antigas e sua autoridade desvaloriza sua existência. Tudo isso é mais intrincado e complexo porque o feminino e o masculino, como conceitos e realidades internas e externas, são mais fluidos. Como humanos, temos muitas identificações e pluralidades de escolhas. Assim sendo, não temos apenas que repetir inconscientemente a tradição ou nos engajar em um retorno ao convencional, pois isso apenas sustenta o que estava débil. Ao sentir a ausência, a filha tem a responsabilidade de ouvir a si mesma e expressar seus pensamentos. Embora esteja a par da ausência de um pai, essa falta pode empurrá-la para seu verdadeiro si-mesmo. Essa traição a coloca na jornada de encontro para que ela possa ir além do que antes era meramente aceito.

Muitas filhas têm uma história de mágoa e tristeza. Ela pode ainda não perceber como a repressão e a negação se instalaram e se multiplicaram com o tempo. Da insuficiência e da dor da ausência, ela poderia ter se tornado um si-mesmo faminto. Isso leva tempo para resolver. À medida que sua consciência se abre e ela ganha perspectiva, é capaz de ir além do abandono, ressentimentos e traições. Jung escreveu no prefácio à segunda edição de seu ensaio "O significado do pai no destino do indivíduo" o seguinte: "Esperamos que a experiência dos anos vindouros abra maiores claraboias neste campo ainda obscuro, sobre o qual pude projetar uma luz apenas fugidia" (OC 4, p. 299).

No processo de abordar a ausência, a filha passa a ter consciência de cumprir sua existência. O significado vem depois das experiências, depois da perda, e muitas vezes evolui com o passar do tempo. Demora um pouco para perceber o impacto da ausência do pai, pois essa ausência tem que ser reconhecida e a perda lamentada. Ela se transforma por meio da análise psicológica da memória. Vincular experiências e encontrar significado traz libertação e cura; move o *status quo*. De modo a olhar para trás e ainda crescer além dos antigos padrões filha-pai, o consciente e o inconsciente devem se unir. Significa também deixar de ser uma cópia do modelo feminino construído sobre conceitos patriarcais ultrapassados.

A dinâmica paterna, muitas vezes carregada de privações e/ou distorções, influencia os motivos pelos quais uma filha entra em tratamento terapêutico. As mulheres podem apresentar uma variedade de questões como o narcisismo, a personalidade "como se", o efeito do pai morto, problemas com intimidade, identidade e mistura de masculino e feminino, todas com suas raízes na relação direta pai-filha ou sua ausência. Seus caminhos se abrem para a compreensão e o conhecimento psicológico que atravessam a psique e o corpo. O processo significa ficar atento, aprender a segurar enquanto libera o apego destrutivo, optando pela voz em vez do silêncio. Várias perspectivas sobre abandonos paternos, negligência, falta de carinho e ausência geral são derivadas dos psicanalistas franceses André Green e Julia Kristeva: o complexo do pai negativo na psicologia analítica junguiana, a personalidade "como se", trechos da vida e poesia de Sylvia Plath, o arquétipo da *puella*, o narcisismo e os exemplos compostos de pacientes atendidos.

Ao romper com o ideal, a filha pode recuperar sua vida em vez de ser influenciada pela negação. Ela então pode acessar a centelha interior de acordo com suas normas reais em vez de falsas. Nomear a dor da ausência paterna tanto valida como simultaneamente a separa do modo paterno. Isso envolve abordar as feridas, recuperando as partes danificadas e integrando os aspectos da sombra. Quando a filha pode sonhar com sua própria vida e caminhar pela experiência do pai ausente, ela descobre que é capaz de fazê-lo (Rose, 2011, p. 341). Dá espaço a uma sensação de admiração e frescor, um espaço de fluidez e fluxo, e criatividade expressa. É um espaço de riqueza, complexidade e estabelecimento de sua voz.

No entanto, há um aspecto brutal no que aconteceu na dinâmica filha-pai, mesmo que seu reconhecimento seja um movimento na direção do crescimento. André Green chamou isso de instinto negativo e, como a destruição, envolve a morte ou eliminação da imagem do pai (Kalinich & Taylor, 2009, p. 192). Muitas vezes necessário para alterar o que foi. Há algo intensamente sedutor no complexo paterno negativo com sua repetição de pensamentos, ações e sentimentos passados. São aspectos da ancestralidade do pai ausente, desprovido de atenção e expressão suficiente de amor e cuidado. Por meio da terapia, a filha aprende a negociar quais foram os ciclos vazios e a deixar para trás as ilusões. Entrar em contato com a realidade complexa faz surgir a capacidade de descobrir e sustentar o diálogo interno que nutre, assim como as relações com os outros.

A consciência do si-mesmo é o objetivo básico do processo que Jung denominou de individuação. "Individuação significa tornar-se um ser único na medida em que por 'individualidade' entendermos nossa singularidade mais íntima, última e incomparável, significando também que *nos tornamos o nosso próprio si-mesmo*. Podemos traduzir 'individuação' como 'tornar-se si-mesmo' ou 'o realizar-se do si-mesmo'" (OC 7/2, § 266). A individuação é o desenvolvimento da capacidade de perceber e experimentar a própria separação, a própria totalidade e singularidade (OC 9/1, § 490). O trabalho interior nos encoraja a permanecer engajados no desafio de dar sentido e espaço para o relacionamento analítico e terapêutico a fim de enriquecer a vida. É necessário estar exposto, preocupado e desnudado até o cerne para a busca psicológica. Feridas e mágoas passadas são examinadas para obter flexibilidade de pensamento e afeto. E, novamente, a realidade do dano causado nem sempre leva ao amor e ao relacionamento. A situação vai além da aceitação e pode significar que, embora a filha possa ser restaurada, o relacionamento com o pai não pode. A jornada não visa a felicidade em si, mas tem uma perspectiva mais ampla.

A personalidade continua a procurar. A análise interna alinha o consciente e o inconsciente, ajuda a quebrar velhas armadilhas, traições, abandonos e perdas. É uma tentativa de articular um problema que é, ou deveria ser, preocupante em nossos tempos. Espera-se que da insuficiência e da ausência tanto as filhas quanto os pais possam emergir como mais conectados e conscientemente compreendidos. É certo que muitas filhas são deixadas para lidar com os estragos, mas podem recuperar suas vidas. A terapia ajuda a criar algo diferente da habitual ideologia autodestrutiva e leva a filha a uma resiliência interna que ela não conhecia ou possuía anteriormente. Tornar-se ativa na autoexpressão leva a uma personalidade integrada e libera os espaços criativos onde a filha pode perceber seu potencial em vez de ignorá-lo ou usá-lo mal.

Os pais também podem aprender a desenvolver um relacionamento mais completo com suas filhas. A ausência dos pais os afeta tanto quanto suas filhas. A ausência deve ser preenchida por ambos, mas de diversas maneiras. O processo será semelhante ao da filha ao reconhecer a insuficiência e como ela compôs suas personalidades, privando ambos que agora buscam outras soluções. Os pais não precisam mais conviver com essa insuficiência; também podem participar das mudanças que vão desde os desequilíbrios até a entrada em territórios desconhecidos e desafiadores. Podem pegar as informações sobre suas filhas e aplicá-las conscientemente a si mesmos, criando relacionamentos honestos, mais completos, mais satisfatórios e conscientes.

A saída é reabrir-se à "desconstrução de construções antigas" (Phillips, 2001, p. 205). A análise perturba o enclausuramento das velhas narrativas e aborrece o equilíbrio anterior que era o desequilíbrio. O objetivo, portanto, não é reconstruir o que era, mas recuperar outra síntese dos elementos psicológicos. Novas formas abrem caminhos para retraduzir e descobrir o que agora é possível. É uma nova centralização e reivindicação da representação. Isso traz receptividade para outras histórias, aos outros interiores, uma personalidade capaz de surpreender e expandir. As mensagens da ausência, da dor e da mágoa profunda são inevitáveis, mas também expõem a filha para o âmago de quem ela é. Pela reunião consciente da psique, ela é encontrada e capaz de preencher a ausência.

Os encontros podem então ocorrer com base no real e não no imaginado. Em vez de desejar que o passado tenha sido melhor, ela ouve a situação presente, entrando em um diálogo de pensamento, em vez dos velhos complexos previsíveis. Ela se encarrega de seu discurso. Como disse Luce Irigaray, psicanalista francesa, "temos que escutar o presente falando do outro em sua diferença irredutível com vistas ao modo pelo qual poderíamos corresponder a ele em fidelidade a nós mesmos" (2002, p. xi).

A psique tenta equilibrar, expandir, emergir e alterar a energia para que novos horizontes se abram. O mundo imaginal da psique contém propriedades curativas, e através de projeções imaginativas essas filhas podem entreter possibilidades e serem potencializadas (Krampe, 2003, p. 132). Em vez de apenas sofrer ausência e insuficiência, ela tece a tapeçaria de sua vida. Começa a honrar os sentimentos e ouvir ao si-mesmo. Ela pode ouvir o inconsciente em vez de ser dominada por ansiedades, compulsões, perdas e tristezas de desejos frustrados. Seu coração pode começar a florescer indo até os restos de suas experiências em vez de se defender deles.

Há um elemento intencional em ação no interior, um fenômeno que Jung se referiu como o si-mesmo. Esse aspecto central da psique restaura sua psicologia entrando em si mesma e além dos roteiros prescritos de uma filha obediente. A análise junguiana inclui trabalhar com as defesas e resistências nas áreas distorcidas e presas. E tudo isso se aplica também aos pais que estão mais envolvidos na vida familiar e emocional e, assim, honram sua psique.

O trabalho junguiano profundo significa estar incerto e respeitar a singularidade da personalidade. O mistério da psique humana nos mantém administrando o não saber enquanto buscamos o sentido. Elucidando esse processo, Victoria sonhou: *Estou sentada em uma das muitas rochas que cercam um poço. Estou balançando de um lado para o outro enquanto brinco. A cada movimento em direção ao poço, desenho um sonho em uma serpentina e o entrego a uma das pessoas ali reunidas.* O sonho foi significativo para Victoria, pois ela percebeu que a conectava a possibilidades crescentes e à profundidade e amplitude da vida. Ao seguir seu coração, ela estava mergulhando no poço de partes de personalidade anteriormente rejeitadas, negligenciadas e relegadas às sombras.

A relação amorosa com o pai tem muitas funções. "A estrutura psíquica evolui por meio da interação dos mundos interno e externo" (Benjamin, 1995, p. 121). O pai ausente é um poderoso agente interno na vida emocional de uma filha. Ausência significa que a oferta de reconhecimento e a experiência de ser desejada por sua individualidade também estão ausentes. O desejo de ser vista deriva, em parte, de identificações saudáveis e abrangentes com o pai. As qualidades do pai e a dinâmica com a filha afetam as relações do si-mesmo com o outro, corpo e psique, consciente e inconsciente.

A ausência do pai confronta a filha com a vulnerabilidade e com a resiliência para prosperar. Explorar a ausência do pai extrai a criatividade para fazer a vida valer a pena. Os sintomas problemáticos se voltam para um ganho de força. Remontar o presente a partir das ruínas do passado e dar sentido ao que aconteceu é complexo. Significa confrontar as memórias e trazê-las para a nova luz da consciência e da esperança. Nada realmente vai embora e o processo significa voltar e abraçar o si-mesmo vibrante.

*Uma mulher sonhou que diante dela havia muitos livros antigos e também um iPad e um iPhone, todos misturados, e teve vontade de explorar cada um deles. Ela mal podia esperar para ter tempo para todos eles.* Ela refletiu que o sonho significava seu entusiasmo contínuo para saber mais, para não parar agora com cerca de 60 anos; sua sede de aprender não havia acabado nem havia sido saciada. Ela se sentia livre para ter esperança e, embora pudesse reconhecer que grandes pedaços haviam sido tirados dela com um pai ausente, ela passou do desespero e da privação para ser inquisitiva e curiosa por mais conhecimento. Uma citação da feminista francesa Simone de Beauvoir responde à experiência do pai ausente:

> Vi abrir-se diante de mim um campo de atividade claramente marcado, com todos os seus problemas, seu trabalho duro, seus materiais, seus instrumentos e sua inflexibilidade. Já não me perguntava: o que devo fazer? Havia tudo a ser feito, tudo o que eu desejava fazer anteriormente [...], mas tudo era possível (2005, p. 365).

Rainer Maria Rilke escreveu uma carta a um jovem poeta há mais de um século, na qual encorajava o jovem a tentar amar as próprias perguntas, a conviver com elas e não tentar obter respostas porque seria cedo demais, mas algum dia, se ele realmente fosse capaz de viver as próprias perguntas, poderia viver seu caminho para as respostas (Rilke, 1986, p. 34).

Ame o mundo como você mesmo; então poderá cuidar de todas as coisas.

Lao Tzu, *Tao Te Ching* (verso 13).

# Referências

**Obras de C.G. Jung**

Jung, C.G. (1973). *Letters, Vol. 1: 1906-1950*. Princeton University Press.

Jung, C.G. (1998). *Jung's seminar on Nietzsche's Zarathustra*. Princeton University Press.

Jung, C.G., Kerényi, C. (2011). *A criança divina: Uma introdução à ciência da mitologia*. Vozes.

MSR Jung, C.G. (2019). *Memórias, sonhos, reflexões*. Editora Nova Fronteira.

OC 4 Jung, C.G. (2011). *Freud e a psicanálise*, Vol. 4. Vozes.

OC 5 Jung, C.G. (2011). *Símbolos da transformação: análise dos prelúdios de uma esquizofrenia*, Vol. 5. Vozes.

OC 6 Jung, C.G. (2011). *Tipos psicológicos*, Vol. 6. Vozes.

OC 7/1 Jung, C.G. (2011). *Psicologia do inconsciente*, Vol. 7/1. Vozes.

OC 7/2 Jung, C.G. (2011). *O eu e o inconsciente*, Vol. 7/2. Vozes.

OC 8/1 Jung, C.G. (2012). *A energia psíquica*, Vol. 8/1. Vozes.

OC 8/2 Jung, C.G. (2012). *A natureza da psique*, Vol. 8/2. Vozes.

OC 9/1  Jung, C.G. (2011). *Os arquétipos e o inconsciente coletivo*, Vol. 9/1. Vozes.

OC 9/2  Jung, C.G. (2011). *Aion – estudo sobre o simbolismo do si-mesmo*, Vol. 9/2. Vozes.

OC 10/3  Jung, C.G. (2011). *Civilização em transição*, Vol. 10/3. Vozes.

OC 11/3  Jung, C.G. (2012). *O símbolo da transformação na missa*, Vol. 11/3. Vozes.

OC 11/5  Jung, C.G. (2011). *Psicologia e religião oriental*, Vol. 11/5. Vozes.

OC 11/6  Jung, C.G. (2011). *Escritos diversos*, Vol. 11/6. Vozes.

OC 12  Jung, C.G. (2011). *Psicologia e alquimia*, Vol. 12. Vozes.

OC 14/1  Jung, C.G. (2011). *Mysterium coniunctionis: pesquisas sobre a separação e a composição dos opostos psíquicos na alquimia*, Vol. 14/1. Vozes.

OC 15  Jung, C.G. (2011). *O espírito na arte e na ciência*, Vol. 15. Vozes.

OC 16/1  Jung, C.G. (2011). *A prática da psicoterapia: contribuições ao problema da psicoterapia e à psicologia da transferência*, Vol. 16/1. Vozes.

OC 16/2  Jung, C.G. (2011). *Ab-reação, análise dos sonhos, transferência*, Vol. 16/2. Vozes.

OC 17  Jung, C.G. (2011). *O desenvolvimento da personalidade*, Vol. 17. Vozes.

OC 18/1  Jung, C.G. (2011). *A vida simbólica: escritos diversos*, Vol. 18/1. Vozes.

**Outras obras**

Adler, G. (1961). *The living symbol*. Routledge & Kegan Paul.

Alverez, A. (1971). *The savage god: A study of suicide*. WW Norton & Company.

Barras, J.R. (2000). *Whatever happened to daddy's little girl? The impact of fatherlessness on black women*. Ballentine.

Baumlin, J.S., Baumlin, T.F. & Jensen, G.H. (eds.) (2004). *Post-Jungian criticism: Theory and practice*. State University of New York Press.

Benjamin, J. (1988). *Bonds of love*. Pantheon.

Benjamin, J. (1995). *Like subjects, love objects: Essays on recognition and sexual difference*. Yale University Press.

Blake, W. (1901). A little girl lost. In: *Songs of innocence and songs of experience* [Etext 1934]. https://www.gutenberg.org/files/1934/1934-h/1934-h.htm#page65

Bollas, C. (1995). *Cracking up: The work of unconscious experience*. Hill & Wang.

Bollas, C. (1999). Dead mother, dead child. In: G. Kohon (ed.), *The dead mother: The work of André Green* (p. 87-108). Routledge.

Britton, R. (1998). *Belief and imagination*. Routledge.

Britzolakis, C. (1999). *Sylvia Plath and the theatre of mourning*. Clarendon Press.

Bromberg, P. (1983). The mirror and the mask – On narcissism and psychoanalytic growth. *Contemporary Psychoanalysis, 19*(2), 359-387. doi:10.1080/00107530.1983.10746614

Bronte, C. (1897). Jane Eyre [Etext 1260]. https://www.gutenberg.org/files/1260/1260-h/1260-hhtm

Browning, R. & Browning, E.B. (1900). *The letters of Robert Browning and Elizabeth Barrett Browning 1845-1846*, Vol. 1 [Etext #16182]. https://www.gutenberg.org/files/16182/16182-h/16182-h.htm

Butler, J. (1990). *Gender trouble*. Routledge.

Butler, J. (2004). *Undoing gender*. Routledge.

Campbell, J. (1971). *The portable Jung*. Penguin.

Carotenuto, A. (2015). *To love, to betray*. Chiron.

Cavalli, A. (2017). Identification – Obstacle to individuation, or: On how to become 'me.' *Journal of Analytical Psychology*, 62(2), 187-204. doi:10.1111/1468-5922.12303

Chalquist, C. (2009). Insanity by the numbers, knowings from the ground. In: S. Porterfield, K. Polette & T.F. Baumlin (eds.), *Perpetual adolescence* (p. 169-186). State University of New York Press.

Cixous, H. (1983). *The book of Prometheus*. University of Nebraska Press.

Cixous, H. (1991). *Inside*. Schocken.

Collopy, M. (2002). *Architects of peace: Visions of hope in words and images*. New World Library.

Colman, W. (1991). Envy, self-esteem, and the fear of separateness. *Journal of Analytical Psychology*, 7(4), 356-367.

Colman, W. (2007). Symbolic conceptions: The idea of the third. *Journal of Analytical Psychology*, 52(5), 565-583.

Colman, W. (2010a). The analyst in action. *International Journal of Psychoanalysis*, 91(2), 287-303.

Colman, W. (2010b). Mourning and the symbolic process. *Journal of Analytical Psychology*, 55(2), 275-297.

Connelly, A. (2013). Out of the body: Embodiment and its vicissitudes. *Journal of Analytical Psychology*, 55(5), 636-656.

Connolly, A. (2011). Healing the wounds of our fathers: Intergenerational trauma, memory, symbolization, and narrative. *Journal of Analytical Psychology*, 56(5), 607-626.

Cowan, L. (2013). Dismantling the animus. *The Jung page*. http://www.cgjungpage.org/learn/articles/analytical-psychology/105-dismantling-the-*animus*

De Beauvoir, S. (2005). *Memoirs of a dutiful daughter*. HarperCollins.

Deleuze, G. (2004). *Difference and repetition*. Paul Patton (trans.). Continuum.

Deutsch, H. (1942). Some forms of emotional disturbance and their relationship to schizophrenia. *Psychoanalytic Quarterly*, 11(2), 301-321.

Dickinson, E. (n.d.). *Poems by Emily Dickinson, series one*. [Etext 2678]. https://www.gutenberg.org/files/12242/12242-h/12242-h.htm#Series_One

Dieckmann, H. (1985). Some aspects of the development of authority. In: A. Samuels (ed.), *The father* (p. 211-228). New York University Press.

Dunne, C. (2015). *Carl Jung: Wounded healer of the soul*. Watkins.

Ekmekçioğlu, N. (2008). Sylvia Plath's mirrors reflecting various guises of self. *Plath Profiles*, 1, 92-102.

Elias-Button, K. (2000). Journey into an archetype: The Dark Mother in contemporary women's poetry. In: Straus, Mark J. (ed.) *Symmetry*. Triquarterly Books

Fairweather, D. & Rose, N. (2004). Women and autoimmune diseases. *Emerging Infectious Diseases*, *10*(11), 2.005-2.011.

Falzeder, E. (2015). *Psychoanalytic filiations: Mapping the psychoanalytic movement*. Karnac.

Fordham, M. (1974). Defenses of the self. *Journal of Analytical Psychology*, *19*(2), 192-199.

Fordham, M. (1974). Jung's conception of the transference. *Journal of Analytical Psychology*, *19*(1), 1-21.

Fordham, M. (1985). *Explorations into the Self*. Karnac.

Foucault, M. (1997). *Ethics, subjectivity and truth*. Allen Lane.

Frankel, R. (2013). Digital melancholy. *Jung Journal: Culture & Psyche*, *7*(4), 9-20.

Gibran, K. (1918). *The madman: His parables and poems* [Etext 0500601h]. http:http://gutenberg.net.au/ebooks05/0500601h.html

Gilbert, S. & Gubar, S. (1984). *The Madwoman in the Attic: The woman writer and the nineteenth century literary imagination*. Yale University Press.

Gosling, J. (2009). 'Protracted adolescence': Reflections on forces informing the American collective. In: S. Porterfield, K. Polette & T.F. Baumlin (eds.), *Perpetual adolescence* (p. 137-154). State University of New York Press.

Goss, P. (2006). Discontinuities in the male psyche: Waiting, deadness and disembodiment. Archetypal and clinical approaches. *Journal of Analytical Psychology*, *51*(5), 681-699.

Green, A. (1979). *The tragic effect*. Cambridge University Press.

Green, A. (1986). *On private madness*. Hogarth.

Green, A. (1999). The intuition of the negative in Playing and Reality. In: G. Kohon (ed.), *The dead mother: The work of André Green* (p. 205-221). Routledge.

Green, A. (2001). *Life narcissism, death narcissism*. Free Association Books.

Green, A. (2002). A dual conception of narcissism: Positive and negative organizations. *The Psychoanalytic Quarterly, LXXI*(4), 631-649.

Greenfield, B. (1985). The archetypal masculine: Its manifestation in myth and its significance for women. In: A. Samuels (ed.), *The father* (p. 187-210). New York University Press.

Grosz, E. (1994). *Volatile bodies: Toward a corporeal feminism*. Allen & Unwin, p. 78.

Guggenbühl-Craig, A. (1999). *Power in the helping professions*. Thompson, Spring.

Hafiz (1886). *Hafiz in London* [eBook 51392]. http://www.gutenberg.org/files/51392/51392-h/51392-h.htm

Hallett, J. (2013). Intersections of gender and genre: Sexualizing the puella in Roman comedy, lyric and elegy. *EuGeStA* – n. 3. https://pdfs.semanticscholarorg/4762/6944ce031fa0d2326dda3ef2be626f19674e.pdf

Hauke, C. (1995). Fragmentation and narcissism: A revaluation. *Journal of Analytical Psychology, 40*(4), 497-522.

Hillman, J. (1989). *Puer papers*. Spring.

Hillman, J. (2005). *Senex and puer*. Spring.

Hinton, L. (1993). A return to the animal soul. *Psychological Perspectives*, *28*(1), 47-60.

Irigaray, L. (2002). *The way of love*. Continuum.

Jacobi, J. (1959). *Complex, archetype and symbol in the psychology of C.G. Jung*. R. Mannheim (Trans.). Princeton University Press.

Jacoby, M. (1992). The analytical psychology of C.G. Jung and the problem of literary evaluation. In: R. Sugg (ed.), *Jungian literary criticism* (p. 59-74). Northwestern University Press.

Jacoby, M. (2016). *Individuation and narcissism*. Routledge.

Jensen, G.H. (2009). Introduction to the puer/puella archetype. In: S. Porterfield, K. Polette & T.F. Baumlin (eds.), *Perpetual adolescence* (p. 1-12). State University of New York Press.

Jung, E. (1978). *Animus and anima*. Spring.

Kalinich, L. & Taylor, S.W. (2009). *The dead father*. Routledge.

Kast, V. (1997). *Father, daughter, mother, son*. Element.

Kavaler-Adler, S. (2000). *The compulsion to create*. Other Press Professional.

Kimbles, S. (2004). A cultural complex operating in the overlap of clinical and cultural space. In: T. Singer & S. Kimbles (eds.), *The cultural complex* (p. 199-211). Routledge.

Knox, J. (1998). Transference and countertransference: Historical and clinical developments in the Society of Analytical Psychology. In: I. Alister & C. Hauke (eds.), *Contemporary jungian analysis* (p. 73-84). Routledge.

Knox, J. (2001). Memories, fantasies, archetypes: An exploration of some connections between cognitive science and analytical psychology. *Journal of Analytical Psychology*, *46*(4), 613-635.

Knox, J. (2003). *Archetype, attachment, analysis.* Routledge.

Knox, J. (2004). From archetypes to reflective function. *Journal of Analytical Psychology, 49*(1): 1-19.

Knox, J. (2007). The fear of love: The denial of self in relationship. *Journal of Analytical Psychology, 52*(5), 543-563.

Knox, J. (2010). *Self-agency in psychotherapy.* W.W. Norton & Co.

Kofman, S. (1994). *Nietzsche and metaphor.* Stanford University Press.

Kohon, G. (ed.) (1999). *The dead mother: The work of André Green.* Routledge.

Kramer, K.P. (2019). *Martin Buber's dialog: Discovering who we really are.* Cascade.

Krampe, E.M. (2003). The inner father. *Fathering, 1*(2), 131-148.

Kristeva, J. (1982). *Powers of horror.* Columbia University Press.

Kristeva, J. (1988). *In the beginning was love.* Columbia University Press.

Kristeva, J. (1991) *Strangers to ourselves.* Harvester Wheatsheaf.

Kristeva, J. (1992). *Black sun: Depression and melancholia.* Columbia University Press.

Kristeva, J. (1992). *Strangers to ourselves.* Columbia University Press.

Kristeva, J. (2019, out. 27). Towards an ethics of the feminine. [Webinar]. International Psychoanalytic Association. https://www.ipaworld/IPA/en/IPA1/Webinars/KRISTEVA_WEBINAR.aspx

Kroll, J. (1976). *Chapters in a mythology: The poetry of Sylvia Plath.* Harper and Row.

Kukil, K. (ed.) (2000). *The unabridged journals of Sylvia Plath.* Anchor.

Lear, J. (1990). *Love and its place in nature.* Farrar, Straus & Giroux.

Lear, J. (2006). *Radical hope.* Harvard University Press.

Lear, J. (2014). Mourning and moral psychology. *Psychoanalytic Psychology, 31*(4), 470-481.

Lee, H. (2003, dez. 28). No, she said no [Crítica do livro "To dance in the wake", por Carol Leob Shloss]. *The New York Times.* https://www.nytimes.com/2003/12/28/books/no-she-said-no.html

Leonard, L.S. (1983). *The wounded woman: Healing the father/daughter relationship.* Shambhala.

Lispector, C. (2012). *The passion according to G.H.* New Directions.

Lussier, A. (1999). The dead mother: Variation on a theme. In: G. Kohon (ed.), *The dead mother: The work of André Green* (p. 149-162). Routledge.

Malcolm, J. (1994). *The silent woman.* Knopf.

Masson, J.M. (1990). *Final analysis: The making and unmaking of a psychoanalyst.* Basic.

Meier, C.A. (1985). *Testament to the wilderness.* Lapis Press.

Meier, C.A. (1986). *Soul and body: Essays on the theories of C.G. Jung.* Lapis.

Meredith-Owens, W. (2008). 'Go! Sterilise the fertile with they rage': Envy as embittered desire. *Journal of Analytical Psychology, 53*(4), 459-480.

Mizen, R. (2014). On the capacity to suffer one's self. *Journal of Analytical Psychology*, *59*(3), 314-332.

Modell, A. (1996). *The private self.* Harvard University Press.

Modell, A. (1999). The dead mother syndrome and the reconstruction of trauma. In: G. Kohon (ed.), *The dead mother: The work of André Green* (p. 76-86). Routledge.

Moore, T. (1987). *Animus* mundi, or the bull at the center of the world. *Spring Journal*, vol. 17. 116-132.

Murdock, M. (2005). *Father's daughters: Breaking the ties that bind*. Spring.

Nagy, M. (1991). *Philosophical issues in the psychology of C.G. Jung*. State University of New York Press.

Nussbaum, M. (1994). *The therapy of desire: Theory and practice in hellenistic ethics*. Princeton University Press.

O'Reilly, C. (2004). Sylvia Plath. In: J. Parini (ed.), *The Oxford Encyclopedia of American Literature*, Vol. 3 (p. 355-362). Oxford University Press.

Oliver, K. (2002). *The portable Kristeva*. Columbia University Press.

Onians, R.B. (1973). *The Origins of European Thought: About the mind, the body, the soul, time, and fate*. University Press.

Ostrowski-Sachs, M. (ed.) (1971). *Conversations with C.G. Jung*. Juris Druck + Verlag Zürich.

Ovid. (1893). *The metamorphoses of Ovid* [Ebook, 21765]. https://www.gutenberg.org/files/21765/21765-h/files/MetI-III.html#bookIII

Parsons, M. (1999). Psychic reality, negation and the analytic setting. In: G. Kohon (ed.), *The dead mother: The work of André Green* (p. 59-75). Routledge.

Perelberg, R. & Kohon, G. (eds.) (2017). *The greening of psychoanalysis*. Routledge.

Perelberg, R. (2009). Murdered father, dead father: Revisiting the Oedipus complex. *International Journal of Psycho-Analysis*, *90*(4), 713-732.

Perelberg, R. (Ed.) (2018). *The psychic bisexuality: A British--French dialogue*. Routledge.

Perera, S. (1981). *Descent to the goddess: A way of initiation for women*. Inner City.

personality. *Journal of Analytical Psychology*, *49*(5): 635-656.

Phillips, A. (1994). *On flirtation*. Harvard University Press.

Phillips, A. (1999). Taking aims: André Green and the pragmatics of passion. In: G. Kohon (ed.), *The dead mother: The work of André Green* (p. 165-174). Routledge.

Phillips, A. (2001). *Promises, promises*. Basic.

Plath, S. (1979). *Johnny Panic and the Bible of Dreams*. Faber and Faber.

Plath, S. (1981). *Collected poems*. HarperCollins.

Porterfield, S., Polette, K. & Baumlin, T.F. (eds.) (2009). *Perpetual adolescence*. State University of New York Press.

Proust, M. (1922). *Swann's way: Remembrance of things past* [Ebook 7178]. https://www.gutenberg.org/files/7178/7178-h/7178-h.htm

Rich, A. (1976). *Of woman born*. W.W. Norton & Co.

Rich, A. (1979). *Essential essays: Culture, politics, and the art of poetry.* S.M. Gilbert (ed.). W.W. Norton.

Riesenberg-Malcolm, R. (1992). As-if: The experience of not learning. In: R. Anderson (ed.), *Clinical lectures on Klein and Bion.* Routledge.

Rilke, R.M. (1986). *Letters to a young poet.* S. Mitchell (ed.). Random House.

Rilke, R.M. (2005). *The poet's guide to life: The wisdom of Rilke.* Random House.

Rose, G. (1996). *Love's work.* Schocken.

Rose, J. (1991). *The haunting of Sylvia Plath.* Virago Press.

Rose, J. (2002). This is not biography. *London Review of Books, 24*(16), 12-15.

Rose, J. (2011). *The Jacqueline Rose reader.* Duke University Press.

Rosenfeld, H. (1987). *Impasse and interpretation.* Tavistock.

Sahakian, W.S., Mabel, L. & Sahakian, M.L. (1966). *Ideas of the great philosophers.* Barnes & Noble.

Samuels, A. (1989). *The plural psyche.* Routledge.

Samuels, A. (1999). *Jung and the post Jungians.* Routledge.

Samuels, A. (2016). Beyond the feminine principle: Personality, morality, and the father. In: *The plural psyche* (p. 92-106). Routledge.

Samuels, A. (ed.) (1985). *The father.* New York University Press.

Sartre, J.-P. (2000). *Existentialism and human emotions.* Citadel.

Saunders, P. & Skar, P. (2001). Archetypes, complexes and self--organization. *Journal of Analytical Psychology, 46*(2), 305-323.

Schwartz, M. & Bollas, C. (1976). The absence at the center: Sylvia Plath and suicide. *Criticism*, *18*(2). https://digitalcommons.wayne.edu/criticism/vol18/iss2/3

Schwartz-Salant, N. (1982). *On narcissism*. Inner City.

Sekoff, J. (1999). The undead: Necromancy and the inner world. In: G. Kohon, *The dead mother: The work of André Green* (p. 109-128). Routledge.

Seligman, E. (1985). The half-alive ones. In: A. Samuels (ed.), *The father* (p. 69-94). New York University Press.

Sêneca (1997). *Dialogues and letters*. Oxford University Press. https://archive.org/stream/Seneca/Senecadjvu.txt

Sheehan, M. (2004). The hours: The 'as-if' personality and problems of loving. *Journal of Analytical Psychology*, *49*(3), 413-420.

Shelley, M. (1831). *Frankenstein, or the modern Prometheus* [Ebook, 42324]. https://www.gutenberg.org/files/42324/42324-h/42324-h.htm

Sherwood, V. (1994). *Psychotherapy of the quiet borderline patient: The as-if personality revisited*. Jason Aronson.

Shorter, B. (1985). The concealed body language of anorexia nervosa. In: A. Samuels (ed.), *The father* (p. 171-186). New York University Press.

Shorter, B. (1987). *An image darkly forming*. Routledge.

Singer, T. & Kimbles, S. (eds.) (2004). *The cultural complex*. Routledge.

Slater, G. (2012). Between Jung and Hillman. *Quadrant, XXXXII, 2*, 15-37.

Solomon, H. (1998). The self in transformation: The passage from a two to a three-dimensional internal world. *Journal of Analytical Psychology*, *43*(2), 225-238.

Solomon, H. (2004). Self-creation and the limitless void of dissociation: The 'as if' personality. *Journal of Analytical Psychology*, *49*(5), 635-656.

Solomon, H. (2004). Self-creation and the limitless void of dissociation: The 'as if' personality. *Journal of Analytical Psychology*, *49*(5): 635-656.

Solomon, H. (2007). *The Self in Transformation*. Karnac.

Stein, M. (1983). *In midlife: A Jungian perspective*. Spring.

Stein, M. (2017). Where east meets west in the house of individuation. *Journal of Analytical Psychology*, *62*(1), 67-87.

Stendhal (1916). *The red and the black: A chronicle of 1830* [Ebook, 44747]. http://www.gutenberg.org/ebooks/44747

Toril, M. (ed.) (1986). *The Kristeva reader*. Columbia University Press.

Urribarri, F. (2017). An interview with Andre Green: On a psychoanalytic journal from 1960 to 2011. In: R.J. Perelberg & G. Kohon (ed.), *The greening of psychoanalysis: Andre Green's new paradigm in contemporary therapy and practice* (p. 115-132). Routledge.

Van Dyne, S. (1993). *Revising life: Sylvia Plath's Ariel poems*. University of North Carolina Pres.

Von Franz, M.-L. (1988). *The feminine in fairytales*. Spring.

Von Franz, M.-L. (2000). *The problem of the puer aeternus*. Inner City.

Wilkinson, M. (2004). The mind-brain relationship: The emergent self. *Journal of Analytical Psychology, 49*(1), 83-101.

Wilkinson, M. (2006). The dreaming mind-brain: A Jungian perspective. *Journal of Analytical Psychology, 51*(1), 43-59.

Winnicott, D.W. (1965). *The maturational process and the facilitating environment.* Karnac.

Winnicott, D.W. (1995). Ego distortion in terms of true and false self. In: *The maturational process and the facilitating environment.* Karnac.

Woolf, V. (1921). *Monday or Tuesday* [eBook 29220]. http://www.gutenberg.org/files/29220/29220-h/29220-h.htm

Woolf, V. (1990). *Mrs. Dalloway.* Houghton, Mifflen, Harcourt.

Wordsworth, W. (1798). *The poetical works of William Wordsworth, Vol. II* [Ebook12145]. http://www.gutenberg.org/files/12145/12145-h/12145-h.htm

Zoja, L. (2001). *The father: Historical, psychological, and cultural perspectives.* Brunner-Routledge.

# Índice analítico

Abandono 66, 70, 133-135, 178, 181, 210, 268, 306-311
  autoabandono 222
Abjeção 266
  imagem corporal 273-276
Ab-reação 85
*A donzela sem mãos* 182-185
Agamenon 16
Agentes de mudança 150
Alienação 129, 138, 148, 235, 253, 286, 290
Alighieri, D. 259
*Allerleirauh* 214
Alteridade 58, 189
Amante fantasma 196
Amor 261, 313
  amor paterno 22, 24
  narcisistas 245-249

Amor paterno
  ausência de 22, 24
  ferida paterna 47-50
Análise 42, 66, 88, 111, 137, 149, 155, 160, 166, 185, 197, 215, 233, 276, 310-313
*Anima* 183
*Animus* 186-192
  negativo 194-196, 199-204
Sonhos com 196-200
Anseio 17, 40, 80-81, 100, 162, 170, 208, 246, 268, 306
Ansiedade 26-27, 52
  personalidade "como se" 141-145
Apego 26, 30, 61-62, 79, 83, 107, 149-152, 231
  apego ambivalente 279, 284
  apego inconsciente 196

apego inexistente 93
crianças 52
tristeza 141

Apego seguro 30

Arquétipo do pai 103-106, 114

Arquétipos
arquétipo do pai 103-106, 114
*consensus gentium* 96
filhas 60
*puella* 220-232, 240-243, 309
sonhos 106-116

Ataques a si mesma 128, 174

Atitudes 18, 43, 56, 67, 72, 90, 125, 136, 148, 156, 167, 175, 203, 223, 250, 268, 275, 281, 307

Ausência 18, 26, 42-46, 143, 159
catástrofe da 21-26
Preenchendo a 301-316

Ausência paterna 42-44

Ausente, definido 22-23

Autoabandono 222

Autoagência 114

Autoconhecimento 84, 87
Plath, S. 285

Autoconsciência 305 ·

Autodestruição 142

Autoestima 28, 61, 200, 235, 249, 257

Autoexpressão 277

Autoidentidade 148, 247
personalidade "como se" 134

Autoisolamento 93

Autonomia psíquica 85

Auto-orientação, perda 35

Autorrealização 94

Autorreflexão 101, 156, 171

Autorregulação 277

Aversão de si mesma 290

Blake, W. 106, 219

Bronte, C. 217

Browning, E. B. 82

Busca da perfeição 73

Butler, J. 89

Caindo aos pedaços 270

Casca
fina 249
grossa 249

*Cinderela* 182

*Circumambulatio* 71

Coerência 156

Complexo
 definido 86-87
 demoníaco 97-101
 de Electra 285
 paterno 84, 96-97, 99, 101
 paterno negativo 83-86, 94-97
 sonhos 90-94

Conflito psicológico 290

Consciência 23, 31, 145, 204

Contos de fada 177-180, 214
 traição 181-186

Contratransferência 160-172

Cowan, L. 115, 198

Criança eterna 222, 225

Criativo 109, 156, 174, 189, 229, 306

Cultura, nomes 55

De Beauvoir, S. 314

Defesas 61

Deficiência paterna 42-43

Deleuze, G. 263

Depressão 80-82, 247

Desconexão, personalidade como se 136-141

Desdém 88-90

Desdém aprendido 88-90

Desejo 49-50, 174

Desencarnação 275
 *puella* 225

Desenvolvimento psicológico 306

Desespero 144, 174, 163, 170, 193, 211, 254-258, 267, 290, 301, 314

Despersonalização 284

Deutsch, H. 120

Devastador
 atividades 54
 autodestrutivo 70, 142, 170
 comportamento 89-90, 201
 impulsos 29, 84
 pactos 53
 recuo 274

Dinâmicas paternais 309

Dissociação 85, 134, 272, 275

Doença 277
 autoimune 265, 267-268, 270

335

Dominação paterna  62
Dor  172

Eco  220, 246, 262
Efeito do pai morto  65-82
"Electra on Azalea Path"
  (Plath)  285
Emoção  20-22, 25, 39-41,
  74-79, 81, 98, 118, 144,
  153, 225, 295
  desespero  144, 163, 170,
    174, 193, 211, 254-256,
    265, 267, 301, 314
  ira  86, 92, 254-256, 285,
    291-293
  raiva  17, 22, 44, 48, 49,
    169, 206, 235, 245,
    283-286
  tristeza  253
  vergonha  40, 92, 127, 141,
    153, 168-170, 203, 210,
    235, 254-256, 270
Envelhecer  275
  *puella*  226
Eros  115, 180, 183, 203,
  224, 261
Erótico  211
Espaço bolso  131

Espaço psicossomático  131
Espelhando  72
  o olhar do pai  94
Espelhos  242
Esquemas de imagens  113
Estrago  16, 63, 170, 260,
  266, 304, 311
  tardio  192-196
Estrutura mãe-filho  57
Evitar a si mesma  21
Experiências
  corporais  275
  insuficientes  254
  paternais  254

Fachada  269, 277, 305
Fantasia  21, 39, 63, 96, 145,
  177, 209, 222, 240, 250,
  255, 258, 287
Feminino  182-183, 185,
  187-190, 198
  passivo  242
Feridas  16, 36, 40, 46
  ferida de pai  47-50
Filha  60-61
Filha de Jefté  48-49
Fordham, M.  258, 274

Freud, S. 69
Função
  reflexiva 155-157
  simbólica 148, 158, 170
  transcendente 157-160

Garotas virgens 240-243
Gênero 188-189, 204
Grandiosa 136, 249
Graves, R. 285
Green, A. 65-69, 74, 76, 78, 81-82, 83-84, 143, 144, 153, 175, 249-250, 289, 304, 309

Hallett, J. 222
Hexagrama 119
Hillman, J. 100, 181
Homem coletivo 286
Hughes, T. 290, 293

Ideal paterno 96
Idealização 205-217
Identidade 46, 63, 125, 134, 140, 148, 181, 187-188, 191, 203, 207, 225, 232, 237, 241, 276, 283, 290-292

Identificação bloqueada 203
Ifigênia 16-17
Ilusões 152-154
Imagem 18, 43, 50, 68, 74, 89-90, 100, 106, 113-115, 198, 207, 210
  *animus* 188
  autoimagem 61, 70, 136, 225, 242, 255, 272
  de sonho 141, 234, 260
  paternal 94
  públicas 279
  secretas 250-256
Imagem corporal 237-238, 242, 266-267
  abjeção 273-277
  silêncio 270
  trauma 271-272
Imagens secretas 250-256
Importância de pais 28
Impotência psíquica, pai morto 68
Inconsciente 48, 84, 86-87, 90, 95, 99, 103, 104, 112, 115, 118, 126, 153, 187-188, 193, 195-198, 202, 213, 271-273, 311-314

coletivo 222, 285
infância 177
narcisismo 254, 259
terapia 147-160, 166, 167, 171, 175

Individuação 61, 150, 154, 157, 310

Inércia paterna 65

Infância 17, 30, 38, 66, 86, 93, 109, 113, 125, 170, 177, 200, 202, 208-214, 222-223, 235, 266, 268, 280

Instinto 29, 49, 74, 84, 142, 144, 194, 225, 254, 274, 287

Insuficiência 29, 43, 65-66, 67
coletiva 43-44

Integração 304

Internalização 63, 122, 134, 254

Intimidade 238, 248, 257, 261

Inveja 256-259

Ira 86, 92, 255-256, 285, 291-293

Irigaray, L. 312

Irreal 60, 115, 226, 306

"Johnny Panic e a Bíblia dos sonhos" (Plath) 289

Joyce, L. 205

Jung, C. 83-84, 173, 220, 254, 258
arquétipo do pai 103
arquétipos 113
ausência paterna 44-46
autorreflexão 101
complexo paterno negativo 92-93
complexos 87, 100
criança eterna 221
espelhos 242
função transcendente 159
homem coletivo 286
ideal paterno 96
individuação 150
natureza bissexual da psique 191
*persona* 152, 228
poesia 291, 296
*puella* 223-227
relações filhos-pais 96
sombra 272
sonhos 90-91, 153, 196-200, 212
sonhos arquetípicos 106
terapia 148

Jung, E. 194

Kast, V. 235

Knox, J. 106, 113, 131, 155

Kristeva, J. 24, 35, 64, 267-268
  abjeto 266
  *animus* 186-189
  caindo aos pedaços 270
  si-mesmo 252
  terapia 175

Lacunas emocionais 305

Lear, J. 40

Lee, H. 205

Libido 93, 174, 210

Luto 66, 172-175, 303-304

Luto em branco 144

Mãe 57-59, 238-239

Máscaras, Plath, S. 286-288

Masculino 96, 137, 179, 183-191, 198

Medo 30, 34, 53-54, 73, 100, 117, 123, 127, 138, 159, 162, 167, 198, 215, 225, 238, 256, 257, 282, 287, 294-295

Melancolia narcisística 253

Melancolia, Plath, S. 288-289

Mitos
  traição 16-21
  ferida de pai 47-52

Modell, A. 143

Moore, T. 187

Morte 65-66, 169

Morte narcisismo 250

Não amada 127, 139, 248, 268

Não integração 270

Não apego 165

Narcisismo 245-247
  crime 260-263
  imagens secretas 250-256
  inveja 256-259

Narcisismo da vida 250

Natureza bissexual da psique 191

Negação 18, 21, 30, 44, 55, 58, 87, 141, 225, 230, 241, 255, 301, 307-309

Negligência paterna 134, 254, 274

Nigredo 172, 272

Nomes, cultura 55

339

O olhar do pai 51-55, 94
   desdém aprendido 88-90
   Plath, S. 292, 293

Pai bom 28, 91, 115, 126, 301

Pai edípico 25

Pai responsável 28

Pais sem pais 43

Paixão 207, 229, 303
   filhinha do papai 117, 224, 232-239
   *Papai* (Plath) 284, 291-296
   *Cf. tb. puella*

Papéis 58, 77, 95, 105, 115, 121, 130, 179, 184, 207, 216, 253, 281, 288, 291
   do pai 24, 44, 60
   *femme fatale* 89
   filhinha do papai 224

Paralaxe 15

Passado 36

Perda 33-46
   Plath, S. 293

Perera, S. 277

Perfeição 73, 121, 225-227, 234, 237, 270, 290

*Persona* 152
   formação da *persona* 95
   personalidade "como se" 126-135
   *puella* 228-229

Personalidade 27, 29, 31, 79, 84-85, 87, 90, 93, 101, 112, 154-163, 190-191, 222-234, 303
   aprofundamento de 58
   autorregulação 277
   contos de fadas 177
   luto 173
   narcisismo 249
   personalidade "como se"; *cf.* personalidade "como se"
   separação 66
   sofrimento 269
   sonhos 212
   terapia 147

Personalidade "como se" 119-123, 134-135, 141-145
   desconexão 136-141
   identidade própria 134
   *poseur* 127-134
   sonhos 123-127, 140-141

Plath, S. 279-280, 296-299
   máscaras 286-288
   melancolia 288-289

Papai 291-296
poesia 279-286
si-mesmos divididos 290-291
suicídio 281-286
Pobreza 183
*Poseurs*, personalidade "como se" 128-135
Projeção 25, 93, 122, 149-151, 224, 252, 288, 312
Psique 140
natureza bissexual da psique 191
*Puella* 220-226
*persona* 228-229
sombra 230-232
virgens 240-243
Purdah (Plath, 1981) 282

Questões filha-pai 112

Raiva 17, 22, 44, 48, 54, 59, 98, 169, 206, 235, 245, 283-285
Receptividade 163
Reconstruindo o pai, terapia 149-152

Rejeição 72, 92, 127, 164, 193, 232, 258, 291, 307
Relação 161
filha-pai 24, 45, 308
mãe-filha 58
narcisistas 249
Relações filhos-pais 97
Relações terapêuticas 164-167
Representação da ausência de representação 74, 175
Repressão 58, 152, 253, 281, 294-295, 307
Rich, A. 109, 275, 306
Rilke, R.M. 277, 315
Rose, J. 293
Rosenfeld, H. 249
*Rumpelstichen* 182

Samuels, A. 43, 210-211
arquétipos 113
Schwartz-Salant, N. 72, 241, 258
Segredos 208
Sem empatia 139, 237
Sem pai; *cf.* ausência
Sentimentos incestuosos 236

Separando-se do pai 186
Sexualidade, negando 236
Silêncio 270
Símbolos 90, 114, 151, 156, 173, 175, 197, 213, 234, 254, 280
Si-mesmo 153, 235
Solomon, H. 120, 167
Sombra 267-268, 272
  *puella* 230-232
Sonhos 153, 185
  com o pai/*animus* negativo 196-200
  complexo paterno negativo 90-92, 94
  idealização 212-217
  sonhos arquetípicos 106-116
Sublimação artística 289
Superidentificação 228

Tédio, *puella* 227
Teoria de compensação 90
Terapeutas femininas 150
Terapia 147, 310
  função 156-160
  função reflexiva 155-157
  ilusões 152-154

luto 172-175
reconstruindo o pai 149-152
transferência/contratransferência 160-172
Terra do pai 103
Tesouro difícil de ser alcançado 175
Traição: conto de fadas 180-185
  mito 16-21
  Plath, S. 293
Transferência 160-172
Transformação 174
Trauma 84, 271-272
  complexo paterno negativo 84-87
  personalidade "como se" 141-145
Tristeza 253
  personalidade "como se" 141

Vazio 18, 20, 51, 78, 130, 134, 142-145, 163, 211, 225, 240, 258
Vergonha 40, 92-93, 127, 153, 170, 203, 210, 231, 235, 254-257, 270

Vínculo  81, 130, 153, 172, 209, 239

Vínculo inseguro  30

Von Franz, M.-L.  183, 220, 223, 227, 229
*puella*  223, 227, 229

Vulnerabilidade  73, 93, 152, 165, 170, 249, 255-256, 261
personalidade "como se"  141


Wilkinson, M.  150

Winnicott, D.  24, 122, 254


Zoja, L.  56

Conecte-se conosco:

 facebook.com/editoravozes

 @editoravozes

 @editora_vozes

 youtube.com/editoravozes

 +55 24 2233-9033

www.vozes.com.br

Conheça nossas lojas:

www.livrariavozes.com.br

Belo Horizonte – Brasília – Campinas – Cuiabá – Curitiba
Fortaleza – Juiz de Fora – Petrópolis – Recife – São Paulo

**EDITORA VOZES LTDA.**
Rua Frei Luís, 100 – Centro – Cep 25689-900 – Petrópolis, RJ
Tel.: (24) 2233-9000 – E-mail: vendas@vozes.com.br